U0932571

# THE EINSTEIN OF MONEY

**THE LIFE AND TIMELESS FINANCIAL WISDOM OF BENJAMIN GRAHAM**

# 一个聪明的投资者

## 本杰明 · 格雷厄姆

[美] 乔 · 卡伦（Joe Carlen）◎著
李 莉　吴传珍◎译

中信出版集团 | 北京

图书在版编目（CIP）数据

一个聪明的投资者：本杰明·格雷厄姆 /（美）乔·卡伦著；李莉，吴传珍译. --北京：中信出版社，2017.4（2026.1 重印）

书名原文：The Einstein of Money

ISBN 978-7-5086-7175-8

I. ①一… II. ①乔… ②李… ③吴… III. ①格兰姆（Graham, Benjamin 1894–1976）－传记 IV. ①K835.615.34

中国版本图书馆 CIP 数据核字（2017）第 002159 号



一个聪明的投资者：本杰明·格雷厄姆

著　　者：[美] 乔·卡伦
译　　者：李　莉　吴传珍
出版发行：中信出版集团股份有限公司
（北京市朝阳区东三环北路 27 号嘉铭中心　邮编　100020）
承 印 者：北京盛通印刷股份有限公司

开　　本：880mm×1230mm　1/32　　印　　张：10.5　　字　　数：220 千字
版　　次：2017 年 4 月第 1 版　　印　　次：2026 年 1 月第 6 次印刷
京权图字：01-2012-7949
书　　号：ISBN 978-7-5086-7175-8
定　　价：58.00 元


服务热线：400-600-8099
投稿邮箱：author@citicpub.com

目录 THE EINSTEIN OF MONEY

# 引言 THE EINSTEIN OF MONEY

在 2011 年《福布斯》全球亿万富豪排行榜上，位列榜首的是卡洛斯·斯利姆·埃卢，其次是比尔·盖茨，沃伦·巴菲特排名第三。本书的主角本杰明·格雷厄姆，曾被巴菲特（以及巴菲特现象的研讨者）誉为对其投资方法有着最深远影响，乃至促使其成为史上最伟大投资者的人。在 1993 年，比尔·盖茨曾被目睹在读格雷厄姆的《聪明的投资者》，因此可以说，盖茨对格雷厄姆了解颇深。墨西哥人卡洛斯·斯利姆·埃卢也屡屡谈到他对于沃伦·巴菲特及其导师本杰明·格雷厄姆的著作的钦佩之情。

巴菲特曾经以其独特而低调的方式说："读过格雷厄姆著作的人永远不会变穷。"尽管格雷厄姆过世已有 30 多年，但是他的财富创造方法仍然被《福布斯》亿万富翁排行榜前三甲所铭记。"金融天才""投资传奇""价值大师""价值投资先驱""20 世纪最佳金融头脑""价值投资领袖"等诸多称谓，这些都是来自《纽约时报》《华尔街日报》《彭博商业周刊》《基普林格》及《金融时报》(英国)对他的赞誉。特别值得一提的是，格雷厄姆的华尔街生涯开始于近一个世纪之前（1914年），终结于50多年之前（1956年）。

更具体地说，许多世界顶尖的基金经理（无论过去与现在）都和格雷厄姆创立的价值投资学派有着直接的关系。除巴菲特之外，查尔斯·布兰德斯和欧文·卡恩[①]等也与格雷厄姆私交甚笃、取得过非凡成就且是目前仍然活跃的价值基金经理，马里奥·加贝利、约翰·博格尔等，也是创下投资组合表现持续大幅领先平均水平数十年辉煌纪录的价值投资门徒。此外，还有比尔·鲁安和沃尔特·施洛斯等与格雷厄姆有大量接触的格雷厄姆的追随者们。无独有偶，他们各自的基金业绩都极具传奇色彩，就像巴菲特一样，他们也将自己的主要成就归功于格雷厄姆。正如人们所见，在美国乃至全世界，价值投资法也广泛适用于其他类型的基金投资。

这一杰出投资法则的创造者出生于19世纪维多利亚时代的英国，82年后卒于法国。他的本名是本杰明·格罗斯鲍（Benjamin Grossbaum），是一个做厨具进口业务的犹太家庭的第三个孩子，带着“华尔街教父”头衔辞世。与他那个时代及我们这个时代的股市投机者不同，格雷厄姆兼具胆识与智慧，因此他能够创立更理性和可靠的选股原则。他将严谨的学风（与他以第二名的成绩毕业于哥伦比亚大学的学习态度如出一辙）应用于充斥着“烟雾与镜子”的华尔街股市及交易市场，创造出一套与绝大多数投资方法迥异的、自诞生伊始至今70余年仍然能够高效获利的完备的

---

① 欧文·卡恩于2015年2月去世，享年109岁。——编者注

投资体系。这一投资方法的深远影响力，在内布拉斯加州奥马哈市举行的 2011 年价值投资者大会（通常在巴菲特的伯克希尔·哈撒韦公司股东年会的前几天举办）上体现得最为淋漓尽致。

参加“价值投资者大会”的基金经理、发言者和与会者都是具有多元化背景的杰出投资者。有些发言者擅长全球价值投资，有些则专注于本国特定领域的价值投资。与会的基金经理们来自全球各地，年龄从 25 岁到 70 多岁不等。他们当中有年青一代的杰出价值投资者（如著名作家兼基金经理帕特·多尔西），也有擅长重要应用领域的专家（如全球价值投资专家汤姆·拉索），以及来自亚洲、欧洲、拉丁美洲和非洲各金融中心的价值型基金经理。此外，他们大都持有特许金融分析师（CFA）执照，CFA 的资格认证和价值投资一样，也归功于格雷厄姆的创造！本书所引述的对一些专业基金经理的访谈，为我们了解格雷厄姆的投资原则与方法在世界范围的持续应用提供了深刻的洞见。

我为写作本书而采访巴菲特时，他特别向投资新人推荐了格雷厄姆的著作《聪明的投资者》。该书于 1949 年首次出版，主要面对非专业投资者，在亚马逊网络书店 700 多万种各类书籍中，持续排在畅销榜前 300 位（本书撰写时排名第 247 位）。在如今畅销书只能维持几周或几个月便被遗忘的出版界，像这样历经数十年仍然畅销的情况几乎空前绝后。（巴菲特说可能只有《圣经》能与之媲美。）格雷厄姆更早期、篇幅更长、专业性更强的著作（与戴维·多德合著）是首次出版于 1934 年的《证券分析》，该书至今仍被许多专业投资者奉为“价值投资《圣经》”，据说销量已经超过 75 万册。事实上，这部经典著作的新版本在 2006 年获奥斯卡提名的影片《当幸福来敲门》中出现过。片中为生活而奋斗的克里斯·加德纳（由威尔·史密斯扮演）1981年加入添惠公司（现在的摩根士丹利添惠）做实习生期间，被要求学习的就是这本书。

上述不过是格雷厄姆卓越传奇生涯中最引人注目的部分，尽管令人印象深刻，却未能充分展现他的智慧。或许他自己便是最好的例证。他在1957年写道："倘若我的名字有一丝机会被后人记得，大概因为我是'商品储备货币计划'（the commodity reserve currency plan）的发明者吧。"对于他在投资金融领域的贡献，格雷厄姆并非故作谦虚。从当时的角度来看，这样的说法还是比较客观的。毕竟在20世纪三四十年代，所提出的经济理论能同时获得罗斯福、凯恩斯和哈耶克这样的经济理论巨擘重视的非经济学家（格雷厄姆没有接受过正规的经济学教育）少之又少，更何况这些话写于巴菲特变成家喻户晓的人物之前的若干年。

因此，1965年的人们并不确定格雷厄姆的投资哲学将会因巴菲特创纪录的投资业绩而闻名于世。然而如今，对于大多数听说过格雷厄姆的人来说，他们只知道格雷厄姆是《聪明的投资者》一书的作者和巴菲特的导师。当然，价值投资确实是格雷厄姆职业生涯与传奇人生中最浓墨重彩的一笔。作为投资家的格雷厄姆，就像作为经济学家的格雷厄姆、商业伦理学家的格雷厄姆、发明家的格雷厄姆（他在数学及莫尔斯电码系统等领域有许多创新专利），甚至文学家的格雷厄姆（他和别人共同创作的剧本曾被搬上百老汇舞台，他为一本西班牙畅销小说所做的英译本得到了极高评价）一样，无论在深度和广度上，都展现出无与伦比的智慧。

常看投资类书籍的人都知道，这些书里很少出现古希腊罗马哲学、伊丽莎白时代的诗歌以及行为心理学的内容。然而，我们在格雷厄姆的投资及经济学著作中，常会发现大量对这些内容的描述。在获得哥伦比亚大学的学位后，格雷厄姆是唯一一个同时获得三个系（数学系、古典文学系和英语系）教职的人。此外，在格雷厄姆去世后出版的他的回忆录（仅完成了一部分）中可以看出，他是一个对人类的方方面面，如心理学、友谊、爱情/情欲、哲学、人生中深刻的个人问题及有争议性的问题进行了深度及批判性思考的人（也包含某种程度的自我批判）。“高级金融”[①]并不能催生这样的思考，格雷厄姆也从不认为自己的行为和思想必须符合“华尔街模式”。

上述种种为价值投资模式提供了生发的土壤，将格雷厄姆多才多艺的种子转变为如今隐藏在数千亿美元配（英镑、欧元、日元、人民币、卢比及其他货币）资产配背后的主导理念。格雷厄姆儿时经历过家道中落的打击，部分源自于他母亲在“1907 年大恐慌”的股票市场中损失惨重。在“咆哮的 20 年代”（1928 年，格雷厄姆的个人所得高达 60 万美元，折合成现值超过 750 万美元）沉寂之后，他又经历了经济大萧条所造成的巨额亏损。因此，想要真正吸收格雷厄姆投资理念的精髓，透过他的人生经验来学习是很有必要的。此外，与过去几十年相比，当前经济的高度波动性和不确定性与格雷厄姆所处的时代背景更为相似，和我们更加息息相关。

因此，本书采取半编年体的形式，前一章描述格雷厄姆人生的某个时期，后一章紧接着说明与前一章有重要关联的某个投资

① “高级金融”指证券与期货交易之类。——译者注

概念，这有助于读者充分理解格雷厄姆的主要投资理念，同时按时间顺序呈现出格雷厄姆传奇人生的清晰脉络。当然，格雷厄姆的个人生活也跌宕起伏。在家庭表面的安宁富有之下，他曾遭受重创（特别是他的两个儿子不幸早亡）。此外，他的多情也是造成他的三次婚姻失败（第一次婚姻尤甚）的不稳定因素，并带来了他晚年那段饱受争议的恋情。

从对格雷厄姆仍然健在的儿女、朋友和家人的采访中可以了解到，格雷厄姆的个性在很多方面都令人难以捉摸。其中最让巴菲特不解且印象深刻的，是格雷厄姆的慷慨无私（例如，格雷厄姆在教授投资课时决定以自己的选股实操作为案例。这实际上是在透露自己的交易秘密，对投资结果肯定是有损害的）。而与他亲近的身边人则对他的感情世界感到不解和失望。不过，无论如何，格雷厄姆仍然赢得了普遍的尊敬和爱戴。毕竟，他强大的职业优点——超凡的智慧、严谨的操守、在金钱与其他方面的慷慨大度，以及最重要且无可挑剔的职业道德——远远盖过了他的缺点。他虽然在个人生活的许多方面保持着较高的诚信度，却并不如他的职业表现那么尽如人意。不幸的是，对于他自己以及他身边的人来说，他的高智商、不安静的内心以及其他因素，共同导致了他的某些个人问题和人际关系问题。

作为华尔街（及世界）史上的重大事件之一，格雷厄姆特立独行的性格和他从一贫如洗到声名鹊起的故事格外吸引人。由于格雷厄姆生活及崛起的年代恰好是美国历史上的重要时期（1894~1976 年），因此本书将会涵盖两次世界大战、“爵士时代”、经济大萧条、“二战”后的经济繁荣时期以及 20 世纪六七十年代的动荡时期。格雷厄姆的一生兼具历史意义与传奇故事，是难得的传记资料。不过最重要的是，格雷厄姆是个有思想的人。因此，本书的写作希冀达到双重目的：帮助读者认识格雷厄姆其人，以及理解他的重要理念，即探索格雷厄姆的生平与智慧。对于当代读者来说，这两方面都是极具历史意义与实用价值的。

THE EINSTEIN OF MONEY

# 第1章 家族没落

## 从衣食无忧到生活拮据

# THE EINSTEIN OF MONEY

本杰明·格罗斯鲍，1894年出生于维多利亚女王统治后期的英国伦敦。格罗斯鲍是他的本姓，大约23年后由其家族改为美国化的“格雷厄姆”。为了保持本书内容的清晰与一致，后文将全部使用“格雷厄姆”这一姓氏。格雷厄姆的父亲艾萨克出生于英国，即使在移民美国后，仍然对自己受过的英式教育引以为傲。格雷厄姆的母亲多拉拥有波兰血统。艾萨克和他的5个兄弟及父亲伯纳德做的是从奥地利和德国进口瓷器、小古董及相关商品到英国的生意。格雷厄姆一家都是能干且不辞辛劳的商人，尤其是艾萨克，在经商方面格外有天赋。此外，他们也是非常传统的犹太教徒。

艾萨克有10个兄弟姐妹。这在虔信宗教（犹太教或其他宗教）的家庭中并不稀奇。比较特别的是伯纳德对子女的戒律要求，即使以传统的犹太教徒的标准来看，也是极为严格的。因为伯纳德对所有“邪恶”的影响充满戒惧，因此他在家中立下严苛的行为准则，比如禁止吹口哨这种“罪孽深重的放荡举止”。在格雷厄姆的回忆录里，他昵称祖父为“老格罗斯鲍”，并且措辞鲜明地描述他：“浓厚的灰白色胡须，一顶无檐帽，严厉的神情，眼睛里散发着狂热的光芒”。不过，由于本杰明成长在一个接受法式教育并参与其他世俗/非犹太教活动的家庭里，因此虽然形式上是传统的犹太家庭（至少在艾萨克健在的时候如此），但他们的信仰已经不像伯纳德时代那般虔诚。

尽管艾萨克和多拉夫妻二人年轻力壮，但从本杰明出生到艾萨克去世的许多年间，他们并未再添一儿半女。在笃信犹太教的家庭中，这极为罕见。就像格雷厄姆在回忆录中所述：“出于体贴或是缺乏好奇心，我从未问母亲，为什么他们在生完我之后没有再要孩子。”多拉的家族也都是极其虔诚的正统犹太教徒，祖姓格森海特。格雷厄姆记得，他的外祖父“蓄着白胡子，性格豪爽”，外祖母则是一位“专横、情绪化的矮胖女性”。

当然，格森海特这个喜庆的姓氏十分引人注意（德语里有祝福、干杯之意），当人们确定这真的是一个姓氏而不是玩笑之后，仍然忍俊不禁。如同格雷厄姆数十年后在回忆录里描述的那样，格森海特“这个姓氏时常沦为笑柄，令我们尴尬不堪”。毫无疑问，在这种情况下，它注定不会存在太长时间。当格雷厄姆的表兄弟们移民到美国后，他们纷纷把自己的姓氏改为“杰拉德”，一位杰拉德家族成员告诉我“这是为孩子们着想”。然而，这个滑稽的姓氏所连接的其实是一个高智商家族。

在 19 世纪的波兰，格雷厄姆的外曾祖父是一位赫赫有名的宗教学者，曾任华沙的首席拉比多年。对虔诚的犹太教徒来说，首席拉比的地位是最崇高的。在任何犹太社区，想要成为首席拉比的人必须博学多闻，更不要说是在当时世界最大的犹太社区了。华沙的犹太人占波兰首都总人口的 30%~40%。事实上，以 19 世纪犹太人的观点来看，首席拉比一职几乎等同于当时波兰的天主教制度和世界各地教皇的地位。格雷厄姆的外曾祖父在世界上最大的犹太社区里所受到的尊敬和信任不容小觑。

因此,《犹太百科全书》将格雷厄姆的外曾祖父雅各布·本·艾萨克·格森海特（1815~1878 年）收录为词条不足为奇。虽然外曾祖父早在格雷厄姆出生前便已离世，不过“格森海特”这一词条却揭示出两人在三个方面有着惊人的相似之处：首先，雅各布在他的专业领域（犹太法律和宗教）内是一位著名学者，写下了许多受“东欧犹太法典学者高度推崇”的著作；其次，他也是一位热心的老师，在华沙领导神学院长达 42 年；最后，虽然他是一名忠诚的宗教学者（应该还是一位虔诚的犹太教徒），然而在犹太社区部分更虔诚教徒的眼中，身为首席拉比的他对某些宗教事务的观点显得过度自由化，以致掀起了一场轩然大波，令他失去了神圣的教职。

与曾外孙本杰明的另一个惊人的相似之处是，雅各布的回忆录在他去世时也没有完成和出版，正如《犹太百科全书》里所写，雅各布“留下了几部未完成的手稿”。格雷厄姆就像雅各布·格森海特一样，因出版了多部学术著作而备受推崇，在金融投资领域任教多年（确切地讲是 37 年）。当然，他通过打字机和教室传播投资理念的方式也与当时的华尔街“智慧”大相径庭。他的标新立异与离经叛道，似乎来自家族的一脉相承。

莫里斯·格森海特/杰拉德（多拉·格森海特的哥哥）的女儿罗达·萨奈特和格雷厄姆生前有广泛的接触。我采访她和她的丈夫伯纳德·萨奈特医生（一位即将退休的小有名气的整形外科医生，几个月后去世）的时候，夫妇二人仔细研究族谱后向我表示，他们发现格森海特家族的智力表现和格雷厄姆在分析领域的高度成功具有密不可分的关系。在最近出版的关于萨奈特医生的传记中，作者详细描述了医生妻子的显赫血统。尽管作者认为在格森海特的所有后人中，“最著名的当属本杰明·格雷厄姆”，但他绝不是家族中唯一才华横溢的人。

事实上，罗达的父亲，也就是多拉的哥哥莫里斯，本身就是一位受人尊敬的知识分子。莫里斯在研究犹太教法典多年之后，反而深信自己是“不可知论者”，于是放弃宗教，转而研究数学，后来成为曼彻斯特大学的数学系教授。之后，莫里斯离英赴美，就像格雷厄姆在回忆录中提到的，“作为最早的‘系统设计师’或‘效率工程师’之一，取得了极大的成功”。这种高智商在莫里斯的儿女身上有着不同程度的体现，他们在医学等学术领域大都有出色的表现。其中最出色的可能就是拉尔夫·沃尔多·杰拉德了，拉尔夫是莫里斯第一任妻子所生，是罗达同父异母的哥哥，获得神经生理学博士学位，曾两次获得诺贝尔奖提名（但并未获奖）。

拉尔夫一生独立写作或与人合写了500多篇科学论文，出版了9部著作，探讨了很多开放性课题，诸如《生物与文化演变——类比与探索》（论文，发表于《行为科学》），《神经产热模拟频率的影响》（论文，发表于《生理学杂志》）。作为伟大的华沙拉比的传人，拉尔夫和他的表兄格雷厄姆，无论在著作的数量还是思想的独到性方面，表现旗鼓相当（或许是因为两人难分伯仲的高超智力，这对表兄弟向来不和）。格森海特家族还有一个名人是丽塔·奥尔巴赫，她是多拉的表姐。据萨奈特夫妇介绍，她是第一批当选英国国会议员的女性之一。尽管政治上的成就未必是优异智商的体现，但绝对是敢于挑战传统的表现。

遗传因素对人一生的影响程度是“先天–后天”难题的核心，这一悬而未决的争论不在本书的讨论范围内。然而，格森海特家族众多成员所展现出的高智商和创造性思维，在以介绍格雷厄姆的聪明才智为主的著作当中绝对值得探讨。这样的血统渊源顺理成章地成为他惊人才华背后的合理解释，也影响了格雷厄姆的人生。至于格罗斯鲍家族，虽然智力表现不及格森海特家族，但是伯纳德和艾萨克的商业才能也能在被父母昵称为“本尼”的格雷厄姆身上看出端倪。格雷厄姆有三家成功的投资公司，第一家是在他不到 30 岁时创立的，从这一点来看，他遗传了父辈们的商业天赋。此外，他在公司内担任经理人和共同经理人的经历，也证明格雷厄姆能够为客户、员工和合作伙伴带来利益，并对他们一视同仁。

格罗斯鲍父子公司是格罗斯鲍家族经营的厨具/饰品进口公司。在发现美国有扩张事业的大好机会后，在第三个孩子（也是最后一个孩子）本杰明刚满一岁的时候，艾萨克和多拉决定远渡重洋，踏上从欧洲远渡埃利斯岛的传奇航海之旅。然而，和那个时期许多的欧洲移民不同（特别是犹太移民，几乎都来自不太发达的中东欧而不是更包容和富裕的英国），格罗斯鲍一家似乎还有重返故乡的打算。毕竟，艾萨克对英国怀有深厚的感情，对伦敦的家人也有着血浓于水的依恋，尤其是他的父亲伯纳德。因此，他对离开在英国的父兄而定居一个遥远的国度（尽管也是英语国家）并不感兴趣。

我们很难猜测多拉对于离开伦敦的感受。考虑到她已经移民过一次（从波兰到英国），可能她的背井离乡之痛并没有那么深。对于她的三个孩子来说，老大维克托3岁，利昂2岁，小“本尼”只有1岁，这么小的孩子对于这样的变化几乎不会产生强烈的感觉（更不要说受到影响了）。因此，在美国经济的蓬勃发展震撼大西洋两岸的世纪之交，尽管艾萨克离情依依，格罗斯鲍父子公司仍把在美国站稳脚跟视为重要的一步。格罗斯鲍一家打算在生意上了轨道之后重返伦敦。据说刚到美国的前4年，由艾萨克持家（这在当时是普遍情况）的格罗斯鲍一家一直住在合租的房子里。虽然有能力单独租房或买房来改善居住环境，但艾萨克在美国待了多年后才决定为家人购置一个住所。

1895年，带着希望和一丝感伤，艾萨克与他的家人一起登上了从伦敦驶向纽约市的船。在这次移民潮时期，除了出发地不同之外，格罗斯鲍一家与踏上埃利斯岛的南欧与东欧移民还有两个重要的差异：一是他们携带着大量资金，意欲在美国建立格罗斯鲍父子公司的分支机构；二是他们的母语就是英语。相对富裕，加上精通英语，让格罗斯鲍家族的第一代移民在适应美国生活方面拥有双重优势。举例来说，大多数来自英国东部或南部的移民乘坐的是四等舱，而格罗斯鲍一家乘坐的是二等舱，说着字正腔圆的英语，以致埃利斯岛移民局官员都没有问他们要移民文件。事实上，在接下来的几年，格罗斯鲍家的文化与资金优势，为他们搭建了平稳崛起于新世界的黄金阶梯。

和踏上埃利斯岛上的多数犹太移民必须住在贫民窟里不同，格罗斯鲍家抵达纽约的第一个住处便紧邻派克大街。虽然是和房东同住，不过可想而知，住在这样的地段肯定有助于建立声望，当然，开销也很可观。除了紧邻派克大街的住所，格雷厄姆的童年回忆提及的几乎都是拉格泰姆时代富裕的生活：在避暑胜地度假，弗吉尼亚州温泉城之旅，每年至少去欧洲一次，聘请家庭教师，定期去时尚精品店和高级餐厅，戴金表，最新颖的留声机和唱片，厨师、女佣和用人房。无论从个人还是家庭角度来看，这都是一段美好的时光。格雷厄姆还回想起中央公园的儿童火车、格罗斯鲍家调皮捣蛋的男孩子们（格雷厄姆是其中年纪最小、最不会惹麻烦的一个），以及艾萨克和多拉相濡以沫的感情。

因此，虽然当时许多移民就像 1890 年的经典著作《另一半人怎样生活》中所描述的那样深受危险与不洁环境的折磨，格罗斯鲍一家人却过着奢华、高贵、光鲜的生活。格罗斯鲍一家不仅积累了财富，还跻身美国"上流社会"之列。在温泉城度假期间，5 岁的格雷厄姆与斯威夫特家族（肉类行业巨头）家的孩子交上了朋友。之后不到一年，格罗斯鲍一家搬到了位于第五大道的私宅。显然，艾萨克不仅将格罗斯鲍父子公司美国分公司经营得有声有色，而且在可预见的未来并没有返回英国的打算。

次年夏天，准备在美国定居的艾萨克携全家回到英国，与多拉在英国的亲人团聚。于是，艾萨克、多拉、利昂和 7 岁的本杰明（格雷厄姆的大哥维克托没有同往，因为顽皮和逆反，他被送到了宾夕法尼亚州的一个惩戒夏令营），在伦敦、布莱顿（多拉的父母住在那里）和家乡的亲人一起度过了愉快的长假。据格雷厄姆说，在格罗斯鲍父子公司美国业务蓬勃发展的同时，英国的业务却遭受重创。因此，艾萨克成为他父亲、他的 10 个兄弟姐妹、多拉的一些亲戚和为数众多的侄子侄女的主要经济支柱，亲属们对于艾萨克一家也心怀尊敬和感激。

接下来的几年，格雷厄姆的父亲出现了几次健康问题。几乎可以肯定的是，他为了格罗斯鲍父子公司劳心劳力，在事业有成的同时却积劳成疾。艾萨克拼命工作，四处奔波（在全美拓展渠道）。因此，尽管父亲去世时格雷厄姆已经9岁，但成年后的格雷厄姆仍然表示："我对父亲的记忆非常模糊。"超负荷的工作量和支撑起一个庞大家族的责任感，让艾萨克身心俱疲。在英国过完暑假后不久，艾萨克的父亲便死于肺炎，终年56岁。（即使在1903年来看，也算英年早逝）。格雷厄姆后来了解到，祖父的猝死部分与情绪受打击有关——他祖父的一个助理不仅监守自盗，而且在被伯纳德发现以后用枪威胁过伯纳德。

不幸的是，父亲的骤然离世对艾萨克造成了严重的心理冲击，对于他早就不堪一击的健康状况来说，无疑是雪上加霜。伯纳德过世之前，艾萨克被诊断出患有"原因不明的病痛"，伯纳德过世之后，艾萨克被确诊患胰腺癌，而且癌细胞已扩散至全身。格雷厄姆这样回忆他的父亲知道伯纳德去世消息的那一刻：

> 电报来得很突然。父亲读着电报，发出撕心裂肺的喊叫声。他坐在扶手椅上，脚穿着拖鞋踩在脚踏上，身上穿着袖子有些短、少了几颗衣扣的旧外套。这是传统犹太习俗，被称为"坐七"（sitting shiva），是一种复杂的哀悼过世父母的仪式。

没过多久，艾萨克的病情急剧恶化，被送入医院。跟他刚过世的父亲一样，艾萨克也受到了严重的心理打击，导致他虚弱的免疫系统再也无法抵挡疾病的入侵。然而，和伯纳德不同的是，格雷厄姆的父亲当时只有35岁，正值壮年。格罗斯鲍一家在历经了一连串的悲惨事件后，1903年2月，维克托、利昂和本杰明被带到医院，垂危的父亲为三个不知所措的男孩祈福。之后，他们被人从父亲的病榻前送回家等候母亲。最后，满眼泪水的多拉打开了家门。格雷厄姆这样回忆当时的情景：

> 看到我们惊慌失措的表情，母亲哭喊着说："我可怜的孩子，你们没有父亲了。"我们三个也都哭了起来。就连年纪最小的我，也明白从那一刻起一切都变了，幸福不会再来。

失去一家之主的格罗斯鲍家族以惊人的速度没落，毫不夸张地说，他们失去了一切。格雷厄姆记得，在这段悲惨的日子里，日益严峻的财务问题"把我们推向水深火热的境地，连续几年都在苦苦挣扎，以免陷入更困顿的处境"。虽然艾萨克的三个兄弟（都在格罗斯鲍父子公司工作）竭尽心力，但终究回天无力。后来，公司的管理权被交到多拉的哥哥莫里斯手上。虽然他非常聪明，却不擅长经营企业。格雷厄姆凭借其独特的观察力，判断出他的舅舅"既没有出色的销售能力，也没有应对日常事务的智谋，而这些正是他父亲事业成功的基础"。

不幸的是，由于缺乏管理能力，曾经养活欧洲一个庞大家族近 10 年的企业竟然迅速崩塌。就像格雷厄姆在回忆录中所述："一年左右，由于格罗斯鲍父子公司的亏损实在太大，存货被变卖冲账，整个事业完全败落了。"为了维持家里的开销，多拉开始变卖家具、珠宝和其他有形资产。短短几年时间，这些资产以及变卖家当换来的钱全没了。格雷厄姆将他父亲死后的前三年（1903~1906 年）称为"性格塑成期"。不过，这并不代表在厄运降临之前，格雷厄姆是那种娇生惯养的孩子。

事实上，尽管父亲的事业获得了巨大成功，但格雷厄姆并没有像一般孩子那样被宠溺。相反，在父母的严格管教下，格雷厄姆成绩优异，听话乖巧。不过，在家庭发生变故之前，格雷厄姆只是从成功和富足的角度观察世界。艾萨克的不幸早逝为这个家庭带来了失败的屈辱和贫穷的痛苦，以及宝贵的人生经验，在格雷厄姆身上留下了鲜明而永久的印记。事实上，这些经历滋生了格雷厄姆投资哲学的基础——保守主义。更直接的是，维持家庭生计的需要，是他完成学业并取得成功的驱动因素。

父亲死后几个月，9 岁的格雷厄姆就开始在纽约街头兜售《星期六晚邮报》，这或许是家庭变故给这个小男孩带来的人生冲击最直接的例子。艾萨克在世时，家人就期许本尼能取得优异的学习成绩。父亲去世后，他仍然被寄予厚望。（事实上，由于母亲将格罗斯鲍家男孩的学业成功视为帮助家族脱离贫穷的最终出路，格雷厄姆的学业压力变得更大了。）同时，他还要竭尽所能地做兼职和临时工。推销杂志、给同学辅导数学、到农场和戏院打工、组装电话机，从 9 岁到上中学和大学，这些工作一直伴随着格雷厄姆。即便后来成为华尔街新秀，格雷厄姆晚上仍要经常做各种兼职工作，例如为高级军官的子女辅导功课等，来增加收入。

虽然格雷厄姆很晚才接受投资教育（相比之下，巴菲特 8 岁就开始看投资类书籍了），但他绝对是很早就明白了金钱的价值。格雷厄姆赚到的第一笔收入多半是辛苦劳动的血汗钱，他对过大的财务风险永远深恶痛绝。对许多华尔街人士来说，金钱几乎是一种抽象的概念，一种用来判断孰高孰低的量度。格雷厄姆则对金钱有更深的领悟。金钱是一种真实而具体的力量，给他的家庭带来了荣耀，也带来了毁灭，金钱是他从小学四年级开始就必须通过劳动去换取的生存工具。在这个时期，还有另外一项“性格塑成活动”，跟工作一样，它也对格雷厄姆的金钱观及投资理念产生了深远的影响。

遣散了家里的帮佣之后，三个男孩被分配做不同的家务。利昂和维克托负责擦碗盘、整理床铺和帮忙做其他的清洁工作，大部分的采购任务则落在了本尼身上。在几十年后回忆这段贫困时光的时候，格雷厄姆感叹道：“我们想方设法得到自己所需要的。”至于如何以微薄的收入满足生活所需，格雷厄姆说“我们只买便宜货”。格雷厄姆和他的几个亲戚朋友都喜欢打网球，他曾经向曼哈顿网球俱乐部以 25 美分 3 颗球的低价买过二手球。在格雷厄姆的记忆中，这些所谓的无用球品质其实“相当好”，而且“能用很长时间”。

至于格雷厄姆的母亲，值得赞扬的是，她改变了之前大手大脚的习惯，过起更简朴的生活。虽然困窘显而易见，但她对家道中落从不抱怨。尽管格雷厄姆也曾发现母亲的一些小缺点（比如偷偷烤奶油饼干，并藏起来独享），但总体而言，格雷厄姆对母亲在那些艰苦岁月里的无私和坚韧敬佩有加。艾萨克健在的时候，多拉喜欢一切奢侈品。她曾开玩笑说自己就是能发现藏在床垫下的豌豆的“豌豆公主”。然而，遭遇变故后，多拉却放下身段，无怨无悔地做一切需要她做的事情，哪怕是最卑微的工作。孩子们惊讶于她的转变：

> 失去丈夫之后，她似乎一夜之间就变得坚强、有韧劲和睿智。她开始做一切需要她做的事情，包括擦洗厨房地板，这曾经是她最厌恶的家务活儿。

她在这段时间里最有勇气的行为，或许是在家庭财务状况持续恶化的情况下，拒绝了一个慷慨的中年男子的求婚。当然，接受这场婚姻将会是摆脱家庭财务困境的最快途径，她就不必为了家人苦苦挣扎。然而，即使与对方共进晚餐、欣赏演出、享用昂贵的巧克力，多拉还是没有答应他的求婚。因为就像格雷厄姆所说的，“没有爱情，无论如何她都不会嫁人”。（显然，她再也没有找到爱情，尽管被求婚多次，她始终单身。）事实上，她竭尽所能地让家人不要依赖各种外部援助。然而，接踵而来的事情表明，尽管她有骨气，却没有能力和判断力来实现她的美好愿望。

格罗斯鲍父子公司倒闭之后，格雷厄姆的母亲决定将他们小却实用的房子（他们早就从第五大道的房子里搬出来了）改造成可出租的寄宿公寓。毕竟这种生意看起来很简单，并且能带来稳定的额外收入。不幸的是，寄宿公寓并没有取得她预期的收入，不到两年就维持不下去了。寄宿公寓生意的失败，令格罗斯鲍一家失去了唯一的收入来源，并且几乎要用所有的积蓄来填补这项失败的投资。他们被迫卖掉房子和大部分家当，格雷厄姆将这次亏损以及解决亏损问题的方式视为奇耻大辱。60 多年后，格雷厄姆在回忆录中提到：“我们的家在（拍卖师）落槌后被公开卖掉，这种耻辱让我无地自容。”

这可能是格罗斯鲍一家遭受的最屈辱的挫折，但厄运并未就此结束。投资寄宿公寓失败后，多拉为改善家人生活做了一次最著名的尝试，它决定了她和她小儿子的命运。为了赚钱，格雷厄姆的母亲开了一个保证金账户，不顾一切地把家里所剩无几的钱用于“投资”（根据格雷厄姆后来所建立的标准，它应该被称为“投机”）股市，重仓买入美国钢铁股。多拉对股市几乎没有什么认识，股市交易的经验更是少之又少，再加上她正好在 1907 年银行大恐慌前进场，结果损失惨重。

这件事本身虽然惨痛无比，却成为格雷厄姆结识“市场先生”（Mr. Market）的契机。股灾发生前，这个年幼而善于钻研的孩子每天都会翻阅报纸的财经版，追踪美国钢铁的股价走势。当然，那个时候，格雷厄姆对股票一窍不通，但他有“股价上涨时开心，股价下跌时难过”的体验。他母亲股市投资失利的教训，告诉他“心血来潮”的投资有极大的财务风险。然而，由于多拉的保证金账户赔得一毛不剩，格雷厄姆对股市的兴趣也随之烟消云散，股市信息退居为背景杂音。也就是说，直到多年以后，投资才成为格雷厄姆职业生涯的核心。诚如格雷厄姆所言：

> 我或者任何人都没想到，多年后我会成为财经新闻版的热门人物，那个老爱幻想、不切实际、舞文弄墨的本尼·格雷厄姆，竟然会成为华尔街的头号人物。

事实摆在眼前，多拉根本没有能力养活一家人。曾经有两次，虽然她心中百般不愿，也不得不抛下自尊，带着三个儿子搬去和哥哥莫里斯同住。“母亲很喜欢和儿子们同往，但是她很讨厌和别人住在一起。”对她来说，为了孩子而不得不投靠她那时而冷酷、时而暴躁的哥哥，这格外令她烦恼。在格雷厄姆的印象中，多拉和莫里斯之间的争执，有时候会激烈到这两个波兰裔的兄妹会从用英语争吵转换到用波兰语争吵，如此一来，孩子们就听不懂他们对骂的字眼。在这个联姻后的格森海特-格罗斯鲍家庭内部，还存在着其他一些烦恼：萨奈特医师在回忆与其已故岳父的对话时说道，尽管莫里斯同本杰明和利昂的关系处得相当不错（后两者都十分内向、好学），但淘气的维克托却时常让他恼火。虽然如此，在格罗斯鲍家族所有男孩的眼里，莫里斯舅舅是个才华横溢但有些武断的人（在随后的几十年里，莫里斯同格罗斯鲍家族的关系既体现在专业方面，也体现在经济方面）。在回忆与格雷厄姆的谈话时，萨奈特医生告诉我，格雷厄姆与莫里斯的儿子弗雷德（即后来被提名"诺贝尔生理学或医学奖"的弗雷德·格森海特/杰拉德）的关系一直不好。萨奈特说道："弗雷德难以相处，本杰明称其为'被宠坏的顽童'。"

无论如何，格雷厄姆肯定备受家族破产的困扰，有时候还会感到相当难堪（比如拍卖老宅）。然而，最让他感到难过的是母亲所承受的与日俱增的痛苦和侮辱。

有一段时间，多拉和她的儿子们每月仅靠 75 美元度日。以今天的币值计算，每月不到 1 800 美元，年收入不到 22 000 美元，远低于一家四口的生活贫困线。住大房子，拥有全职厨师、女佣和家庭教师的光景已不复见。尽管他绝对不喜欢这种戏剧性的命运转折，但生活被学业、工作、朋友和书本填满的格雷厄姆，就算少了过去锦衣玉食的生活，似乎也能泰然处之。然而，看到母亲勇敢担起生活的重担，拼命为家庭付出，和母亲感情深厚的他感到很痛苦。这成为格雷厄姆后来功成名就的主要刺激因素。

著名作家、投资者约翰·特雷恩在他 1980 年的经典著作《股市大亨》中指出了这一点：

> 格罗斯鲍一家遭逢剧变。格雷厄姆母亲的焦虑，无疑成为格雷厄姆后来全力追求财务安全的动机。

格雷厄姆的母亲很早就看出，由于同时具备个性和智力优势，她的本尼是重新光耀门楣的最有希望的人选。根据格雷厄姆的回忆录，母亲显然对他的未来有很高的期许。回想起年少时最早的一项发明（格雷厄姆不断产生许多和投资完全不相关的创意），格雷厄姆表示曾对自己的公寓电铃改良设计寄予厚望，“这位不切实际的梦想家将会让格罗斯鲍家族重获生机，不仅如此，还会将家族的财力推升到新的高度”。他的确做得到，虽然通过完全不同类别的“发明”。（有一次，他发明的门铃坏了，这给来访的客人们造成很大的不便，也给他母亲带来很多麻烦，最后母亲不得不强迫儿子拆掉门铃。）

格雷厄姆获得了卓越的成就和财务安全，赋闲时则在贝弗利山庄写作，从他的回忆录中可以明显感受到他对这个艰难时期的怀念。不过，从他的只字片语中也可以清楚地看出，多年以后，有些屈辱、辛酸的回忆仍然令他痛苦。有人说格雷厄姆之所以对那个时期钟爱有加，是因为他的满足不仅压过了痛苦，更因为那些痛楚令他受益。如同他写的那样：“逆境虽然是痛苦的，但它可以带来甜美的果实。我们的损失虽然惨痛，但最后我们可以获得巨大的回报。”年迈的格雷厄姆明确表示，父亲死后令家人饱受折磨的困苦岁月，既令人悲痛，也激发出人的斗志。重振家族声望和让母亲感到荣耀的决心，成为格雷厄姆在学业及专业领域取得成功的主要动力。

从价值投资的角度看，格雷厄姆年幼时家道中落的遭遇，塑造了他的金钱观，体现在收入和支出两个方面。从年幼时期便开始分担家庭生计和节衣缩食以减少开支的格雷厄姆，早已明白成功的理财必须有攻（即赚钱能力）有守（即想办法花最少的钱买到最有价值的东西）。就像他说的：

> 父亲死后的贫困岁月只轻微地打击到了我。那些日子让

**我养成对金钱严肃对待，愿意为了小钱努力工作和花钱方式极度保守的个性。**

这个“极度保守”的特质，让格雷厄姆在挑选股票和债券时获得了巨大的优势（有人说是决定性的优势）。最后，这个特质表现在他的投资哲学中，成为一个核心的投资概念，被称为“安全边际法则”。

THE EINSTEIN OF MONEY

# 第 2 章 安全边际

## “乌龟”跑赢了“兔子”

在畅销上百万册的经典著作《聪明的投资者》中，格雷厄姆提出一个问题，如果有人要求他将健全的投资观念浓缩成一句话，他的答案是什么。在面对这个自问自答的难题时，格雷厄姆用大写字母写下答案："安全边际"（MARGIN OF SAFETY）。为了进一步强调这个原则至高无上的重要性，格雷厄姆用它作为这本书的一个章标题。跟"格雷厄姆学说"的其他概念（例如市场先生）一样，安全边际这个看似简明扼要的名词，有着深刻的内涵，它已经成为价值投资者的神圣座右铭。关于安全边际的概念，巴菲特在1990年曾写下一句话："42年后再看到这个词，我仍然认为它就是投资的真谛。"20多年后我访问巴菲特，他指出安全边际的概念是格雷厄姆三大投资原则之一，"如果你将这些原则内化成为投资的基因，你绝对不可能赔钱"。（本书会在不同的章节中分别探讨这三大原则。）

## 投资与投机

在深入探讨安全边际的内涵之前，我们有必要了解为何格雷厄姆会在1929年股市大崩盘的至少9年前，预见到建立并在某种程度上应用这个理论的必要性。就像我们在前一章讨论过的那样，由于格雷厄姆的家庭在他的性格塑成期经历过重大的财务损失，使得格雷厄姆养成极其保守的金钱观。在股市大崩盘之前，这种风险规避的观点尤其罕见，那时的格雷厄姆刚开始在华尔街崭露头角。正当多数的企业及投资人受到巨大的投机获利的诱惑时，谨慎的格雷厄姆主要关心的是本金（即原始投入的资金）的安全性，其次才是获利。格雷厄姆很快就了解到，许多具有巨大及快速获利潜力的证券（包含股票和债券），事实上存在很大风险，而且有可能导致永久的巨额亏损。20世纪40年代中期，格雷厄姆为纽约金融学院做过一场演讲，当谈及价值投资的优点与方法时他表示："我们都知道，如果我们盲目追随那些投机的群众，长期来看一定会赔钱。"

那么，格雷厄姆是如何定义投机行为的呢？有意思的是，他所采取的是否定解读法。任何一种不符合他眼中的真正投资行为的"操作"，就会被自动视为投机行为。引述格雷厄姆及多德说过的话："一个所谓的投资操作行为，是经过缜密的分析后，能够承诺本金的安全及创造令人满意的收益，只要不符合这些条件的操作就是投机行为。"这个观点对现代读者来说可能是理所当然的。然而，如果我们看看20世纪20年代末期那些专业及声誉卓著的投资公司所购买及追捧的股票价格有多么离谱儿，就能知道格雷厄姆这些理所当然的观点在当时可以说是极为少见。在巨大的华尔街泡沫中，本金的安全性以及（根据格雷厄姆的说法）可靠的投资，被当时短线股价预期主宰股市行为视而不见。

当然，类似的泡沫反复出现了许多次。最近的一次，便是 20 世纪 90 年代末期的互联网泡沫，其特征是，许多发行股票的公司还未获利，其股价却在疯狂上涨！巴菲特跟他的导师一样，不论互联网股票的价格飙到多高，也从来不会考虑投资这类股票。毕竟，从价值投资者的观点来看，这类投资无法保证本金的安全性，也无法带来令人满意的回报。不管是对于互联网泡沫还是许多其他事件，这位奥马哈先知的"真知灼见"，都是根据事实进行周密的分析，并依靠自身能力而得出的结论。通常，他的结论与许多人不同，有些人的结论完全是看心情或草草得出的，有些人则是受到诱惑而得出毫无根据的结论，巴菲特却始终如一。毫无疑问，格雷厄姆在这方面为巴菲特树立了榜样。当我问巴菲特，格雷厄姆有哪些人格特质最有助于投资的成功，巴菲特表示，那就是"格雷厄姆并不会因为他人的想法，或受到这个世界当时的气氛或类似因素的影响而摇摆不定。"

的确，格雷厄姆之所以与众不同，就是由于他相信不能因为大多数人都在追求冒险性的投资策略，就表示这种策略不具有投机性质。"投机"这个词对格雷厄姆而言，代表的是冒巨大却没必要的风险。相反地，格雷厄姆把这种群体性投机行为视为不祥之兆。通常，这代表市场的狂热程度已经接近危机的引爆点，也就是说，金融市场的"大屠杀"一触即发。然而，这种观点跟多数人的思维正相反，而且根据某些行为科学家的看法，甚至冲击了人类进化过程中的"羊群效应"。这就是为什么格雷厄姆时常被称为"逆向投资者"，巴菲特也是如此。除了逆向投资者，还有谁会在 2008 年金融市场崩溃之际，大量投资高盛证券呢？正如格雷厄姆在《聪明的投资者》一书中写道：

> 股市中有这么多聪明绝顶的专业人士，竟然还存在健全却不太受青睐的投资方法，这实在令人匪夷所思。然而，我们自己的事业及声望，却是建构在这个事实之上。

幸运的是，格雷厄姆拥有充分的独立思考能力及自信走自己的路，即便这条路与分析师及投资者群体的方向似乎完全相反。格雷厄姆一次又一次地强调："当众人与你意见相左时，不能代表你的看法是对是错，唯有当你的数据和逻辑正确时，你才是正确的。"因此，当华尔街的投机风潮在他身边潮起潮落时，格雷厄姆将其早年职业生涯的大部分心力，投入到证券分析系统的设计之中，这套系统可以对危险的投机行为发出预警信号，也可以找出真正具有潜力的投资机会。事实上，区分投资与投机，就是格雷厄姆投资哲学的核心理念，也是他发展及提倡安全边际法则的主要推动力。由于格雷厄姆将预测短线股价波动视作愚蠢的事情，跟轮盘赌的预测没有什么两样，于是他开始将所有的"技术分析"及"市场预测"方法视为全然的投机操作。

因此，格雷厄姆得出一个结论，那就是一个安全且有不靠回报的投资机制，不能围绕着市场时机这一传统角度来思考。这就是为何他会提到，如果一个投资者"抱着预测的心态将重点放在进场时机"上，这个人"最后就会变成一名投机分子，并得到投机分子的下场"。换句话说，他将不再是投资者，而是一名投机者。按照格雷厄姆的想法，安全边际是价值投资的本质，因为它是区别危险的投机行为和真正的投资行为的关键指标。一般来说，格雷厄姆专注于挑选经营稳健、资产负债表扎实（资本雄厚、负债较低），以及有着良好的长期获利表现的公司。格雷厄姆发现，虽然这种方法能够让他对投资结果有更大的把握，也比挑选“热门股”的方法安全得多，但它称不上是一门精密的科学。而且，如果以过高的价格买入这种大公司的股票，仍有可能面临相当大的风险。

格雷厄姆认为，问题在于市场不会每次都按照我们的预期，肯定和奖励选择健全或“投资等级高”的股票的投资者。更糟糕的是，经营稳健公司的股票，也不可能永远不受高度不稳定的股市定价机制的影响。因此，即使选择经营稳健公司的股票，也需要某种程度的价格缓冲来抵御市场波动。这个价格缓冲就是安全边际，它是公司股票的真实或内在价值（由独立分析决定）和当时这只股票的价格（由市场决定）间的差额。根据格雷厄姆的定义，安全边际是“股票的市场价格及其本身呈现或评估出来的价值之间的差值”。如果投资者可以在内在价值与市场价格存在大差额的时候，买进一只经营稳健公司的股票长期投资，就可以确保本金的安全及一定程度的涨幅。抽丝剥茧来看，就像声誉卓著的价值投资者、哥伦比亚大学金融学教授乔尔·格林布拉特在2011年接受《巴伦周刊》访问时所说的：“安全边际就是计算一个东西值多少钱，然后以较低的价格把它买下来。”

## 安全边际=内在价值−市场价格

安全边际是格雷厄姆设计出来的投资机制，可以用来保护投资者的本金安全，以及避免获利因股价短线和无法预测的波动而受损。在华尔街工作数年后，格雷厄姆不得不接受一个事实，那就是即便市场上存在不计其数的喜欢夸大自己股市追踪能力的“神童”（当时指的是相对于证券分析师的“市场分析师”），但事实证明，根本就没有一个可靠的方法能预测，更遑论控制这种短线的价格波动了。不过，还是有相当可靠的获利方式，因为最终市场确实常会以股价显著上涨的方式，来奖励那些遭到忽略但经营稳健的公司。其关键在于，投资者能用于找出这种经营稳健但股价暂时被低估的公司的方法，就是安全边际。根据格雷厄姆及多德在 1934 年首次出版的《证券分析》中所述，安全边际也是区别“证券分析”与当时盛极一时且长久不衰的“市场分析”（即利用股市线图预测价格走势）的主要方法：

> 因此，证券分析和市场分析的相似之处，就在于它们都分析关于未来的无从确认的数据。但我们必须指出，两者之间的差异，在于证券分析师可以用安全边际来进行自我保护，这是市场分析师做不到的。

## 内在价值

为了计算每一只股票的安全边际，投资者需要知道两个数值——股票的市场价格和内在价值。举例来说，可口可乐目前的股价约为每股 70 美元，这就是该股票的市场价格。在仔细分析该公司的财务报表之后，投资者算出它的内在价值为每股 91 美元（也就是说，分析师认为可口可乐公司的真实价值是 2 090 亿美元，同时考虑到该公司在外流通的股票约有 23 亿股，内在价值就是用 2 090 亿美元除以 23 亿股，约等于每股 91 美元），因此该股票的市场价格与其内在价值间存在 21 美元的差价，形成 30% 的安全边际（21 美元除以 70 美元）。相反地，如果算出该股票的内在价值低于或等于目前的市值 1 604.1 亿美元（这是将目前的每股价格乘以在外流通的股票数量之后得到的结果），则代表在今天买进可口可乐的普通股，无法给予投资者任何安全边际，因此投资该股票不是一个明智的选择。

当然，可口可乐的股价，就像任何一只股票或债券的价格一样，是立即可知且毫无疑义的数字。然而，这只股票所代表的企业的内在价值，却无法从股价线图得到。通过系统地分析来估算一只股票的内在价值，是格雷厄姆学派价值投资者的核心任务。通过理性客观的事实评估所推算出来的合理内在价值（即避免受到市场的不理性因素影响），可以让投资者判断某只股票是否具有安全边际及其大小。在《证券分析》一书中，格雷厄姆与合著者多德提到，证券分析师"关心的是股票的内在价值，尤其是找出内在价值与市场价格之间的差额"。然而，两位作者也承认，内在价值并没有那么容易算出来，并且表示"如果你以为内在价值跟市场价格一样清楚明确，就大错特错了"。

实际上，计算股票内在价值的技巧会根据各种因素而改变。不过，为了本章的需要，有必要简单概述格雷厄姆主要的股票估值方法。格雷厄姆认为，若一家上市公司的流动资产减去负债（即净流动资产减去净负债），除以在外流通的股票数量后所得数字差不多等于股价，这个数字就是相对于市场价格的内在价值。就像格雷厄姆在《聪明的投资者》中所述，这个算法的问题是，"虽然偶有特例，但几乎没有哪家公司的最终价值会低于营运资本”。此外，格雷厄姆认为，“一只股票不会仅仅因为可以用接近其资产价值的价格买进，就能被视为稳妥的投资。”

## 简化的股票估值模型

格雷厄姆发明了下面这个相当简单的公式，可用来计算企业内在价值的合理估值：

> V=E(8.5+2G)×4.4/Y
>
> 其中，V代表内在价值，E代表每股收益（EPS），G代表该公司的预期增长率，Y代表AAA评级公司债券的平均利率。

当然，G不像E和Y那样容易得到。所幸，格雷厄姆还有另一个公式，投资者可用来计算这个预期增长率的值：

> G=(P/2–8.5)/2
>
> 其中，P代表目前的股票价格。

格雷厄姆提醒《聪明的投资者》一书的读者，他之所以提出这个公式，是因为“在进行证券分析的过程中，不可避免地需要预测大部分企业的未来增长率，希望读者不要误以为这个预测值具有高度的可靠性”。格雷厄姆对于预测增长率公式的提醒，同样适用于他的股票估值公式。话虽如此，这些公式仍然具备过滤的价值，可以帮助投资者判断一只股票是否值得买入。

## 现金流量折现法

估计企业内在价值还有一个更常见的方法，就是“现金流量折现法”，格雷厄姆经常采用这个方法，巴菲特也是。透过现金流量折现法，所有未来的每股收益都会被折算成现值，加总起来就能得到一个“净现值”，这个数值可用作合理的内在价值。换句话说，企业的每股内在价值，等于该企业未来现金流量的每股等比例价值。现金流量折现法的公式本身并不复杂：$CF^n/(1+r)^n$。其中，$CF^n$代表第n年的预期现金流量；r代表“折现率”，也就是未来现金流量会以多大的比率折算成现值；n代表第n年。举例来说，4年后的1 000美元的现金流量，以10%的折现率计算，其现值是$1\,000/(1.1)^4$，大约等于683美元。

不过，要为特定情况估计出正确的折现率是相当复杂的过程。备受推崇的青年价值投资者、作家帕特·多尔西在他所著的《股市真规则》一书中提到：

> 遗憾的是，还没有一个精确的办法可以算出现金流量的准确折现率。学术界发表了大量的期刊论文，都在讨论估算折现率的正确方法。

举例来说，过去获利不稳定的小型公司，采取的折现率应该要略高于一直以来获利稳定且容易预测的大型公司。事实上，通过现金流量折现法计算内在价值，涉及包含不同程度的差异及复杂性的许多步骤。

幸运的是，现在有许多免费的线上资源（例如Guru Focus网站的公允价值计算器，http://www.gurufocus.com/fair_value_dcf.php），实现了整个计算过程的自动化。对那些时间充裕又有意学习这一方法的人来说，现金流折现法的关键步骤，让投资者有更多机会了解如何针对特定公司调整计算方法（比方说，确定适当的折现率）。即便你日后偏好使用电脑完成计算，我还是强烈建议你至少要自己动笔做一次现金流折现法的计算步骤，只有这样你才能深入了解最后的数值是如何计算出来的。

在我们考虑某只股票是否值得投资及进行安全边际的粗略估算之前，建议投资者也可以应用格雷厄姆的基本筛选指标（详见第 4 章）。这些指标可以帮助投资者判断，除了安全边际之外，一家公司过去和现在的表现等各个层面的数据是否也是令人满意的。在使用这些指标时，投资者必须检视这家公司的资本结构（即债务与股权的比例）、营运资本（即流动资产减去流动负债），以及在计算内在价值时并未考虑的其他重要因素。

最后，必须强调的很重要的一点是，安全边际这个概念的效用非常高，不需要达到 100%（甚至是 80%）的精准度便可使用。如同备受赞誉的价值投资者、作家罗伯特·哈格斯特朗在《巴菲特的新主张》一书中所述：

> 格雷厄姆认为没有必要准确计算出一家公司的内在价值，只要算出一家公司内在价值的范围即可。即便是大略估算的内在价值，也可以算出安全边际。

## 买入和卖出的时机

一方面，格雷厄姆不认同预测股价未来涨跌的做法，并且认为这是一种投机行为；另一方面，他又推荐用安全边际机制找出未来有上涨潜力的股票。这似乎相互矛盾。毕竟，当一名投资者买入一只具有相当安全边际的股票时，基本上他赌的是这只股票的价格会上涨。因此，毫无疑问，价值投资者在某种程度上也是在预测股价走势。然而，不像那些专业的择时进场人士，价值投资者不会假装知道何时买入一只被市场错误定价的股票（即股价低于这只股票所代表公司的内在价值）可获利。

格雷厄姆认识到，即使经营稳健的公司，其股票价格也会波动。但是，他放弃预测未来股价波动的时间及具体细节。换句话说，他逐渐接受了市场波动是人力无法控制的事实。正如多尔西告诉我的：“安全边际对投资者而言非常重要，因为它承认人类是有弱点的。”事实上，这个观点的主要力量就在它的现实及谦卑。有别于那些模棱两可的股票线图法，格雷厄姆决定采用一个新方法来实现获利，而非试图控制市场的波动性。身为一个具有创造力的思想家，格雷厄姆着手构建一套可以将市场波动性从威胁转为巨大机会的系统。这有可能是格雷厄姆一生最具影响力的智力成果，而且他成功了。

他在《聪明的投资者》（有关普通股票的部分，尽管这部分内容也适用于更广泛的有价证券）一书中提到，既然高品质股票的“股价也会受到周期性因素影响而出现剧烈波动，聪明的投资者应该有兴趣从这些震荡中寻找获利的机会”。安全边际法则的应用，被证明是投资者发掘市场中错误定价的股票并获利的有效方法。重要的是，这个方法并不需要预测价格可能在什么时候变化。相反地，它找出了一个重要的差价，预示股价随后可能会大幅上涨。如此一来，便可省去非价值投资法许多无济于事的预测工作。著名作家及金融学教授劳伦斯·坎宁安写道：“格雷厄姆将安全边际称为投资学的中心思想，因为它最重要的功能就是不必再预测未来的股价。”

格雷厄姆注意到，在大部分情况下，一家公司的内在价值与其市场价格的差价迟早会缩小，价值投资者不会假装知道哪家公司的股票有这种价差，市场自己会承认错误。如同我们将在第 8 章讨论到的，这就是为什么当价值投资者找到购买股票的适当时机（低股票价格提供了相对其内在价值的高安全边际）时，股价每天的波动就不再重要了。格雷厄姆投资学派使用安全边际法则选择股票，并坚信一定会找到“以 50 美分买到 1 美元”股票的机会。因此，当市场价格大幅下跌时，价值投资者不会惊慌失措地卖出手中的股票，而会像在恶劣天气出海捕鱼的渔夫一样耐心地等待暴风雨过去，因为他们知道，根据自然法则，雨过一定会天晴。等到风和日丽时，以 50 美分买入并持有股票的价值投资者便可以将这些股票以 1 美元的价格卖出，若是市场“艳阳高照”，甚至能卖到 2 美元的价格。

布兰德斯是一位特许金融分析师，也是价值投资者的楷模，其创办的布兰德斯投资合伙公司管理着超过 340 亿美元的资产，他在自己的著作《当代价值投资》的最新版中大力推荐安全边际法则。身为福布斯 400 富豪榜成员，并在 20 世纪 70 年代初期接受过格雷厄姆亲自指导的布兰德斯，针对投资者如何利用市场波动及时找出最大的安全边际，提出了实用的总结说明：

> 股票价格围绕公司的内在价值上下波动，这些波动为价值投资者创造了机会。当公司股价显著低于其内在价值时，买入的时机就出现了……价值投资者预期，一段时间之后，当其他投资者看出该公司的真正价值时，股价就会上升到能反映其内在价值的水平，安全边际也会缩小。当股价等于或超过公司的内在价值时，安全边际就会消失，此时应该卖出手中的股票。

就连布兰德斯这位在世的价值投资大师，都不会声称自己知道什么时候“股价会上涨”，不过他积累了数十年的价值投资的成功经验，让他有很大的把握认为“总有一天股价会上涨”。也就是说，当市场最终修正股票价格时，投资者买入的具有相当大安全边际的股票价格通常都会上涨。当然，当这种情形出现时，布兰德斯跟所有有效率的价值投资者一样，就已经准备好卖出了。

## 挑选债券

关于大部分债券，格雷厄姆认为其安全边际通常是显而易见的。但是，从格雷厄姆与多德在《证券分析》中花了数百页篇幅谈如何挑选债券这一点来看，债券投资也有许多无法一言以蔽之的复杂及例外情况。基本上，除了债券价格及票面利率（承诺支付给债券持有人的利息）之外，挑选债券时还要检视格雷厄姆所谓的“获利偿付能力”，即债券发行公司的获利是“固定偿债金额”（指债券发行公司必须负担的所有债券利息）的几倍。

然而，就像分析股票投资一样，检视过去几年（债券发行公司）的获利记录有其必要性。一般来说，格雷厄姆会建议计算过去 5 年的获利平均值。如此一来，投资者便可判断其目前的获利表现是否与其在相当长时期内的稳健获利模式吻合，以及在可预见的未来能否持续下去。经验法则是，格雷厄姆所谓的“工业类债券”（由非铁路公司或公用事业公司所发行的债券）至少需要有三倍的获利偿付能力。也就是说，一个发行债券的工业公司（例如可口可乐），每年的获利至少要比全部债券（和其他形式的负债，若适用）所需支付的利息多两倍。

获利能力稳健但价格低于票面价值的债券（大部分指低于1 000美元的债券）在某些方面和价格被低估的普通股很相似，包括挑选的分析架构。

## 保障本金的安全

如同价值投资者《圣经》的《证券分析》一书写道："证券分析的主要压力，就在于保护本金免受不顺（即不幸）事件的损害。"年少时经历过家族没落，成年后目睹华尔街各式各样愚蠢行径的格雷厄姆，领悟到赔掉本金，有可能还会招致赔上更多资金的风险。

虽然不可能排除所有的投资风险，格雷厄姆的方法，尤其是（但不限于）安全边际，可以从一开始就过滤掉条件不佳的股票来大幅降低这种风险，这就是价值投资者的业绩可以如此出色的原因。毕竟，即便有许多成功的投资经验，但只要遭受几次重大亏损就会摧毁整体投资业绩，或导致业绩表现低于市场平均收益率。著名作家、价值型基金经理人哈格斯特朗在《巴菲特之道》一书中提到：

> 格雷厄姆说，投资有两个原则：第一个原则是不要赔钱，第二个原则就是不要忘记第一个原则。

为了解释投资时保障本金安全的重要性，我们有必要思考一下经典的伊索寓言故事"龟兔赛跑"。故事中提到，跑步速度很快的兔子由于过度自信及拙劣的判断力，最后在比赛中输给速度缓慢但坚持不懈的乌龟。套用在华尔街，兔子就是"最顶尖"的投资者，他们只关注哪只股票能成为“大热门”的各种最新传闻。举例来说，1995~2000 年的“互联网泡沫”年代，华尔街的“兔子”们志得意满，但后来随着泡沫的破灭而几乎倾家荡产。与此同时，像巴菲特这种投资界的“乌龟”却避开疯涨的网络股，以较低的价格及较大的安全边际买入普通企业的股票。那些“过时和无趣”的股票会这么便宜，部分理由是它们被所有的“兔子”忽略了，那些“兔子”追逐的股票都是知名的高科技企业，譬如 Furniture.com。这家已经宣告破产的公司的前员工告诉CNET网站:“我们接下一张 200 美元的茶几订单，然后花 300 美元运送，我们怎么也想不明白这怎么赚钱。”

因此，尽管“兔子”1999 年的投资业绩可能会胜过价值投资者，但是随着泡沫的破灭，谁会是最后的赢家？到了 2002 年，网络股背后的许多“革命性企业”纷纷宣告破产，那些投机分子在互联网泡沫期间的投资业绩，有可能打败巴菲特 14%的年均回报率吗？而且，这些投机者在任何泡沫期间都能打败巴菲特吗？追随格雷厄姆脚步的价值投资者们，相当满足于任何年份都能获得稳健但不一定出色的业绩。当然，他们的业绩不可能在市场崩盘时毫发无伤，一定也有年度业绩亏损的时候。但是，长期下来，避免及减少大额亏损的风险会让价值投资者成为最后的赢家。我们将在本书后面的章节，检视伯克希尔·哈撒韦、红杉基金、沃尔特与埃德温·施洛斯联合基金公司及其他投资公司远超大盘表现的业绩，并深入探讨这些差异产生的原因。这些具有传奇色彩的基金有一个共同点：它们都由格雷厄姆的忠实信徒负责操盘。

安全边际这个概念的主要力量在于其广泛的适用性。它就像一种“通用的”降低风险的工具，投资者在使用它的时候，可以非常确定不管每日股价如何变动，都可以在相当程度上确保他的本金的安全。毕竟，这笔资金所买入的是内在价值被市场严重低估的股票。因此，它提供了你想要的安全性，而不必去费心并且通常错误地预测未来股价的变化方向。20 世纪 40 年代中期，格雷厄姆在纽约金融学院做了一场备受赞誉的演讲，他将以下智慧传授给一群华尔街精英：

> 我们可以从经验中发现，如果你过去对于自己所投资的股票要求有较大的安全边际，那么在未来对照股票过去的表现时，你的投资将稳赚不赔。

事实上，投资者严格采用安全边际法则，再搭配一些分散风险的方法，就可以减轻虽然拥有较大的安全边际，但最后股价却未如预期的那样上涨的例外情况的冲击，确保得到有利的结果。这就是为什么坎宁安会说格雷厄姆的安全边际法则是“投资的法宝”。

关于投资本金的安全，必须注意的很重要的一点是，安全边际是价值投资者首要但绝非唯一的保护机制。在没有其他方法的辅助下，我们不能把安全边际作为评估投资安全性的唯一指标。在许多情况下，它必须和其他评估方法一起使用。然而，选择拥有明显安全边际的股票，依然是价值投资者选股时信赖的方法。巴菲特在 1984 年庆祝《证券分析》第一版发行 50 周年的纪念活动上，告诉哥伦比亚商学院的听众：

> 你无法算得分毫不差，这就是本杰明·格雷厄姆所说的要留有安全边际的原因。你不会花 8 000 万美元去买一家价

值 8 300 万美元的公司，你会留给自己很大的空间。当你在造桥的时候，你估计它可以承载 3 万磅[①]的重量，但你最多只会开着总重量 1 万磅的卡车通过。这样的原则同样适用于投资领域。

## 低风险，高回报

安全边际的核心目标就是帮助投资者保护资产安全，避免因不当的投资而遭受永久性损失。事实上，通过应用安全边际法则来找出安全的投资标的，是最小化投资风险的重大突破。然而，与一般的风险/收益关系（即低风险，低收益）相反，安全边际越大，投资风险越小，获利潜力越大。举例来说，以 50% 的安全边际（即其市场价格只有内在价值的一半）买入ABC公司的股票，比起仅以 20% 的安全边际买入同一只股票，前者不但提供了较大的缓冲空间，而且获利的机会也更大。

这就是格雷厄姆的安全边际不仅是个聪明的概念，而且是真正的具有颠覆性的投资选股方式的原因。它从根本上改变了传统的风险/收益关系，安全边际越大，投资风险越小，投资收益越高。就像成就非凡的价值投资者霍华德·马克斯在其著作《投资最重要的事》[②]中提到的：

理论家认为收益和风险是两码事，尽管二者有相关性；

① 1 万磅≈ 4.54 吨。——编者注

② 《投资最重要的事》（全新升级版）由中信出版社于 2015 年 9 月出版。——编者注

而价值投资者认为高风险和低预期收益不过是同一枚硬币的两面，二者都主要源自高价格。因此，洞察价格与价值之间的关系——无论对单只股票还是整个市场来说——是成功应对风险的重要方法。

安全边际已经被证实是评估及测量“股票价值与市场价格关系”的有效方法，以及它会影响到投资的长期业绩。

事实上，格雷厄姆就像华尔街的炼金术士，通过这个巧妙的分析架构，将市场的狂热投机行为转化成有条理且值得信赖的有效获利方式。他决定利用摧毁许多投资者财富的短线操作愚行，来造就长线投资者的巨大优势。他认为，当短线与长线价格不一致时，从中获利的最好方法，就是在市场忽略股票的内在价值时，找出安全边际较大的股票。然后，如上所述，格雷厄姆会一直等到市场真正看出股票的内在价值，才将股票卖出。不过，值得注意的是，当市场修正原先的错误时，价格的钟摆通常会过度地摆向另一边，此时市场给出的价格将远远高于其内在价值！这就创造出了投资者以可观获利卖出手中股票的机会点。

显然，格雷厄姆从25岁（或许更早）就开始练习使用“以合理价格投资优质股票”的方法。他在职业生涯早期经常用来说明安全边际的一个交易实例，就是杜邦公司（著名的美国化工公司）。格雷厄姆于1923年察觉到杜邦股票的市场价格与其内在价值之间存在很大的差距。根据他的计算，杜邦的市场估价大约只等于杜邦持有的通用汽车公司的股份价值。（杜邦早在几年前就开始购入这家极具潜力的汽车公司的股票，由杜邦前总裁皮埃尔·杜邦担任通用汽车公司的董事长。）令人吃惊的是，当时市场价格完全忽略了杜邦本身经营的大型（化工）业务，以及该公司持有的其他公司的股票价值。关于杜邦股票的巨大安全边际，欧文·卡恩与罗伯特·米尔恩写道："最终，杜邦股票的价格上涨到足以反映这家化工公司价值的程度。"因此，在一场经典的价值"反击战"中，27 岁的格雷厄姆找到了一个显著的安全边际，买入价格被低估的股票，耐心等待市场修正错误定价，并在时机成熟后，把股票卖掉，获得了可观的收益。

20 年后，格雷厄姆以相同的方法，买下当时鲜为人知的"美国政府雇员保险公司"，又称为盖克（GEICO）。（这家保险公司从那时便不断发展壮大。时至今日，人们几乎每天都能看到或者听到这家具有英国特色的汽车保险公司的消息。）当时，格雷厄姆花了不到 75 万美元就拥有了该公司半数的股份，帮自己和巴菲特赚得了巨额财富。巴菲特应用安全边际法则的经典之举，则是他在 1973 年以超过 70% 的安全边际买入《华盛顿邮报》9% 的股份。马克斯写道："内在价值的概念极为重要。如果我们对价值的认识能够帮助我们在别人卖出的时候买入——并且我们的行为事后被证明是正确的——这就是以最低风险获取最高回报的最佳途径。"

1990 年，《纽约时报》有一篇文章谈及，就像巴菲特做过的许多成功交易一样，《华盛顿邮报》当时被严重低估的内在价值（即安全边际非常大）是巴菲特以 1 060 万美元买入其股权的主要理由：

> 根据他（巴菲特）的计算，《华盛顿邮报》应该价值 4~5 亿美元，但是市场定价仅为约 1 亿美元。"把股票卖给我的其实是机构。"巴菲特指出，"在内在价值方面，他们或许可以

跟我得出一样的结论，但他们毫不在乎，因为他们认为这只股票明天（短线）就会下跌。”截至1989年年底，伯克希尔公司持有的《华盛顿邮报》的股票价值高达4.86亿美元。

这就是逆向价值投资法的最佳典范。然而，特别是近来，巴菲特察觉到似乎有必要在一定程度上调整安全边际法则。尤其是巴菲特受到菲利普·费雪（投资大师，《怎样选择成长股》一书作者）的思想影响，再加上得到其好友兼合作伙伴查理·芒格的忠告，他开始去关注比较偏向质的因素（例如管理团队的诚信、品牌独特性等），综合评估公司价值。他放宽了格雷厄姆便宜买入股票的标准，愿意“用适当的价格买入一家出色公司的股票”。当然，这个投资方法仍符合安全边际法则，而且他依然认为自己现在的选股策略根源于格雷厄姆的方法。当我询问巴菲特先生关于他对安全边际原则的部分修改时，他回答道：

> 我现在的投资方法仍然师承于格雷厄姆学派，但会考量更多质的因素。原因之一是，我们管理着规模如此庞大的资金，再也无暇寻找微小的获利空间。格雷厄姆也不会否定这一点，但是他会说，比起一般投资人，我确实需要投入更多的努力及时间。

因此，对大部分投资者（即不像伯克希尔·哈撒韦这样持有大量股份，必须进行大笔资金配置的人）来说，巴菲特仍然建议采用传统的格雷厄姆安全边际法则。

当然，在投资海外股票时，安全边际法则同样适用。事实上，在某些情况下，这个法则甚至可以发挥更强大的作用，尤其是在发展中国家。因为发展中国家的股票的市场价格和内在价值之间的差价可能更大。我曾经采访了汤姆·拉索，他是将价值型投资法应用于全球股票的专家之一，也是高评级价值型基金Gardner, Russo, and Gardner公司的合伙人之一。关于安全边际以及高速增长的发展中国家市场，拉索注意到：

> 国际投资市场的安全边际，来自投资者的短视行为。因为每当国际金融市场下跌的时候，投资者总会感到沮丧。资本是追逐趋势而流动的，因而专门投入发展中国家股市的资本非常有限。当市场恐慌导致资金撤离时，股价会急剧下跌。当贪婪被恐惧击败之时，你就能以非常大的安全边际买入股票。

如拉索先生所述，“当贪婪被恐惧击败之时”，拥有较大安全边际的投资机会将非常丰富，不论投资者决定投资何处。相反地，当贪婪盛行之际，拥有较大安全边际的投资机会将变得非常稀少。

事实上，从较广泛的应用层面来看，许多股票（或者特定类别的股票，例如20世纪90年代末期的科技股）的安全边际开始缩小，就可以当作市场修正即将发生的一个指标。詹姆斯·蒙蒂尔（James Montier）这位受格雷厄姆启发的GMO（GMO为大型的全球投资管理公司，旗下资产管理规模超过1 000亿美元）公司资产配置专家，便从安全边际的角度来看2008年末期和2009年的股市暴跌。他在《华尔街日报》的一篇文章中表示，2006年至2008年年初，“人们的行为，似乎完全将安全边际抛之脑后。每一个人都在寻找获利机会，投资秩序荡然无存”。事实上，当时的市场参与者将长期基本面弃之不顾，不断追求快速获利，就像格雷厄姆在世时经历过的相似年代一样，这样的投资行为为未来不可避免的股市大崩盘种下了恶因。蒙蒂尔继续说道：“我们都知道泡沫破灭的凄惨下场，只是不知道它何时会发生。”

因此，在格雷厄姆与多德发明“安全边际”一词将近 80 年后（以及格雷厄姆以某种形式开始应用这个理念的至少 90 年后），安全边际与各种不同层级和不同目的的投资者依然密不可分。这个概念是一个拥有非凡宽度与深度智慧的智者的杰作，这位投资大师拥有天赋异禀的数字能力，而且有本事用看似简单但却有效的方法来解决复杂的问题。如同下一章所说，格雷厄姆无与伦比的才智以及异于常人、独立且颠覆传统的思维，从他接受学校教育的那一刻起，即表露无遗。

The Einstein of Money

# 第3章 求学生涯

## 小学跳级生和常春藤高才生

格雷厄姆的学习生涯一开始并不顺遂，他在公立幼儿园度过了一段短暂但愉快的时光。“我记得自己浑然忘我地坐在一个装着沙子和大贝壳的箱子前，自得其乐地玩要着。”遗憾的是，由于5岁的格雷厄姆迟迟学不会解裤子上的纽扣，学校老师总得陪着他上厕所。最后，这个问题给幼儿园带来了极大的不便，导致格雷厄姆不得不等到6岁半才能重新接受正规教育。坦白地说，这个事件给格雷厄姆造成了极大的困扰：“我迫不及待地想去上学，我的哥哥则无法忍受上学这件事。”格雷厄姆的拼劲儿和好胜心似乎从幼年时便有迹可循。

1900年9月，格雷厄姆进入位于圣尼古拉斯大道与123街交汇处的纽约市第157公立小学读一年级。课程要求是通过字典卡学习英文字母和简单词汇，格雷厄姆很快就从班上脱颖而出。在天资和学习态度方面，老师看出格雷厄姆是个出类拔萃的学生。那个时候，小学年级分为两个时长各半年的学期，分别在9月和

1 月开学。在很短的时间内，格雷厄姆就升级了，从 1A 升到 1B。格雷厄姆从 1902 年 9 月进入第 10 公立小学的“小学部”开始，便一路跳级到 3A。到了 1903 年 2 月，老师建议他直接跳过 3B，于是格雷厄姆升到 4A。在回忆录中，格雷厄姆带着一丝骄傲提到了这段经历：

> 我只在小学部待了一个学期（即半年的时间），从 9 月进入学校时的 3A 开始，次年 2 月就直接跳级到 4A，升入初中部。

格雷厄姆是初中部的优秀学生，虽然他自己坦承花了许多时间阅读和学校课程完全无关的书籍。格雷厄姆的求知欲炽烈无比，如此广泛的“课外阅读”成了他一辈子的习惯。格雷厄姆从早年学生时代起，到他长达 42 年的华尔街生涯，阅读各种语言、主题五花八门的书籍，成为他主要的兴趣所在。此外，在格雷厄姆 20 年的半退休期间，当他有时间和财力满足自己的兴趣爱好时，他放弃了高尔夫、游艇之类的娱乐活动，而把时间全部放在阅读、翻译、写作，以及其他需要消耗脑力的文字活动上。文学评论家、加州大学伯克利分校教授西摩·查特曼在格雷厄姆去世后出版的回忆录序言中写道：“格雷厄姆的回忆录证实了许多老师的怀疑：最耐久，或许也是唯一经得起考验的教育，就是自我教育。”

不管在课堂内外，格雷厄姆的聪明才智对他的家人和同学都显而易见。可惜，他出色的智力表现和他笨拙的肢体动作形成强烈的对比。虽然格雷厄姆在体育方面几乎毫无长处或兴趣，但他跟初中部的所有学生一样，仍然不得不“全程参加各式各样的竞赛和运动”。这使得年幼和生性敏感的格雷厄姆遭到极大的屈辱：

“我和别人一样努力，但表现还是很差，我的自尊心不断受到打击。”在一段类似于内心独白的话中，格雷厄姆写出了他对外界批评他肢体缺乏协调性以及同学、哥哥取笑他笨手笨脚的反应：

> 我老是陷入沉思或沉浸在白日梦里，心不在焉到了无可救药的地步。所以，别人经常对我生气地咆哮。“看看你做的好事”或“你为什么走路不长眼睛”，这些都还算客气的。我曾努力地想要解释，一个小男孩的脑袋装满新奇有趣的想法，这些想法妨碍了他注意周遭的世界——难怪我会像《圣经》中年轻的约瑟一样遭到兄弟们的无情对待。我或许是咎由自取吧。

不过，尽管不断受到“新奇又有趣的想法”的干扰（这是他年少时的烦扰，后来却成为他在华尔街的一项非凡能力），但格雷厄姆在课业和考试方面始终表现出色。然而，有个著名的例子，可以说明他漫不经心的个性如何成为学习的障碍。格雷厄姆上小学六年级时，纽约市教育系统举行了令人惧怕的麦斯威尔测验，这项考试由纽约各级学校的负责人独创，格雷厄姆记得他是“一个叫作麦斯威尔博士的可怕人物”。当时，有许多人似乎都跟格雷厄姆一样，对这项考试怀有恐惧心理。1905年，一位名叫W·S·克林顿的人给《纽约时报》的编辑写了一封信，抨击此类考试的僵化与严苛。信中说道：“这种填鸭式的教学方式与自由教育理念背道而驰。”然而，格雷厄姆可以轻松答完5道题并上交试卷，其他学生则对试卷中的问题头疼不已。

遗憾的是，格雷厄姆发现这项考试其实一共有7道题目，并不是5道。格雷厄姆全神贯注于教室前面黑板上的5道题，却没注意到第 6 题和第 7 题竟写在教室后面的黑板上。当然，老师告诉过学生最后两题写在后面的黑板上，但格雷厄姆或许过于专注在第一道题目上，以至对老师的话充耳不闻。虽然 7 道题目中有两题漏掉没答，不过格雷厄姆作答的那 5 题全对，使他拿到超过 70 分的成绩。更令人惊讶的是，那竟然是第 10 公立小学“麦斯威尔测验”的全校最高分！（我访问格雷厄姆的三儿子小本杰明 · “布兹” · 格雷厄姆时，他表示父亲这种人在心不在的神游状态，似乎在他离开学校后依然存在，“他很多时候都有点儿心不在焉”。）

学校校长用惋惜的语气告诉 9 岁的本尼 · 格罗斯鲍：“要是你把另外两题也答了，会使你自己和我们学校声名大噪的。”的确，如果格雷厄姆答完所有题目，他很可能就是全纽约市公立学校“麦斯威尔测验”的最高分得主。量化分析与写作是他在华尔街职业生涯晚期必不可少的两项技能，因此有一点也值得注意，那就是他在此次考试中涉及数学与英语部分的成绩也在学校名列前茅。这个喜忧参半的考试成果，让 10 岁的格雷厄姆又顺利地跳了一级，他局促不安地进入 7A 班级，发现自己周遭几乎清一色是 12 岁的男孩。格雷厄姆记得，他的同学毫不留情地取笑他这个低龄“神童。”

可以肯定的是，格雷厄姆在数学方面的天才，确实能为他带来财富（在数学天分帮助他在华尔街致富的许多年前就已如此）。自从他的朋友切斯特 · 布朗的母亲雇他担任切斯特的家教（每周三次）起，帮助他人辅导数学及其他学科便成为格雷厄姆多年的重要收入来源。格雷厄姆持续担任家教，“这份工作很稳定，一直到他在加弗纳斯岛为伦纳德 · 伍德将军之子和其他军官的孩子辅导功课为止”。同时，他也在不断扩大自己的阅读量和阅读范围：

> 我不关心华灯初上的街头生活，在我看来街上的男孩都是粗俗无趣的。因此，我有很多时间看书。我的阅读量显然大得惊人，每隔两个礼拜，我就会向图书馆借四五本书，我还读了不少大家轮流传阅、无伤大雅的禁书。

格雷厄姆喜爱各种文化背景和年代的经典作家（如荷马、维吉尔、莎士比亚、狄更斯、阿尔杰等）的作品，比较轻松和现代的作品（如尼克·卡特的侦探小说），以及讲述古代（如古罗马皇帝哈德良）和近代（如本杰明·富兰克林）伟人的历史典籍。虽然他读的大部分都是课外读物，但这似乎并不妨碍他持续取得优秀的学业成绩。值得注意的是，他因为学业成绩优异而被选为校刊编辑，还发表过一首“长诗”。被选为第 10 公立小学的毕业生代表，让格雷厄姆这个 11 岁的男孩感到无比光荣：“当我在毕业典礼上发表演讲时，我心中充满了自豪感。”如果考虑到几乎所有毕业生都比他大至少两岁时，就更令人惊讶了。

格雷厄姆以第 10 公立小学毕业生第一名的成绩，轻松进入声誉卓著的汤森德哈里斯中学就读。格雷厄姆所在的班级第一个入选该校在 1904 年首次开设的速成班。在这个班，4 年的中学课程 3 年就要全部学完。时隔 100 多年后，该中学依然是纽约的明星中学。尽管这所学校大有来头，但格雷厄姆似乎对师资的印象并不深。格雷厄姆在回忆录中提到了这所学校的两位老师，只有一位在他的记忆里是很优秀的老师：“爱德华多·圣乔瓦尼这个令人望而生畏的拉丁文老师，真的教我学会了这门复杂的语言。”格雷厄姆精通拉丁文和希腊文（也是在汤森中学学会的），这进一步加深了他对希腊智慧与文学的终生兴趣：“古典文学对我的思想具有不可估量的影响。”

曾为2003年版《聪明的投资者》撰文的著名青年价值投资者贾森·茨威格，在一篇提到格雷厄姆准备申请哥伦比亚大学的文章中写道：“格雷厄姆最热衷的兴趣之一，就是把荷马的作品译成拉丁文，将维吉尔的作品译成希腊文。”的确，就连格雷厄姆的投资书籍中都渗透着这些古老的智慧。在他经常引用的经典句子当中，最著名的就是《聪明的投资者》的前言（“我们历经命运沉浮，尝尽沧桑苦楚，方能闯出自己的道路”，引述并译自维吉尔的拉丁文史诗《埃涅阿斯纪》），以及《证券分析》的前言（“今日的落难之人，明天将会再起，今日的天之骄子，明天将会坠落”，引述并译自罗马诗人贺拉斯的拉丁论文《诗艺》）。

除了拉丁文老师外，格雷厄姆记得还有一位几何学老师，个性沉默寡言，外表毫不起眼，他的名字叫作莫里斯·拉斐尔·科恩。这位老师之所以令他难忘，是因为他在教过格雷厄姆几年后获得的成就——科恩成为有些名气的哲学家，著有经典作品《理性与自然》——具有哲学思辨倾向的格雷厄姆可能拜读过此书。不过，在少年格雷厄姆心中留下最深刻印象的“老师”是康斯坦丝·弗莱施曼，她是格雷厄姆的母亲将房子租给住宿生时借住在格雷厄姆家的18岁大一学生。她愿意免费教格雷厄姆学习法语，“对待像我这样怕生的小男孩，没有谁比康斯坦丝更和蔼可亲了”。值得一提的是，格雷厄姆翻译了一首曾和她一起朗读的法语诗，并激发出他新的热情，“我从希腊文、拉丁文、法文和德文的大量翻译中，获得了很大的满足”。

与此同时，为了参加即将到来的犹太成年礼，12岁的格雷厄姆也在钻研希伯来语。格雷厄姆记得，自己进行的宗教研究是一次赤裸裸的心灵探索之旅。他回忆自己年少时期曾接受犹太教的许多观念，后来又一度迷恋基督教，但到最后，两种宗教都不符合格雷厄姆对教义的一致性和逻辑要求的标准，因此他几乎完全抛弃了它们。根据格雷厄姆的子孙和亲戚的访谈资料，格雷厄姆显然没有遵守犹太教义，这从他的四段关系稳定的男女感情，而且有两段是和非犹太裔女子交往可见一斑（其中一人是忠实的天主教徒）。同他的孩子们一样（或许这并非偶然，出身于长老教会家庭的沃伦·巴菲特也是如此），他在价值观方面属于世俗的自由民主党。然而，对于犹太人他心存好感。正如汉堡医生及其夫人对我讲过的那样："他不信仰宗教，但他还是个犹太人。"这对犹太夫妇也不大信仰宗教，他们与格雷厄姆在拉由拉（位于圣迭戈）有过来往。

在自己的犹太成年礼上，或许格雷厄姆最有意思的反应，就是平常一直循规蹈矩的他（约翰·特雷恩评价少年时期的格雷厄姆是一个"非常勤奋的学生，表现完美，几乎不像个男孩"），竟然违抗宗教导师的指示。在一次明目张胆的挑衅性行为中，格雷厄姆"顽固地拒绝按惯例发表感谢父母的演说，及宣誓恪遵犹太教的习俗和礼仪"。从格雷厄姆的回忆录判断，这样的反抗并非出于他对母亲的怨恨，而是因为犹太教戒律和他对神学的看法越来越格格不入。到了青春期，格雷厄姆似乎已经接纳了某种形式的不可知论，放弃了自己原来的宗教信仰。考虑到他所处的时代以及他出身正统的犹太家庭这一现实，这一点格外令人惊讶。

无论一个人生在信仰什么宗教的家庭，就算真的出现这种质疑"家庭信仰"的情况，往往也是在人生比较靠后的时期才会发生。显然，格雷厄姆早早地就缜密、冷静地分析了自己的思想倾向，检阅了周遭亲友最神圣不可侵犯和共同持有的信念。不管身边人的信仰为何，或是他的看法有多么异于传统，他会保留那些符合他本身逻辑的想法及概念，不符合的就予以摒弃。格雷厄姆明确抛弃宗教信仰，但却接受某种形式的神圣力量的存在，这让他既不属于宗教人士，也不属于无神论者。

显然，格雷厄姆对宗教的观点，透露出后来使他从金融界的从业人员当中脱颖而出的勇气和独立精神。

出于各种生活和财务方面的理由，格罗斯鲍一家人再度搬家，这一次他们搬到布鲁克林的巴斯海滩区。从家到曼哈顿汤森德中学的路途变得十分遥远，于是，格雷厄姆转学到了布鲁克林男子高中，他对这件事不太满意。由于汤森德中学实施三年制，再加上连续跳级几次，格雷厄姆 15 岁就可以从高中毕业。不过，格雷厄姆渐渐发现，布鲁克林男子中学也有它的优点。据格雷厄姆回忆，这所学校“因卓越的学术表现，在全美一直享有崇高的声望，我真的很幸运能进入这所学校就读”。在 20 世纪初的全盛时期，这所学校出了艾萨克 · 阿西莫夫、诺曼 · 梅勒、亚伯拉罕 · 马斯洛等几位杰出的校友。的确，在布鲁克林男子高中“仅能”取得第三名的成绩，对向来习惯于得第一的格雷厄姆来说，大概是他遇到过的竞争最激烈的学校了。

撇开因为时间安排的冲突致使格雷厄姆未能继续学习希腊文不谈，格雷厄姆认为他在“布鲁克林男子高中的两年受益匪浅”。格雷厄姆凭借稳定、优异的学业成绩，成为阿里斯塔（Arista，全纽约高中的荣誉生会）的一员。至于文学方面的成绩，则是他写的一个短片故事荣获该校最佳文学作品奖，被刊登在布鲁克林男子高中校刊的年度合订本上。但是，对过去在学校体育课遭到的羞辱或许仍感刺痛的格雷厄姆来说，最得意的莫过于他在运动项目上获得的出乎意料的胜利——击败布鲁克林男子高中网球队队长。事实上，格雷厄姆赢得了该校网球联赛的冠军！当体育主任将奖牌颁给格雷厄姆时，他没有开口说“恭喜”，反而问格雷厄姆：“你是怎么获胜的？”格雷厄姆强调自己听后有多么不悦，他把那次体育比赛的胜利，视为“个人的一个巨大胜利”，并且在接下来的几十年里对网球运动乐此不疲。

1910 年的整个夏天（高中最后一个学期开学前），格雷厄姆都在纽约新米尔福德的一个农场做雇工。格雷厄姆在布鲁克林男子高中的数学老师韦弗博士显然认为，利用暑期的时间参加农场劳动，对于像格雷厄姆这种“城市少年”（尤其是人们心目中的书呆子形象的少年）来说是很充实的体验。于是，包食宿，外加每月 10 美元的报酬，让格雷厄姆动身前往雅各布·巴曼这个风趣的男人所经营的农场。巴曼是一位在德国出生的老先生，年轻时移民到美国，曾经在北方联军中服役，是一个名副其实的美国内战老兵。因此，虽然暑假结束了，但格雷厄姆对那个时候的记忆却分外鲜明。“它彻底改变了我的生活方式，它发生在我的人生可塑性极强的年纪，这就是这些记忆如此深刻的原因。”

其中，让他印象最深刻的要属一头名叫露西的母牛。有一天，露西似乎正在发情，格雷厄姆需要带它到附近的农场去找公牛，完成巴曼先生口中的“产犊工作”。当他结结巴巴地向农场少女解释自己带母牛过来的用意时，他害羞得满脸通红。后来，更让他颜面尽失的是，当他好不容易才把母牛带进牛棚时，公牛兴奋踩蹄的情景，使得格雷厄姆因为太过担心自己有生命危险，竟然带着怒不可遏的露西仓皇逃走！大体来说，那个夏天似乎是格雷厄姆人生的一段艰辛（每星期固定工作 60~65 个小时）但却较为满足的岁月。

除了收割牧草、给牛挤奶、喂鸡和晚餐后研读希腊文学之外，那年夏天，格雷厄姆最关心的就是自己能否获得普利策奖学金。他一心想进入哥伦比亚大学就读，但由于格罗斯鲍一家当时生活贫困，奖学金就成了他支付学费的唯一希望。在格雷厄姆结束巴曼农场的打工生活前不久，他很开心地得知自己在数月前参加的普利策入学考试成绩，在整个大纽约地区名列第七。由于普利策奖学金一共有 20 多个名额，而接下来的面试似乎只是走过场，因此格雷厄姆认为自己稳操胜券，必定能获得那年秋天哥伦比亚大学的入学资格。8 月底，格雷厄姆回到纽约市没多久，就到位于公园广场的普利策办公室参加面试，当时他"以为面试进行得非常顺利，当我向家人告知情况时，很难压抑自己志在必得的兴奋之情"。

当格雷厄姆知道自己没有入选的消息时，他回忆道："这个结果不仅使我大失所望，更是一个沉重的打击。"格雷厄姆长久以来进入哥伦比亚大学这所常春藤盟校的梦想破灭了。此外，考试名次远在他后面的人竟然被录取了，这让格雷厄姆得出了一个合理的结论（但事实证明，这一结论是错误的）：面试一定有什么地方出了大差错。表面上，面试结果似乎很圆满，面试官甚至十分认同格雷厄姆选择的他最喜欢的一本书——吉本的经典著作《罗马帝国衰亡史》。因此，16 岁的格雷厄姆推断，面试官一定是察觉到"我灵魂缺陷的秘密，所以才将我的奖学金给了比我更纯洁、更高尚的某个人"。用直白的意思解释，格雷厄姆认为"自慰"是造成他的普利策奖学金申请被拒绝，进而被哥伦比亚大学拒之门外的原因。

于是，为了磨炼自己的“坚毅人格”，他戒除了这个多年来的“坏习惯”。这样的禁欲生活，据格雷厄姆的大表妹罗达·萨奈特的说法，加上格雷厄姆的母亲鼓励三个儿子“尽量多谈恋爱”，都可以解释格雷厄姆对婚姻的不忠和花心。当然，出轨行为使得那段婚姻伤痕累累，格雷厄姆对感情不忠的问题也存在于后面的几段婚姻中。具有讽刺意味的是，格雷厄姆的“人格磨炼”可能导致了他成年之后的性格缺陷。这令人遗憾，因为从其他方面来说，格雷厄姆的人生都称得上楷模，代表了近乎完美的道德行为。

从申请奖学金受挫这件事中得到道德教训后，考虑到格罗斯鲍一家处境堪忧的财务状况，格雷厄姆注册进入学术声望大幅落后于哥伦比亚大学的纽约市立大学。校址就在当地以及免收学费的优点，使得纽约市立大学比其他大专院校对格雷厄姆更具吸引力。然而，近 10 年来始终保持优异学业成绩的格雷厄姆，很快就觉得进入纽约市立大学是他的奇耻大辱：

> 那是一所免费学校，学生大多是穷人家的孩子，社会地位低下，经济拮据。其中犹太人占大多数。如果不去哥伦比亚大学而选择去这所学校，就意味着承认自己低人一等和接受失败的命运。

哥伦比亚大学的学生，几乎完全是最高社会阶层的白人基督教徒族群（绝大多数具有英国、苏格兰、荷兰和德国血统）。那个时代的哈佛大学、普林斯顿大学和所有常春藤盟校都是这样。这一部分是由阶级和种族歧视造成的，一部分是因为犹太人和南欧、东欧（相对于法国人和爱尔兰人）的天主教徒是美国比较新的移民。（当时，穆斯林和印度教徒尚未大量移民进入美国，不过亚洲佛教徒已初具规模。）因此，从社会地位和财务状况来看，这些族群都尚未达到进入常春藤盟校的标准。这也是为什么对不太受青睐的族群来说，被常春藤盟校录取不仅意味着对其学业表现的肯定，也是一种成功实现美国化的标志。就像格雷厄姆所写的："我自己也接受了这种扭曲的价值观念，这加剧了我的屈辱感。"

到纽约市立大学报到后不久，格雷厄姆的不满情绪便强烈到宁肯放弃上大学，也不要继续忍受在不入流的学府念书的羞辱。于是，格雷厄姆翻阅星期日版《纽约时报》上的"招工"广告，找到了一份组装电门铃的工作。他后来觉得那份工作单调乏味（"我开始在工作期间背诵诗歌"），就在莱夫勒电话公司找到了一份更有趣、待遇更好的工作。这家公司专门为坐落在第五大道、河滨大道和曼哈顿其他名贵地段的高级公寓安装电话系统，工作内容五花八门，颇有挑战性。"我们制造较重的金属零件……为硬橡胶按钮抛光……装配精密的电线系统……还要涂上薄薄的一层金漆。"格雷厄姆渐渐喜欢上了这份差事，而且素来笨手笨脚的他，对自己能够掌握这些复杂的手工劳动颇感自豪。除此之外，他天生酷爱追根究底的个性，使他很快就巨细靡遗地研究起莱夫勒电话系统的运行和组装方式。

有一天，莱夫勒先生外出，一位电气承包商打电话来询问一个关于电线系统的很复杂的问题。研究过安装图的 16 岁的格雷厄姆，在电话中解答了对方的问题。正如格雷厄姆所言："从此，我便成为莱夫勒跟前的红人。"虽然格雷厄姆确实觉得在电话公司工作比去纽约市立大学念书称心如意得多，不过他对进入哥伦比亚大学读书并没有彻底死心。1910 年秋，他写信给哥伦比亚大学，询问能否申请次年 2 月入学的奖学金。学校回复，这项奖学金不会在第二学期颁发，但是欢迎他1911年春天再写信申请9月入学的奖学金。于是，格雷厄姆一边耐心等待，一边在莱夫勒的公司工作。到了1911年4月，就在格雷厄姆寄出第二封信后不久，他接到了哥伦比亚大学校长的私人邀请，请他第二天傍晚到校长家见面。由于校长对他想讨论的事情并未透露丝毫信息，格雷厄姆在感到好奇的同时，仍然对于成为“哥大人”抱着很大的希望。他的心情无比忐忑：

> 第二天下午，我用去油剂尽力将满是污垢的手清洗干净，从富尔顿街搭乘西区地铁到116街，再走路到校长家。按下门铃时，我的心脏紧张得怦怦跳。

迪恩·弗雷德里克·凯佩尔校长是个很亲切的人，他对格雷厄姆在莱夫勒电话公司的工作表现出真诚的兴趣。几分钟后，他对这位焦虑不安的少年说出了一件令人吃惊的事：本杰明·格罗斯鲍去年其实就已经赢得了哥伦比亚大学的普利策奖学金。校长解释道，问题出在格雷厄姆的堂兄路易斯·格罗斯鲍在哥伦比亚大学读了三年书，也获得过普利策奖学金的资助。显然，由于姓氏（当时格罗斯鲍这个姓氏在哥伦比亚大学相当少见）相同，导致注册组的人把他们两个误认为一个人，从而拒绝了格雷厄姆的奖学金申请。因为“他们不能把奖学金重复给予同一个学生，所以便把名额给了排在你后面的申请人”。接着，校长向震惊不已的格雷厄姆保证，他们下一学年会给予他相同的奖学金。换句话说，哥伦比亚大学的大门已向他敞开！面试结束了，格雷厄姆回到家，极度兴奋。家里充满欢声笑语，但母亲一边擦拭眼泪一边说：“我永远也不会原谅他们，因为他们让我的本尼伤透了心。”

格雷厄姆继续在莱夫勒电话公司工作到 9 月份，之后正式进入哥伦比亚大学。他火力全开，不但在 3 年内修完了 4 年的学分（这是他一开始的目标，以弥补他浪费的一年），事实上，他用两年半的时间就做到了。值得一提的是，虽然格雷厄姆获颁的校友奖学金足够支付学费，但他仍然必须自己赚零用钱和买教科书等的学杂费。因此，格雷厄姆的大学经历，尤其是前两年，除了繁重的课业活动和各式各样的兼职工作之外，其他方面似乎乏善可陈：

> 我总是把大学生活幻想成幸福的青春岁月，是美妙地融合教育、友谊、体育运动和种种乐趣的时期。唉！回顾我自己的大学生涯，我不记得有过这样快乐的片段。

虽然大学生活毫无乐趣可言，不过格雷厄姆在哥伦比亚大学的时光，却是他智力发展并为一生创造巨大"收益"（财务和各方面）的萌芽时期。就这一点来说，格雷厄姆在这所常春藤盟校所做的最重大的决定，就是选择数学当作其理学学士学位的主修专业。他修了许多数学方面的课程，并且给他主要的数学教授——后来成为哥伦比亚大学校长的赫伯特·霍克斯留下了深刻的印象。格雷厄姆毕业时被聘任在数学系担任教职。（对当时杰出的大学生来说，一毕业就获得教职并不少见。）虽然格雷厄姆的价值投资系统并未涉及或需要用到他在哥伦比亚大学所学的高等数学，不过格雷厄姆的数字思维让他在从事证券分析工作时如鱼得水。此外，他"剔除财报中某些令人困惑和流于表面的项目，提出自己的方法来获取更有意义的数字"这种几乎独一无二的能力，和格雷厄姆在世界顶尖大学所接受的密集的数学课程教育多少有关。

除了数学之外，格雷厄姆在德文和英文领域的光芒也格外耀眼，尤其是他在英语方面的造诣。跟数学一样，英文也成为他未来事业的核心工具，虽然他的写作风格曾遭到批评（我个人认为这种批评是不公正的），被指责过于因循守旧，但他善于撰写明快动人的英文散文的才华，有助于他的观念在投资金融界（以及一定程度上的宏观经济学领域）的传播。毫无疑问，格雷厄姆是个绝顶聪明的原创思想家，但如果他不能有效地宣扬自己的创新性想法，他的成就将会大打折扣。当然，只有具有创造性的独立思考者，才能够发明像安全边际之类的原则。同时，只有优秀的作者才能把这一原则表述得通俗易懂，让“爱达荷州波卡特洛的牙医或者得克萨斯州奥斯丁的律师”都能够理解（就像沃伦·巴菲特向我介绍《聪明的投资者》一书那样）。的确，如果格雷厄姆在这两个方面不是如此出众，《聪明的投资者》一书销量不可能超过100 万册。

与此同时，他还能为高年级的学生及金融投资界的从业人员，以更技术性的语言撰写专业书籍。（过了将近 80 年后，仍然有些财务投资课程选择《证券分析》作为教科书。）这些能力，加上他大量引用英国（及古典）文学的生动写作风格，说明他在哥伦比亚大学受到的教育让他受益匪浅。例如，格雷厄姆在哥伦比亚大学修了一门叫作“每日一题”的英文课，每个学生每天都必须针对某个主题写一篇作文，第二天就要上交。就像格雷厄姆说的，“这门课很累人，但是它绝对能教会我们如何用英文写作。”格雷厄姆在这门课和其他课程作业中展现出的无与伦比的写作天分，引起了阿尔杰农·迪维维耶·塔辛教授的注意（他后来成为格雷厄姆的朋友和金融圈的事业伙伴）。塔辛教授告诉格雷厄姆：“我从来没有遇到和你同年纪的人，见解能像你这样深刻，表达能像你这样精准、简练、有力。”格雷厄姆毕业时，另外一位英文教授约翰·厄斯金（一位学术声望相当高的学者）也聘请他在哥伦比亚大学的英语系担任教职。

至于德语，格雷厄姆在一门介绍歌德、席勒和莱辛作品的课上成为获得A+成绩的第一人，这门课完全以德语进行授课和讨论。确实，格雷厄姆对德国文化的赞赏，在哥伦比亚大学时期达到了顶点。他钦佩“德国人将科学效率和多愁善感的诗融合在一起的能力”。几年后，随着第一次世界大战的爆发，他开始形成不同的观点：“我对德国人的‘民族心理学’感到深恶痛绝。”到战争结束时，格雷厄姆已经完全抛弃了“曾经最感兴趣的德语和德国文学”。然而，格雷厄姆的儿子布兹却不这样看。他从 1947 年开始一直同父亲住在一起，直到 20 世纪 60 年代初。他告诉我，尽管他的父亲一直非常喜欢古希腊和古罗马的作家，但他也喜欢阅读歌德以及其他德国作家的作品。至于希腊语和拉丁语，尽管格雷厄姆在哥伦比亚大学没有选修古典文学课程，但他还是利用业余时间读了许多相关作品（虽然人们会好奇他怎么会有那么多业余时间）。作为一名喜欢古典文学的理科生，他曾遭到迪恩·凯佩尔的友善责备：

> 时至今日，我们这儿一直流传着这样一句话：作为哥伦比亚大学的理科生，只有一件事是确定无疑的，那就是理科学位获得者从来不懂拉丁语。但现在因为你，这种说法已经不复存在了。

除了数学、英语和德语之外，格雷厄姆也选修了许多其他课程，包括哲学课。同样地，格雷厄姆也给他的哲学教授留下了深刻的印象。格雷厄姆的哲学教授刚好是哲学系的主任，事实上，弗雷德里克·伍德布里奇是哥伦比亚大学第一位提供本系教职给格雷厄姆的教授。以异于常人的本领，集纪律性和聪明才智于一身的格雷厄姆，不仅在两年半内取得了 4 年制的常春藤盟校的文凭，他的表现更是出类拔萃到让三个其他系别想要招揽他作为全职教员。这本身就已经够惊人的了，如果再考虑到格雷厄姆在哥大读大一那年，在电影院担任收银员，每周工作 39 个小时；其余的空闲时间几乎都在美国运通公司做各式各样的兼职工作，每周工作超过 40 个小时（加上非定期的工作，例如家教和发广告），如此还能有这样顶尖的学业表现，足以证明他的非凡、才思敏捷和智力过人。

有这样大的课业量和工作量，格雷厄姆未曾在哥伦比亚大学建立任何坚固的友谊，就没什么可奇怪的了。然而，格雷厄姆并未将自己没有朋友的问题归咎于工作量太大，而是他的某种古怪的个性：

> 我在哥伦比亚大学没有知心朋友，是因为我太忙于念书和工作，还是我的感情生活出了什么问题，阻碍我结交男性死党或密友呢？无疑是后者，因为同样的缺点在我之后的人生岁月里一直给我带来伤害。

另一种交友模式成为格雷厄姆“之后的人生岁月”的一大特色，他的确想到了办法，挤出时间谈恋爱。格雷厄姆在谈恋爱方面有些“大器晚成”，他最早的几次约会都是经由哥哥利昂促成的。与格雷厄姆不同的是，利昂能言善辩、巧舌如簧，对女人极具诱惑力。“他交往的女孩多得让他疲于应付，便把其中几个介绍给我。”然而，除了几次纯洁的约会（散散步、看看电影）之外，格雷厄姆与这些女孩的交往大都没有结果。当然，也有一次例外。

在格雷厄姆通过哥哥认识的女孩当中，有一位名叫海泽尔·梅热，这位住在布鲁克林区的年轻女孩，几年后成为格雷厄姆的第一任妻子。利昂在追求海泽尔的姐姐不成后，便积极向海泽尔献殷勤，他并没打算把她“介绍”给自己的弟弟。但是，海泽尔似乎对格罗斯鲍家的两个男孩都有好感，陶醉于在两兄弟之间左右摇摆的乐趣。20世纪50年代和格雷厄姆一家来往密切，住在贝弗利山庄格雷厄姆家对面的萨奈特医生，跟我提到利昂和维克托有一次到格雷厄姆家吃晚餐时的情形。三兄弟叙旧时很自然地聊到他们早年在纽约市的生活。萨奈特医生回忆说，餐桌上笑声不断，利昂和本杰明回忆起他们共同追求海泽尔的往事：“她满脸笑容地走在街上，一只手牵着利昂，一只手拉着本杰明。”

更让人困惑的是，根据格雷厄姆的回忆录，他们的表弟卢，在取笑过两兄弟追求同一个女孩之后，似乎也拜倒在海泽尔的石榴裙下。在这样的情况下，海泽尔和几个意乱情迷的男孩之间，并未出现任何实质性的进展，也就不怎么意外了。不久后，海泽尔去波士顿待了一整年。在那一年当中，格雷厄姆终于找到了他幽默地形容为一段“比较刻骨铭心的感情”。根据回忆录，格雷厄姆的第一个挚爱是阿尔达·米勒，而不是海泽尔，“我总是怀着深刻的爱和某种内疚想起阿尔达”。在“自由性爱”时代到来的前几十年里，婚前行为极少涉及性爱，尤其是那些自认为“体面”的人（格雷厄姆当然也想拥有这种体面）。然而，格雷厄姆同阿尔达的关系似乎并不那么清白。正如他写的那样：“读者可以想象我们在吊床上的行为，但我们都还保持着清白之身。”

那个时候，格雷厄姆打算在获得理学院的文凭后，再去法学院攻读三年。当时，在找到正式工作前结婚，几乎和婚前性行为一样，同属禁忌之举。因此对格雷厄姆来说，在这种情况下继续和阿尔达谈恋爱，将是一种无法忍受的挫折和干扰。他在寄给阿尔达的分手信中写道：

> 欲望强烈到了我们都不知满足的程度。你让我魂牵梦萦，魂不守舍，连大学课业都无法专心投入了。

在阿尔达之后，还有一段跟一位不那么可爱的姑娘、被格雷厄姆称为“影子恋人”的恋爱关系，这或许暗示他不再是处男了。后来，海泽尔从波士顿回来了，为他们漫长而精彩但最终以悲剧收场的婚姻拉开了序幕。

格雷厄姆在哥伦比亚大学的最后一年（也是他接受正式教育的最后一年），获得了一连串的奖项和聘书。他以班级第二名的成绩毕业，成为美国大学优等生联谊会（这是一个致力于弘扬人文艺术的学术组织），以及美国科学研究荣誉学会（这是一个科研机构，他之前没有入选是因为该机构对他的在校时间有所误解）会员。此外，诚如我们前面提到的，他获得了在哥伦比亚大学数学系、英语系和哲学系的全职教席。格雷厄姆对学术研究的大好前景青睐不已，但又对相对低的起薪感到担忧，于是决定与深受他信赖和尊敬的凯佩尔校长讨论此事。如果我们知道，格雷厄姆唯一选修过一门经济学课，却在课程正式开始前几个礼拜退掉了（至于金融课程，那个年代几乎根本不存在），就可以猜出，对格雷厄姆来说，去华尔街工作可能连“最后的选项”都算不上。

但是，天下事无巧不成书。凯佩尔校长和格雷厄姆见面前不久，才刚刚与华尔街的纽伯格-亨德森-洛布公司元老艾尔弗雷德·纽伯格碰了面。如同欧文·卡恩和罗伯特·米尔恩在《本杰明·格雷厄姆——财务分析之父》一书中所言：

> 说来也巧，纽约证券交易所的一名成员前来拜访凯佩尔校长，谈到他儿子学业成绩不佳的问题，他拜托校长推荐一个最优秀的学生给他。

于是，在1914年的春天，这位哥伦比亚大学的毕业生开始了他的职业生涯，在一家不太大的华尔街公司担任初级债券业务员。对一个后来被尊为“华尔街院长”的人来说，这一职位显得过于卑微。不过，在很短的时间内，格雷厄姆便凭着他在计量分析方面的非凡能力，攀登到金融投资界的顶峰。在第4章中，我们将探讨格雷厄姆在量化分析方面的一些基本方法。

THE EINSTEIN OF MONEY

# 第4章 选股投资法

## 学会使用量化指标和读懂财报

我们很难忽略格雷厄姆在哥伦比亚大学主修科目的重要性。毕竟，他的价值投资法的核心，就是秉持一套严谨的“数字不说谎”原则，对上市公司的财务报表进行计量分析（这些公司发行有价证券，比如股票和债券）。所有可以反映一家公司真实财务状况的参数，加上它发行的有价证券，都要尽可能彻底、正确地予以量化。由于格雷厄姆擅长与数字打交道，因此他愿意“卷起袖子”，深入研究年报、历史数据和文件，探讨其他投资者可能会忽略或跳过的几个“官方”数字。格雷厄姆更全面的计量分析，通常可以挖掘出不为人知的内情，证明这些官方数字实际上更好或者更差。

身为常春藤盟校的数学系毕业生，格雷厄姆的数字分析能力，在当时的华尔街是不多见的。有趣的是，当特雷恩讨论到哪一类型的投资者最有可能采用格雷厄姆的投资方法并获得成功时，他强调了三项特质：“常识、爱好数学和耐心”。当然，身为价值投资的鼻祖，格雷厄姆的确具备足够的勇气和创造力，运用他的数字分析能力，发展出自己独有的投资选股法，与华尔街的主流智慧大相径庭。当他那个年代的其他分析师都在观察股票的价格走势（即特定股票或债券的价格波动情况）时，格雷厄姆在自己做过分析之后，对那些股票的真正价值更感兴趣。举例来说，华尔街大部分的机构可能会去看ABC公司的股价走势，确定现在是否为买入该股票的好时机。相反地，格雷厄姆会去看ABC公司的财务报表，以及他手边能够取得的任何资讯。在一定程度上，他会"诊断"ABC公司的经营状况是否健康，检视其赢利状况、负债、管理团队和其他因素，不去考虑股价，再根据分析结果估算ABC公司的内在价值。

接着，格雷厄姆会将估算出来的公司价值转换为股票估值。然后，如同我们在第 2 章的叙述，如果每股估值是 4 美元，而现在ABC公司的市场价格仅为每股 2 美元，他就会考虑买入。相反地，如果ABC公司的股价为每股 6 美元，他就不会买入，还有可能要把之前持有的ABC股票卖掉。根据经验，格雷厄姆知道股市在某个时间点给一只股票的定价，通常与该股票或债券所代表的企业本身的价值无关。因此，格雷厄姆对那些宣称有能力预测股票在未来某一时期的价格（或价格区间）的人充满怀疑。毕竟，假如目前的股价是根据一连串无法预测的复杂因素计算出来的，其中很多还涉及情绪和大众心理学的范畴，一个人怎么可能准确预测未来的股价呢？如同格雷厄姆和多德在《证券分析》一书中所述：

> 过分强调股价走势可能会导致股价被高估或低估。这千真万确，因为股票估值的流程，虽然表面上看起来是数学，

实质上却是相当随性的心理学。基于这个理由，我们应该把这个流程视为一个质化因素，虽然它表现为量化的方式。

## 量化分析与质化分析

关于量化及质化因素之间的差异，格雷厄姆的立场非常清楚且观察入微。品牌优势、顾客/员工关系、其他无形的会计项目（通常分在“商誉”类别之下），以及管理品质，这些因素并不是不重要，虽然它们不能被精确地量化，却是用于评估一家公司价值的重要因素。当我为此书访问汤姆斯·卡恩（Thomas Kahn）[声誉卓著的“卡恩兄弟价值基金”现任经理人，曾资助出版《聪明的投资者》第四版（1973 年），也是欧文·卡恩三个儿子中的一个] 时，他告诉我：

> 格雷厄姆不喜欢和管理团队见面。他会说：“于是，我见到这个家伙，他留着胡子，我不喜欢留胡子的人，它会扰乱我的思绪。”

对格雷厄姆来说，在投资分析过程中最有意义的“线索”，就是上市公司的公开财务统计数字。不过，虽然这些资料在他看来是最重要的，他也不会盲目地相信这些数字。

在自动化选股的现代，只要输入不同的参数，投资者就可以在显示屏上看到一长串电脑计算出的结果，这时，牢记格雷厄姆的深刻观点是很重要的。就像坎宁安提醒的那样，现在的价值投资者不想一不小心就变成“抄底者”，也就是说，投资者找到“价格非常低的股票”，虽然它有很大的安全边际及其他有利的量化条件，但事实上它是一条“垂死的鱼”，无法提供成功的价值投资者所喜欢的长期增值空间。如同格雷厄姆（及斯宾塞·梅雷迪思）在《像格雷厄姆一样读财报》一书中所述，选股“需要有技巧地平衡过去的事实以及未来的可能性”。当然，要预测一只股票未来的表现，一定需要回顾其过去的表现。虽然格雷厄姆认为，一家公司过去的财务表现必须符合某些标准才值得考虑买入，但可能还要考虑其他因素。格雷厄姆与多德以数学形式表达这个原则，并写道：“有令人满意的统计数据是必要的，但绝对不是分析师做出买入决定的充分条件”。

格雷厄姆用来选择股票或债券的主要“把关指标”都经过了量化，因为他相信，对一套建构在数学基础上的健全的投资选股方法而言，量化因素比起那些很难用各种标准方法测量的因素更有益，也更容易做比较。格雷厄姆认识到，管理品质、品牌辨识度及其他类似因素可能非常重要，但他觉得这些因素早就反映在公司的财务表现上了。举例来说，如果有一家企业的管理能力不足，这个问题迟早会导致营收下滑、获利衰减、负债比率上升，以及其他在资产负债表、损益表上表现出来的管理不善的“症状”。所以，根据格雷厄姆的看法，就算分析师认为我们应该去衡量这些因素（这些衡量标准在很大程度上是随意的，与人们的普遍心理相去甚远），使选股方法在数据上臻于健全，但这些考量基本上是多余的。

## 独立的计量分析法

任何人只要敲敲键盘，点几下鼠标，就能获得几乎取之不尽的二手投资分析报告。身处这样的时代，再回头去看格雷厄姆提醒投资者要做好自己的投资功课的忠告，显然他早就有此先见之明。以下引述自 1934 年（第一版）的《证券分析》的内容，可能会引起一些人的共鸣，他们有跟我一样的经历，投资过被高度吹捧为“闭着眼睛就能买”的股票，最后却有一种感觉：“散户买的都是他人刻意倒手的股票，从交易过程中牟利的其实是卖方而非买方”。采取格雷厄姆的独立计量分析法，就可以过滤掉那些他人积极脱手的股票，它们虽然受投资者青睐，但基本面并不健全。然而，更大的危险（特别是对大致已培养出避开“热门股”的健康心态的价值投资者来说）并非那些别有用心的炒作者，而是那些有公信力的投资或经济“专家”的专业意见。

就像布兰德斯在 2004 年版的《当代价值投资》中提到的，“在采信别人对特定公司的乐观看法时要小心，即便那些人是专业分析师。”紧接着，布兰德斯清楚地说明：“平均而言，分析师预测的收益增长率，几乎是实际数据的三倍之多。”此外，有严谨的实证资料发现，整体来说，发表乐观评论及推荐股票的投资分析师，和比较含蓄的同行相比，拥有更高的薪水待遇及更频繁的升迁机会。2003 年，《金融杂志》刊登过一篇详尽的研究报告，报告最后总结说，雇用许多号称独立专业分析师的券商，往往偏好“比较乐观的分析师，因为他们可以帮忙宣传股票，进而增加投资银行的业务和交易佣金”。

值得注意的是，更早发表在《兰德经济学杂志》上的研究指出，致力于“追赶羊群”的分析师，也就是避免“自己的预测与市场共识出现显著落差”的分析师，拥有类似的财务与职场优势。既然市场共识（尤其在网络股价格狂涨的年代）最后通常都错得离谱儿，分析师还随波逐流，这个真相令人感到困扰。然而，即便分析师表面上看似完全独立，那些传递他们观点的出版物或节目，仍有可能依赖券商和其他单位的广告收入，这些赞助商一般都希望客户尽量多买它们的股票。此外，我们也无从确认，究竟有哪些私人关系、有偏见的观点和其他类似因素可能会影响分析师的看法（这些全都和上市公司的基本面无关）。因此，格雷厄姆建议投资者尽可能查阅原始的资讯："只要能力所及，分析师就应竭尽所能去查阅原始的报告和文件，不要依赖二手的摘要或转述的资料。"

## 格雷厄姆的量化选股指标

格雷厄姆认为，投资者可以分为两大类：防御型投资者和进取型投资者。前者关心的主要是降低风险，以及不必花太多时间和心力，就能获得可接受的回报；后者没有风险规避意识，愿意投入大量时间和心力，获取更丰厚的收益。这就是为什么格雷厄姆提到，防御型投资者也可被视为"被动型"投资者，而进取型投资者则可被视为"主动型或积极型"投资者。由于防御型投资者和进取型投资者的目标及能力均有显著的差异，因此格雷厄姆分别为这两类投资者设计了一套量化选股指标。基本原则是，如果你每周不打算花超过两三个小时的时间在投资上，那么你可以采取防御型策略。相反地，你可以采取积极型投资者那种比较冒险和耗时的方法。

## 防御型投资者的选股指标

格雷厄姆的选股指标，在《聪明的投资者》中有详尽的说明。我们精炼如下，并且以玩具制造业龙头企业美泰为例，来说明这些指标的应用（资料截至 2011 年 12 月 20 日）。

- **营收规模**。投资者考虑投资的企业，其年度营收至少得达到 5.5 亿美元（相当于格雷厄姆生前在 1973 年最后一版《聪明的投资者》中所建议的 1 亿美元的现值）。然而，值得注意的是，根据著名的价值投资者茨威格在最新版（2003 年）《聪明的投资者》中的评论，现代的防御型投资者“应该避免投资总市值低于 20 亿美元的（公司）股票”。茨威格还建议现在的防御型投资者可以借由“买入专门投资小型公司股票的共同基金”，来设法避开格雷厄姆对于投资小型公司股票的限制。我个人比较偏爱茨威格提出的第一个修正版本，不过，对防御型投资者而言，是绝对遵守格雷厄姆原始的规模筛选条件（经通货膨胀调整后），还是采用茨威格的修正版本，或是两者都采纳，留给投资者自行判断。把这个标准套用在美泰公司身上，其市值为 94.3 亿美元，营收规模远远超过格雷厄姆与茨威格要求的数字。
- **财务状况**。资产负债表上的流动资产（指这一家公司可以在一年内转换成现金的全部资产，包括现金、库存、可变现有价证券等），至少应该是流动负债（指这家公司一年内到期的所有短期负债，包括短期银行贷款、应付账款等）的两倍以上。拿这个标准来衡量美泰公司，得到的结果是 2.39 倍，表示这家公司通过了财务健康状况的初步测试。

另一个财务健康状况的重要测试，是确保其资产负债表上的长期负债（指这家公司全部超过一年以上的债务负担，包括各式各样的应付票据、债券等）并没有大于营运资本（又称为净流动资产，计算方法是用流动资产的数值减去流动负债的数值）。美泰的长期负债金额为9.5亿美元，比该公司的营运资本18.77亿美元的半数多一点儿。因此，美泰通过了防御型投资者的两项财务指标测试。

- **盈利稳定性。**公司在过去10年中每一年都必须有盈余（即在过去10年不能出现亏损）。过去10年的盈余记录显示美泰也符合此项要求。
- **股利支付记录。**公司在过去20年必须有稳定且未间断的股利支付记录。回顾美泰的股利发放记录，这家公司通过了这项测试。
- **收益增长率。**在过去10年当中，每股收益应该至少增加1/3（33.33%）。为了调和收益数字异常年份的影响，格雷厄姆主张开始及结束的数字（选股指标使用的数字）必须分别是第1年至第3年的三年平均数字，以及第8年至第10年的三年平均数字。关于美泰的检视结果，相较于2000年，其2010年每股收益增长率是161%——这一结果是标准值33.33%的好几倍。
- **合理的股价与净资产比率。**考虑买入的股票，其市场价格不应该超过其每股账面净值（指公司的全部有形资产减去全部负债）的50%以上。美泰的股价是27.83美元，而它的每股账面净值是7.71美元；因此，它的股价与净资产比率是3.61，比格雷厄姆要求的最高值2.0还多出80%。

- **合理的市盈率**。市盈率不应该超过 15 倍。换言之，一只股票的股价不应该超过其每股收益的 15 倍。举例来说，有一家特别的公司其每股收益是 1 美元，那么该公司的股价不应该超过 15 美元。读者应该知道，不论是这项选股指标还是前一项，都是从第 2 章的安全边际法则衍生而来的。美泰公司的市盈率为 13.75，符合标准。

这套选股机制的设计，是用来过滤受到下列任何一个或全部弱点拖累的股票：盈余不足、财务不健康（如缺乏流动性、负债比例过高等），以及市价相对于内在价值过高。如同格雷厄姆在《聪明的投资者》所指出的，这个选股模型要求严格且具有排他性，“它会剔除投资组合中的大多数普通股”。即便是在上述测试中只有一项没过而其他全数过关的美泰公司，防御型投资者也会认为这只股票的安全性不足。

## 进取型投资者的选股指标

进取型投资者（他们的风险规避意识淡薄，愿意投入大量的时间与心力，进行更频繁的投资组合决策）的选股指标不但比防御型投资者少，也没有那么严格。对于进取型投资者而言，也许最主要的指标就是营收规模，该指标允许这类投资者投资规模更小、组织更不完善的公司。不过，即便对于进取型投资者，向来小心谨慎的格雷厄姆仍然坚持必须做一些重要的安全、强度及价值测试。我将这些选股指标罗列如下，并以 ITT 公司（生产机械零部件的领先制造商）为例（资料截至 2011 年 12 月 21 日）。

- **财务状况。**资产负债表上的流动资产至少是流动负债的1.5倍以上。ITT的测试结果为1.6倍，符合标准。关于负债部分，所有的长期债务数字不应超过营运资本的110%。ITT的长期负债是13.54亿美元，相较于它的营运资本16.49亿美元，比率仅为82%。显而易见的是，ITT的财务健康状况可以让进取型投资者放心。
- **盈利稳定性。**公司在过去5年中的每一年必须都有盈利。检视ITT公司的盈利表现，确认该公司符合此项指标的要求。
- **股利支付记录。**这家公司目前必须有股利支付行为，但是不用考虑该公司过去的股利支付记录。ITT公司也符合这项要求。
- **收益增长率。**最近一期的年度盈余数字必须大于（不论是多大百分比）7年以前的盈余数字。比较ITT公司在2010年（最近的财务会计年）及2003年的数字，可以看出该公司通过了测试。
- **股价。**考虑买入的股票，其市场价格必须少于该公司每股账面净值的120%。以ITT公司的例子来看，它的股价是19.50美元，远低于其每股账面净值36.87美元。

因此，对于进取型投资者而言，ITT公司通过了全部5项测试。

必须注意的是，虽然进取型投资者的风险承受能力较高，格雷厄姆建议此类投资者使用的选股模型，仍能确保投资者的行为保持在投资范畴内（相对于他们可能会尝试的投机行为来说）。在格雷厄姆看来，不论是防御型投资者还是进取型投资者，都必须

“愿意放弃对未来的不切实际的幻想”，也就是人们通常过度自负和贪心地希望某个投资可以“大赚一笔”。相反地，如同我们前面的讨论，通过连续谨慎地买入价格具有吸引力且成长潜力大的股票，进取型投资者便可获利。

## 格雷厄姆的量化债券筛选指标

格雷厄姆的债券筛选指标适用于大众投资者，不论防御型或是进取型。如同《证券分析》一书所述，债券（公司为了获得额外资金而发行债券）的安全性“完全取决于发行债券的公司的偿债能力”。事实上，债券发行公司必须证明自己有足够的资源及获利能力，可以负担债券的利息支出及其他“固定费用”（即属于公司正常营运范围内持续产生的支出，例如保险费用及其他类似支出）。这就是为何格雷厄姆在《聪明的投资者》一书中，把债券筛选指标称为“筛选标准”的原因。必须注意的是，这些指标仅适用于“投资等级”债券，也就是通常被主要评级机构（比如穆迪和标准普尔）评为AAA或AA的债券。尽管这些评级机制存在缺陷（在2008~2009年的金融危机过后更是明显），格雷厄姆仍有可能会推荐投资者加以利用——但仅能当作初步筛选指标，然后再把以下“筛选标准”，套用在这些获得高评级的“投资等级”债券上。

## 债券的最低筛选标准

### 投资等级债券

收益对总固定费用的最小比率如下：

- 发行债券的公共事业公司，其全部固定费用（即固定及重复出现的费用，例如债券利息支出）必须有至少 4 倍以上的税前收益（过去 7 年减去营业所得税之前的平均收益，或者是用过去 7 年中收益最差的一年的数字）。对于铁路公司而言，固定支出的利息必须有至少 5 倍以上（7 年平均）或 4 倍以上（收益最差的一年）的税前收益。（由于运输产业发生了一连串的变革，让该产业的状况变得大不相同，相较于格雷厄姆的时代，现在铁路债券少见且价格昂贵。虽然健全的铁路债券投资机会仍然存在，但从 21 世纪初的投资观点来看，《聪明的投资者》和《证券分析》以这类证券为主要分析对象已显得有些过时。）
- 对于工业类债券（即那些由工业公司所发行的债券，例如通用汽车、通用电气、可口可乐等），固定的利息支出至少要有 7 倍（7 年平均）或 5 倍（收益最差的一年）的税前收益。对于零售产业（例如沃尔玛百货、诺德斯特龙百货、麦当劳等），固定的利息支出至少要有 5 倍（7 年平均）或 4 倍（收益最差的一年）的税前收益。
- 对于税后收益（即年度收益减去营业所得税），公共事业类债券的要求为 2.65 倍（7 年平均）或 2.1 倍（收益最差的一年）。铁路公司是 3.2 倍或 2.65 倍，工业公司是 4.3 倍或 3.2 倍，零售类公司则是 3.2 倍及 2.65 倍。

尤其是工业类债券（对于大部分读者而言，可能是债券选择的主要目标），格雷厄姆认为除了需要满足最低筛选标准之外，这类企业在本身所属产业中还应该具备“优势性规模”。为了满足这项要求，发行债券的工业公司不一定非要是所属产业里毫无争议的领导者，但是总体“营业额”应处于领先位置。健康的股权/债权比率，是债券筛选的另一个主要指标，即公司股票的市场价格与债券价格的比率。这个比率可以帮助投资者评估该公司次级证券（即普通股）和高级证券（即债券与优先股）的安全程度。格雷厄姆与多德建议的最低比率是 1∶1。赢利能力（而非资产）是测量工业类债券和铁路债券安全性的核心方法，而不动产价值（以资产负债表当中的资产数据表示）是测量公用事业公司、房地产公司及投资公司所发行债券的安全性的重要指标。

这是一些最基本的筛选指标。将主要适用于工业类债券的筛选指标，套用在农业/食品加工巨头阿彻丹尼尔斯米德兰公司（ADM）上，我们就可以得到一个相当有力的指标，以确认ADM的债券能否通过格雷厄姆的安全测试。检视ADM截至 2011 年 11 月的资料：ADM 7 年的平均税前收益对总固定支出的比率是 5.8 倍，而其收益最差一年的比率是 4.65 倍，这两个数值都未达到格雷厄姆要求的 7 倍和 5 倍的标准。关于税后收益对总固定支出的比率，ADM的数值是 4.02 倍（7 年平均），并未达到最低标准所要求的 4.3 倍，但是它收益最差的一年的数值是 3.2 倍，符合标准。

可以肯定的是，从优势性规模和营业额来看，这家实力强大的《财富》500 强企业都符合标准。然而，由于其普通股的市场价值为 66.4 亿美元，而其长期债务是 82.7 亿美元，所以ADM并不符合格雷厄姆及多德要求的最低 1∶1 的股权/债权比率。因此，即使通过了三项重要的测试（税后收益最差的一年、具有优势性规模、营业额高），整体来说，格雷厄姆也会认为ADM所发行的债券并不符合谨慎投资者的债券筛选标准。

然而，根据茨威格在2003年版的《聪明的投资者》中的评论，格雷厄姆的债券筛选标准，并未得到广泛应用，直到第4版他才首次写道：

> 在1972年，公司债券的投资者其实没有什么选择，只能配置他们自己的投资组合。今天，大约有500只共同基金投资于公司债券，创造出便利的、风险分散的有价证券组合。除非你拥有至少10万美元，否则你不可能自行建立一个风险分散的债券投资组合，因此典型的聪明的投资者只需买入低成本的债券基金，把债券筛选这种辛苦的工作留给基金经理。

## 线上筛选工具

在格雷厄姆的年代，进行完整的市场分析和股票/债券筛选，以及针对特定的产业进行研究，都是相当费力的过程。幸运的是，现代科技已经大大简化并加快了这个过程。利用各大搜索引擎（如谷歌、雅虎和微软的必应）提供的免费筛选工具，投资者通常可以建构可行的格雷厄姆筛选机制。由价值投资机构，如美国个人投资者协会（AAII）、价值线（Valueline）、晨星（Morningstar）等机构网站上提供的付费服务，可以让投资者更容易采用更全面的选股标准。比如，AAII网站上有许多格雷厄姆发明的筛选公式（经过细微调整），可以帮助投资者在采用上述筛选工具的时候上手更快，也更省力。然而，这些线上资源，不论是付费或免费的，最好是有意图地使用。也就是说，把它们当成辅助筛选工具，而不是选择投资标的的机制。

## 分散风险

格雷厄姆将一般投资者分为防御型与进取型两类。认为自己是防御型投资者的读者，在进入下一步的价值投资流程之前，要先注意一件事。格雷厄姆表示，防御型投资者务必要执行他在《聪明的投资者》中为这类投资者建构的多层面筛选流程。但是，相较于进取型投资者的下一个目标——在成功筛选出来的股票当中找出最有潜力的个股，格雷厄姆认为，防御型投资者反而应该尽量减少这类选股工作，而应多关注分散风险：

> 选择“最好”的股票这件事，实际上非常具有争议性。我们给防御型投资者的建议，就是专注于分散风险而非选择个股的工作。

在 2003 年版的《聪明的投资者》的评论中，茨威格建议现代的防御型投资者将其 90% 的资金配置在指数型基金（根据标准普尔 500 指数这类大盘指标成立的基金）上，用剩下 10% 的资金投资自己中意的个股。这种做法对于大部分的防御型投资者来说是合情合理的，尽管并非所有的指数型基金都符合格雷厄姆的选股标准。然而，由于标准普尔 500 指数包含的股票大多是大型股而且公司经营稳健，因此指数型基金通常可作为测量安全性及分散风险的有力指标。此外，作为一个“被动”型的基金［就某种层面而言，一只指数型基金仅是复制既有市场指数（例如标准普尔 500 指数）的成分股，无须聘用专业人士来进行独立的资金配置决策］，与主动型共同基金不同的是，指数型基金经理的佣金相对较低。

然而，防御型和进取型这种二分法，其实比较像投资光谱的分布属性，而非严格的“非此即彼”分类法。因此，经过一段时间之后，防御型投资者可以考虑提高个人直接投资的资金比例至10%以上。毕竟，随着防御型投资者透过价值投资选股流程积累了更多经验（而且可能也获得了信心），这种谨慎的循序渐进的投资方式，将为他带来更多收益。

## 先筛选，再分析

以上筛选指标是格雷厄姆投资方法的一部分，可能和非专业投资者具有最密切的关系。其实格雷厄姆还研发了许多其他筛选指标，这些工具的应用，就是《证券分析》共699页（包括附录）的主要内容。当然，如果你想成为一个全职投资者，进行各式各样的股票与债券投资分析，那么详细阅读《证券分析》是非常有必要的。若非如此，对于急于将格雷厄姆的方法应用在投资实践中的投资者来说，本书介绍的这些筛选指标是很适合的起步工具。必须澄清的一点是，应用这些筛选指标只是价值投资流程的第一步。正如“筛选”一词的内涵，格雷厄姆发明这些指标，就是为了找出应该选择哪些股票进入投资流程的下一个阶段。

因此，即使这个筛选过程剔除了几乎所有的选项，留下的股票没有几只，也不代表这几只股票就是值得买入的标的。其真正的意思是，不符合筛选标准的股票，绝对不值得进一步考虑，更不要说投资了。事实上，这个筛选机制通过提供过滤后的股票清单，替投资者节省了时间及精力。接着，进取型价值投资者就可以对过滤出来的股票进行更严谨的分析，找出最具获利潜力的投资机会，或者看看究竟这份清单上是否有真正值得投资的股票。

## 如何读懂财报

格雷厄姆的独立思考能力，加上受过常春藤盟校的数学训练，使他具备挖掘出公司财报中被掩盖的重要信息，以及看穿那些“欺诈手法”的本领。当然，如果企业的真实财务状况被掩盖，可能会让投资者付出昂贵的代价。然而，如同格雷厄姆所述，聪明的投资者通常可以“识破那些障眼法”。也就是说，如果投资者愿意按照格雷厄姆的方法，花时间去检视那些潜藏在财务报表背后意义深远的数字，就能了解一家公司的真实面貌。格雷厄姆与多德在《证券分析》一书中写道：

> 刻意伪造数据的情况极其罕见，大部分的不实陈述都是会计手法的问题，有能力的分析师要能把它们甄别出来。

事实上，大部分的证券分析工作就是在破解财务报表。格雷厄姆在其 1937 年的著作《像格雷厄姆一样读财报》（与梅雷迪思合著，他当时是纽约证券交易所的证券分析讲师）中，逐一解释了这个问题及其他问题。他在序言中表示，出版这本书的目的，是希望帮助读者“聪明地”解读一家公司的财报，使投资者“拥有判断未来获利可能性的能力”。

比方说，针对一家公司的无形资产（即非实体资源，如商誉、知识产权等）可能会产生误导财报的结果，格雷厄姆指出，“不用太在意资产负债表中无形资产的数字”。相反，格雷厄姆认为

“真正重要的是这些无形资产的获利能力，而不是它们在资产负债表中的估值”。同样地，格雷厄姆也解答了关于不动产价值（“战前被高估的不动产价值，现在反而被低估，同样是财报误导的结果”），资产负债表上的“账面价值”项目，指的是这只股票旗下所有资产的价值［“如果这家公司实际上遭到清算，资产价值很可能会比（这只股票）账面价值低很多”］，收益数字［“小心每股（收益）数字的陷阱”］等更多问题。

格雷厄姆还通过相关投资著作，解释隐藏在某些数据背后的欺瞒行为的破坏力。在第一版（1934 年）的《证券分析》附录中，可以找到格雷厄姆“量化诊断”的好案例。通过分析华尔道夫（前酒店公司）所发行抵押租赁债券的案例，说明债券发行公司在数字上做手脚，企图“美化”债券发行条件的问题。就像格雷厄姆及多德所证实的那样，华尔道夫通过支付巨额（及固定）租金给房东当成营运费用，使人将其误判为极度不利（但至关重要）的投资要素，认为这个 1 100 万美元的债券发行案，大约有 2 300 万美元的“优先求偿权”（即向该公司提出资产求偿权顺位在前的债权人，比求偿权顺位在后的债权人多）。

在 1973 年版的《聪明的投资者》当中，格雷厄姆花了一些篇幅，解释他在美国铝业（ALCOA）1970 年的获利报告中，发现花样百出的会计“伎俩”。当这家铝业公司的财报数字暴露在阳光之下，格雷厄姆辛辣的怀疑主义便派上了用场。他提出一个“问题”，质疑美国铝业内部是否有人在操纵财报：“当然，是在可允许的范围内。”格雷厄姆心知肚明，有些企业如何利用不道德的会计惯例但又不逾越法律的界限，去做些见不得人的勾当。某些公司的这种倾向，正是格雷厄姆（和后来的价值投资者）揭穿财报数据真相的工作，会成为价值投资的重要元素的原因。美国铝业案大约发生在 1970 年，经过一连串有问题的“特别冲销”（即管理团队估计会有几个不同种类的“预期成本”，格雷厄姆对此表示：“在那些成本实际发生前便得到冲销，可以说是非常诱人的做法，就像过去那样，不会对该公司过去或未来的‘主要收益’造成任何不好的影响”），这家公司大幅高估了它的收益数字。但是财报刻意模糊了这些成本冲销的时间点（即发生在哪一个年度），就连格雷厄姆也没办法确定这家公司当年真正的获利情况！

关于这个问题，另一个好案例可以在第 4 版（1962 年）的《证券分析》中找到。格雷厄姆与合著者多德及西德尼·科特尔，详细检视了美国动力公司 1951~1960 年这 10 年间公布的收益数据。在这家公司被严重扭曲的财报数字当中，他们发现了好几个总金额约等于 650 万美元（该公司公布的总收益为 1 350 万美元）的“重要会计项目”，原本应该是收入项目的减项数字（代表收益会减少），却被记成“盈余公积”（没有当作股利分配给股东的收益）。他们的结论是：“事实上，在那 10 年当中，该公司的每股收益只有财报数字的一半”。虽然美国动力公司属于一个比较极端的案例，但它凸显了格雷厄姆对企业真正的获利能力的关注，以判断公司公布的哪些收益数字必须经过调整。

格雷厄姆同样关心如何解读一家公司真实的账面价值，也就是有效的资产总值（即资产减去负债）。在《像格雷厄姆一样读财报》一书当中，格雷厄姆及合著者梅雷迪思解释了账面价值与格雷厄姆所谓的净账面价值之间，可能会产生的巨大差异：

如果你没有把无形资产扣除，只是简单地拿 180 万美元除以 17 000 股，你会发现每股账面价值是 105.88 美元。你会注意到，这个账面价值与每股 76.47 美元的净账面价值之间存在很大的差距。

身为金融投资界的“侦探”，格雷厄姆能够一眼看穿会计数字背后的欺骗伎俩（股价、公布的收益数字等），此外，由于他拥有超乎常人的数学思维，所以他有能力揪出数字“罪犯”，并准确判断一家企业真实的获利能力及财务状况。

虽然格雷厄姆在哥伦比亚大学的学习强化了他的数字思维，但他毕业后的第一个雇主——纽伯格–亨德森–劳伯投资公司，才是帮助他培养、应用及精练这项独特的量化分析能力的主要功臣。在精益求精的过程中，格雷厄姆不仅创立了价值投资“学派”，同时身为第一位证券分析师（或金融分析师，这个名词是在 1947 年之后才出现的），他永久性地改变了整个投资界。与此同时，就像他这颗“闪亮的新星”开始在华尔街崛起那样，格雷厄姆人生当中的其他方面，也在同步快速进展。在下一章，我们将介绍这段格雷厄姆在工作、学术及个人能力方面快速发展的时期。

THE EINSTEIN OF MONEY

# 第5章 华尔街新秀

## 从糟糕的业务员到锋芒毕露的合伙人

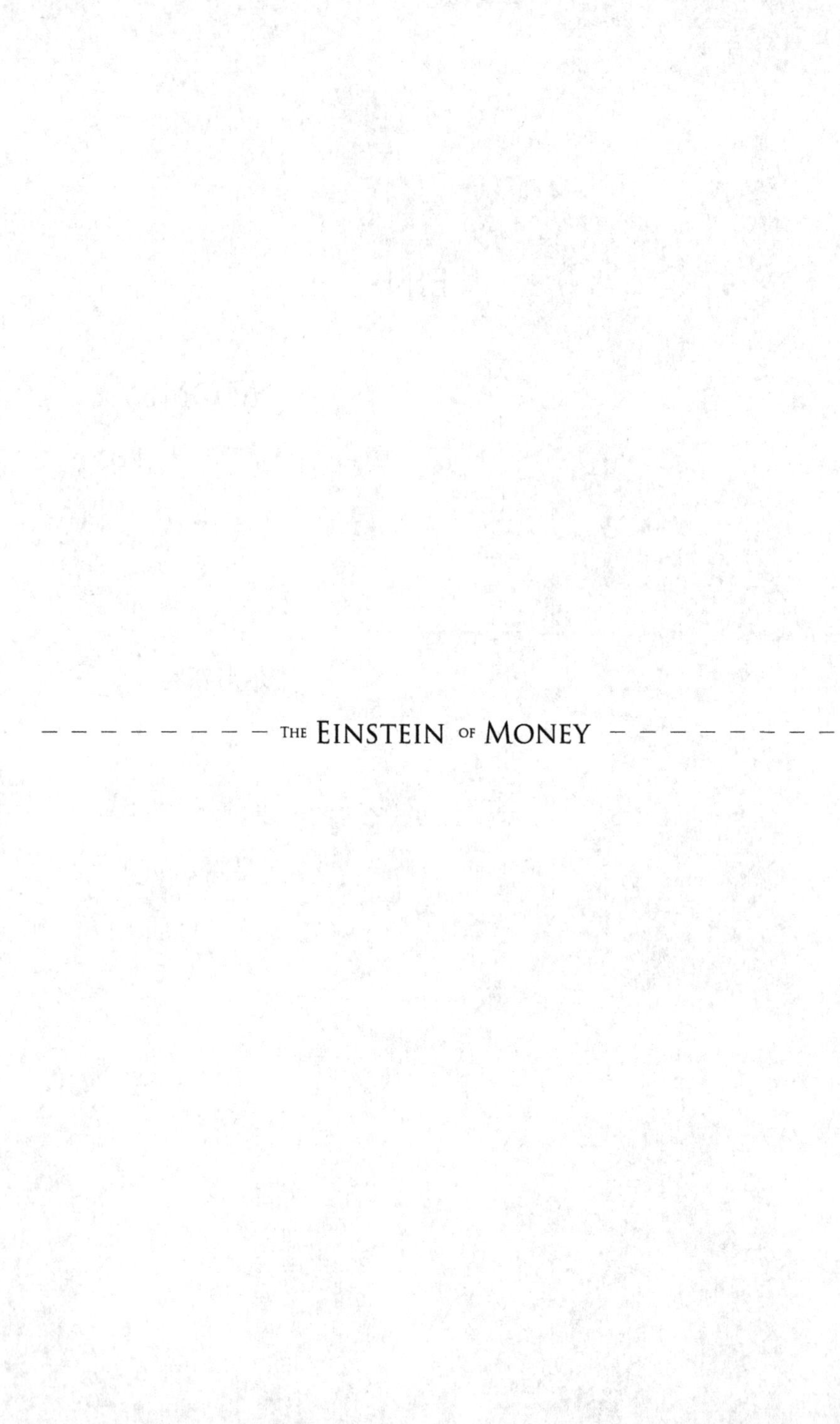

就在本杰明毕业前几个月，格罗斯鲍家族放弃了日耳曼语的姓氏，改成苏格兰语的格雷厄姆这个姓氏。当然，也有一些日耳曼语的姓氏，比如戈德斯坦或者罗森贝格。与信仰基督教的德国人相比，这些姓氏与犹太人的关系更为密切。通常说来，格罗斯鲍属于犹太人的姓氏。（当然，如果人们认为历史上著名的纳粹理论家兼实践家是信奉路德教的艾尔弗雷德·罗森贝格，那么这种划分并不准确。）

虽然美国直到 1917 年才加入第一次世界大战，但自从 1914 年开始提供各种军火和补给品给英法联军起，全美各地的反德情绪便高涨起来。因此，事实上，有许多德裔美国人（绝大多数并非犹太人）确实将自己的姓名"英语化"以免遭歧视。所以，格雷厄姆后来宣称自己的家族改姓主要是由于反德情绪，而非反犹太人，这种说法就算不可尽信，也情有可原。

从格雷厄姆的回忆录中可以看到，尽管他在成年后同非犹太人之间的关系比较和谐，但他之前却认为社会上对于犹太人的敌意随处可见。“我少年时期犹太人的遭遇，即使在美国，也是一目了然的。”他甚至这样写道：“我情不自禁地认为，身为犹太人真是太不幸了。”格罗斯鲍家族改姓格雷厄姆还有一个隐性的原因：在 20 世纪初期，许多姓氏没有日耳曼语特征的犹太移民也把他们的姓氏改成了“没有民族特色的姓氏”。因此，淡化犹太身份，转变成“真正的美国人”的做法非常流行。从某种意义上说（无论是有意识的还是无意识的），格雷厄姆这个姓氏要好于格罗斯鲍。

虽然格雷厄姆一家可能轻易地改变他们的“外来性”，然而更迫切与直接的贫穷问题，却不可能靠多拉的大笔一挥便烟消云散。不过，靠着她的三个儿子所做的各式各样的工作，格雷厄姆一家终于摆脱了贫困。但是，格雷厄姆仍然将自己大学毕业后的财务状况形容为“弱势”，尽管是天生的学者，他为了把握住有更好“钱途”的第一个工作机会，婉拒了哥伦比亚大学三个声誉卓著的教职。从格雷厄姆申请法学院，到他满腔热情地接受华尔街一份初级工作的这段时间，毫无疑问，生活贫困的阴影，仍鲜明地烙在格雷厄姆的记忆里。从格雷厄姆对文学、哲学和最特别的古典文学（即古希腊和古罗马文学）的浓厚兴趣就可以看出，要不是在成长的过程中生活陷入困境，他很可能会接受学术领域的工作。

带着些许遗憾（这表明他可能希望自己最终能成为一位古典文学教授），格雷厄姆回忆了他的家庭状况是如何迫使他改变志向，变得更加物质化的。

> 我想我的本性是远离物质化生活，向着知识的海洋或者

精神世界迈进。但是，童年时期的悲惨境遇对我和我的哥哥造成了同样严重的影响。我对金钱变得敏感与充满渴望。

此外，如同我访问巴菲特和布兰德斯时所获得的佐证，格雷厄姆绝对不是典型的“金钱至上”的华尔街大亨。尽管致力于寻求财物安全的方法，但格雷厄姆并未沉迷于积累巨额财富。巴菲特说：

本杰明对于经商的着迷程度，真的不像我或我认识的一些人那样深。涉足商业只是他的众多兴趣之一，也是让他格外出名的一项兴趣，但这并不是无时无刻占据他头脑的重要之事。

同样地，布兰德斯也回忆说：

我想，格雷厄姆终其一生对金钱的兴趣都是次要的。他最感兴趣的是学习新知识和了解新事物，包括寻找具有潜力的新投资技巧。

或许最有说服力的，是当我请与格雷厄姆私交甚好的萨奈特医生谈论他的这位故邻和朋友时，他证实了巴菲特和布兰德斯的看法：“本杰明这个人，基本上对于赚大钱并不太热衷，他更喜欢做学问。”投身华尔街之后，格雷厄姆很快就对投资的思维培训产生了由衷的兴趣，甚至到了热爱的程度。这点对有幸参加过格雷厄姆投资讲座的投资者，以及拜读过格雷厄姆的《聪明的投资者》和其他经典著作的当代读者来说，都是不言而喻的。然而，虽然 8 岁的巴菲特已经开始阅读关于投资的各种书籍，18 岁的格雷厄姆却从未接触过与投资有关的任何一本书，还退掉了在哥伦比亚大学选过的唯一一门经济学课程！毋庸置疑，格雷厄姆和华尔街在 1914 年的“联姻”，是因为囊中羞涩。

21 世纪的人们依稀可见大约一个世纪之前的华尔街的景象：街道狭窄，高楼林立，金融从业人员往来奔走，这些特点保留至今。事实上，作为一条城市街道，华尔街是英国人在 200 多年前修建的，纽约证券交易所的历史可以追溯到 1792 年，但我们今天所熟悉的华尔街是在 20 世纪初期才开始形成的。纽交所直到 1903 年才搬迁至纽约布罗德大街附近的位置（华尔街也位于同一个金融区）。并且，20 世纪初期第一波金融巨头崛起，其中最突出的代表就是摩根大通以及贵族出身的纽约银行家。

虽然还有几年才到“咆哮的 20 年代”，但 1914 年正好是前有 1907 年的大恐慌（焦虑不安的存款户爆发挤兑事件，导致许多银行面临破产危机），后有 1929 年股市大崩盘的年代，所以当格雷厄姆踏入华尔街时，美国的金融中心正处于经济快速增长的繁荣年代。

然而值得注意的是，1914 年仍然是纽约证券交易所历史上最纷扰动荡的一年。从 8 月 1 日到 12 月 12 日，证交所大门紧闭，时长超过 4 个月！除去固定假期和周末休市，在长达 196 年的历史当中，纽交所此前只关闭过一次，即便是 1873 年经济大恐慌时期的休市也只有 10 天。1914 年 8 月初，欧洲爆发了第一次世界大战，更严峻的经济恐慌席卷了整个华尔街。由于欧洲人持有数量庞大的美国证券，随着欧洲大战的爆发，华尔街开始出现大规模的股票抛售潮。为了避免进一步失血，纽约证券交易所决定暂时休市。格雷厄姆回忆了这些特别的事件，以及美国因为获得法国和英国的军火订单，经济形势是如何在短短几个月内迅速由衰转盛的。

虽然格雷厄姆任职的公司并非华尔街最大，但纽伯格-亨德森-劳伯这家创立于 1899 年的公司，经营堪称稳健，足以为格雷厄姆提供一张进入金融殿堂的入场券。2009 年《纽约时报》中一篇关于鲍勃·纽伯格（艾尔弗雷德·纽伯格的儿子）的文章证实了这样一件事：除了开始了“华尔街院长”的职业生涯之外，该公司在华尔街得到高度认可，这一点同格雷厄姆没有任何关系（这篇文章中甚至没有提到他）。在 1970 年倒闭之前，这家公司的规模很大，在华尔街成功运营了将近 71 年。现在看来，公司最终倒闭，部分原因在于它放弃了最初合伙人所坚持的相对保守的原则（至少在格雷厄姆任职的 7 年间是这样的）。

从格雷厄姆入职开始，公司便对这位可塑性极高的新人耳提面命，要求他对资金的投资配置采取谨慎态度。例如，格雷厄姆第一次去拜见公司资历最深的合伙人艾尔弗雷德·纽伯格，在准备结束面谈时，纽伯格先生给了他一些金玉良言：“年轻人，给你最后一个忠告：如果你投机，你将会血本无归。永远记住这一点。”当然，格雷厄姆的价值投资法与投机方式是格格不入的。出于经验和需求方面的原因，对格雷厄姆来说，金融保守主义对他来说驾轻就熟。他非常幸运，可以在这家公司任职，因为该公司强调审慎的工作作风，且经常因此得到回报（虽然偶有例外）。

经过几个星期的培训，格雷厄姆开始在公司担任债券业务员。他的任务是将债券（主要是铁路债券）卖给曼哈顿金融区一带的商人。事实证明，格雷厄姆很不适合卖债券，却是债券分析的顶尖高手。他根本不是那种会和别人称兄道弟的销售员，比起向各式各样的客户和潜在客户推销金融商品，在后台从事独立的分析工作，让格雷厄姆觉得自在多了。正如他对纽伯格说过的，他“天生不适合推销债券”。没多久，他也接下了用当时所谓的“简述法”来描述每种债券的任务。格雷厄姆发挥一贯的求知欲，竭尽所能找到任何和债券分析相关的阅读资料，其中最著名的就是劳伦斯·张伯伦所著的《债券投资法则》。张伯伦这本内容翔实、范围广泛的债券读本，是当时的必读书，直到 1934 年格雷厄姆与多德的《证券分析》问世，它的地位才被取代。格雷厄姆评价《债券投资法则》是一本“从各个方面来讲都笨拙厚重的书”，这种说法恰如其分。尤其从 21 世纪的视角来看，张伯伦的这本著作内容全面但风格陈旧。（比方说，“没有任何证券可以随时转换成货币”。）

格雷厄姆苦于在债券销售方面的工作毫无表现，便告诉艾尔弗雷德·纽伯格的同事和大哥塞缪尔，他要辞职到另一家公司的“统计部门”（相当于 20 世纪初的投资研究部）工作。他很惊讶地发现，虽然自己的业绩很差，没想到塞缪尔接到辞呈后非但没有松一口气，反而对他打算离开公司一事愤怒不已。格雷厄姆去意甚坚：“我很确定自己比较擅长做统计工作。”令他大吃一惊（或惊喜）的是，纽伯格先生竟然回答说：“很好，公司也该成立统计部了，就由你接手吧。”从那时开始，格雷厄姆的主要职责就是为公司和客户评估各种投资机会的相对优势和劣势，自此开启了他在华尔街的全职分析师生涯。

诚如欧文·卡恩及罗伯特·米尔恩所述，格雷厄姆没多久就从研究领域脱颖而出：“本杰明独具风格的华尔街专业分析师生涯，要追溯到 1915 年古根海姆勘探公司的解散计划。”当时，由于古根海姆家族（该公司最大的控股股东）决定退出勘探事业，才有了那次的解散行动。华尔街对这家即将解散的公司及其应声重挫的股价持悲观看法，但事实上，古根海姆家族拥有大量在纽交所挂牌的几家铜矿公司的股权。这些公司和古根海姆勘探公司不同，它们在可预见的未来，都不会面临解散的危险。

于是，格雷厄姆请纽伯格的主管留意，当古根海姆解散并按比例将铜矿公司的股票分配给股东时，一个绝佳的套利机会就会显现。也就是说，古根海姆本身的股票市值，低于该公司所持铜矿公司股票的价值，因此买入前者（每股 68.88 美元），然后卖出后者（平均每股 76.23 美元），即可赚取价差。当古根海姆于 1916 年 1 月解散时，纽伯格的“一人统计部”的看法被证明是正确的。听从格雷厄姆的建议，不仅公司本身大量买入古根海姆股票，一位资深员工也因为这项交易大赚了一笔，还将收益的 20% 分给格雷厄姆。按照欧文·卡恩和罗伯特·米尔恩的说法，这就是古根海姆解散计划让“本杰明的声望和身价均大幅提升”的原因。

格雷厄姆在纽伯格的前几年，就着手开发一套精确与系统性的证券（即债券和股票）分析与估值方法。迥异于某些金融理论学家，格雷厄姆的想法绝非只是纸上谈兵的抽象概念，而是多少和他的真实经历有些关系。对格雷厄姆而言，能够赚钱的方法才是好方法，毕竟那是他赖以为生的饭碗。就像我们前几章讨论的那样，格雷厄姆的数字分析天分，在那个年代的华尔街是很少见的。同时，他还具备了必要的勇气和创造力，运用自己的数字分析能力开发出独到的证券分析方法。这个方法（格雷厄姆后来进行了大幅度的修正）更适用于选股，因为它是以广泛研究及分析更具体和重要的因素作为依据的，而不只是看股价。格雷厄姆回忆录的序言作者西摩·查特曼有一句话写得妙不可言：“在证券行业还未看重分析研究的时候，格雷厄姆就已经开始进行研究了。”

确实，格雷厄姆这位被《财富》杂志誉为“证券分析发明者”的天才，在推动研究工作“受到重视”方面，做出了举足轻重的贡献（尽管当时分析和研究的内容偏离了格雷厄姆的方法）。当然，这种需要进行大量研究工作的选股系统，比单纯只是注意股票/债券价格走势，更耗时耗力，但是格雷厄姆一次又一次为公司提出安全又赚钱的交易建议（例如古根海姆股票的套利机会），证明了他选股方法的稳健性。这些建议展现出分析方法的威力，就连华尔街纽伯格公司经验丰富的合伙人也为之震惊。就像格雷厄姆在回忆录中的描述，他当时独树一帜的投资方法，时机对他是有利的：

> 如果说我很幸运地拥有种种天赋可以运用在财务分析上，那么就我进入华尔街的年代来说，我也是幸运的。我在华尔街的生涯刚开始时，投资几乎仅限于债券。除了极少数的例外情况，普通股主要被当作投机的工具。不过，金融市场开始采取各式各样的包装方法，为过去被视为类似于赌博的普通股提升信誉。也许是出于自愿，也许是为了遵守证券交易所的规范，企业开始提供关于营运和财务的详细资料，公司财务部也开始以便利的表格形式，在它们的手册和最新出版物上提供相关资料。

换句话说，如果格雷厄姆早几年进入纽伯格公司（或华尔街的任何一家公司），便无法取得关于营运和财务的详细资料，来作为他“选股秘籍”最重要的材料。事实上，从格雷厄姆凄惨的债券销售业绩，还有他发现当时其他公司的“统计部门”所做的事几乎毫无价值来看，如果这是他唯一的路，人们都会怀疑格雷厄姆到底能在华尔街待多久。格雷厄姆深知他没有业务方面的天赋，也看出自己不可能借由“股价线图”崭露头角，更不可能凭股价走势持续地选股成功，因此他开发出自己的选股方法。格雷厄姆肯定知道，他开发出来的这套方法，需要耗费大量的脑力和情绪控制能力，而且只有极少数的华尔街从业人员能做到。所以，当他证明自己的选股方法能赚到钱时，他一定已经感觉到自己不再只是一个小职员，而是公司不可或缺的资产。

确实，跟他求学时总是连连跳级并提早毕业一样，格雷厄姆在纽伯格以飞快的速度连续获得升迁、加薪和红利奖金。1916 年 9 月，格雷厄姆的薪水已经从 1914 年的每周 12 美元，一路飙升到每周 50 美元——对于一个 20 岁的人来说，这已是当时非常可观的薪水了。1958 年，格雷厄姆在一场为金融分析师协会所做的演说中，提到另一个当年他给纽伯格的绝佳投资建议实例。1916 年年初，格雷厄姆私底下向艾尔弗雷德·纽伯格强烈建议买进计算制表计时公司（简称C–T–R公司）的股票。C–T–R的卖出价约为每股 45 美元，不过根据格雷厄姆的计算，这家公司的账面价值（即公司的资产负债表上所显示的每股资产净值）约为每股 130 美元。除此之外，C–T–R的获利表现强劲，股利分配也很稳健。但是，格雷厄姆告诉这些金融分析师，纽伯格并没有买入C–T–R的股票：

> 艾尔弗雷德·纽伯格先生一脸怜悯地看着我。“本杰明，”他说，“别再跟我提这家公司了，我碰都不想碰它。”纽伯格先生对C–T–R的严厉批判，给我的印象实在太深了，以致我

从未买入C–T–R的股票，即便它后来在1926年改名为IBM（国际商业机器公司），我依然无动于衷。

关于这个例子特别有意思的是，早在格雷厄姆和多德合著的《证券分析》出版前18年，格雷厄姆实际上就已经在执行这套独立基本面分析机制的核心概念（即调查一家公司的资产、收益和股利，以估算其不受市场价格影响的股票价值）了。当然，这个例子也说明，起初纽伯格先生对这位22岁小职员的某些想法仍然持怀疑态度。但是，在不到两年的时间里，他就为格雷厄姆加薪超过4倍，足可证明格雷厄姆获得公司重视的程度。随着经济状况逐渐稳定，1916年11月，格雷厄姆和稳定交往两年多的海泽尔订婚了。然而，美国在1917年4月正式加入第一次世界大战，这可能会导致原定于6月份举行的婚礼无限期地延后。

由于格雷厄姆强烈的责任感和到那时为止毫无瑕疵的道德操守，他随即着手申请参加设在纽约州东北部普拉茨堡的预备军官训练营。心思缜密的格雷厄姆，拿到高阶将领（格雷厄姆曾为他的小孩担任多年家教）以及时任助理战争部部长（此人不是别人，正是哥伦比亚大学的前任校长凯佩尔）“特别热情”的推荐信。拥有这么出色的推荐信，格雷厄姆有把握自己一定会被录取。但是，由于那时他还属于英国国民，而只有美国公民才具有成为预备军官的资格，军队遂以政策规定为由拒绝了他的申请。（直到1920年，格雷厄姆才正式成为美国公民。）

无法顺利入伍，对怀有“年轻人就应该为了国家而战”这种强烈爱国主义思想的格雷厄姆来说，是一大打击。毕竟，尽管格雷厄姆在美国遇到过种种困难（其中许多困难都源于他父亲的英年早逝)，也受到了一定程度的种族/宗教歧视，但是这个国家确实信守承诺，给了他们家庭一个翻身的机会。格雷厄姆充分地认识到:“我是 3/4 的美国人，另外 1/4 是英国人。”虽然格雷厄姆的从军梦碎，他仍然可以加入民间部队。可是，身为家庭的主要经济支柱，相对于待遇比较好的军官薪资，民兵俸禄根本无法养活一家子人，更何况军官的薪水也比他在纽伯格公司的薪资少很多。

因此，格雷厄姆以“赡养母亲”为由，申请合法的兵役豁免权，让两个哥哥去参军，自己则继续留在纽伯格工作。然而，据欧文·卡恩和罗伯特·米尔恩回忆，格雷厄姆加入了纽约州警卫队的M连，在这里“他最积极的行动就是前往由维克托·赫伯特(当时著名的音乐人兼指挥家)领导的警卫队乐队”。尽管他一直想以军官身份参战，但他的这种参战方式在此后的许多年里一直让他感到尴尬。正如他几十年后所写的:“有一种感受一直挥之不去，那就是我参加‘一战’的方式让人难以置信。”但至少他的未婚妻很开心，因为婚礼如期于 1917 年 6 月 3 日举行，之后两人一起到弗吉尼亚州度蜜月。

1920 年，格雷厄姆志得意满地迎接大儿子艾萨克(格雷厄姆通常都喊他小名——牛顿，下文皆以“大牛顿”表示，以区别格雷厄姆几年后生下的另一个儿子牛顿)和大女儿玛乔丽的诞生。虽然格雷厄姆和海泽尔的婚姻最初有几年相对幸福的时光，但他表示问题也时有出现。例如，谈到母亲到他新组织的家庭短暂同住的那段时间，两个女人发生冲突的事情，格雷厄姆形容自己的妻子“精力旺盛、寸步不让、专横独断”。值得注意的是，格雷厄姆对海泽尔的这种评价与玛乔丽的回忆十分吻合。她谈及她已故的母亲时说道:

她为人强势，但她自学成才，成了一名电影制作人和摄影师，并通过她的工作帮助“二战”难民。她很了不起，但对我来说她很难相处。在我成长的过程中，她一直四处奔走，发号施令指挥所有人的行动，包括她的子女。

玛乔丽和他的父亲的关系则好得多：“我打从心底爱他，我以前老爱说他是我的活字典。”至于她的大哥大牛顿：“他是一个很棒的人，作为他的妹妹，我觉得不管发生任何事，他永远都会在身边保护我。”虽然母亲生性傲慢，但在玛乔丽的印象中，早年父母的婚姻关系和家里的整体气氛似乎其乐融融。说句公道话，格雷厄姆自己也承认，他冗长的工作时间，以及海泽尔盛气凌人的个性，都是导致他们第一段婚姻破裂的因素。的确，当人们想到格雷厄姆在华尔街取得的成就时，自然会想问这样一个问题：他怎么有时间谈情说爱，还生了 5 个孩子呢？他不但努力投身于投资工作，而且从他惊人的学术成果来判断，在这段时间内，他一定也在夜以继日地写作投资类书籍和文章。

第一次世界大战结束前，格雷厄姆第一篇关于投资理财的正式文章，刊登在《华尔街杂志》这本当时声名赫赫、读者众多的商业出版刊物上。（事实上，格雷厄姆在两年前就已经有文章发表了。当时年仅 21 岁的他写了一篇关于微积分的文章，发表在《美国数学月刊》上。）如卡恩及米尔恩在 1977 年所述，格雷厄姆第一篇和投资相关的文章，比较了“许多同类型债券价格的差异”。换句话说，那篇文章通过估算债券本身的价值，帮助读者找出价格被低估的债券。值得注意的是，格雷厄姆的这篇标题为“寻找价值被低估的债券”的谈论价值投资的典型文章，发表在《证券分析》一书出版前 15 年,《聪明的投资者》问世前至少 30 年。

格雷厄姆除了继续在纽伯格做全职工作外，还定期为《华尔街杂志》撰稿。他优秀的写作能力也在他任职的机构中凸显出来。1920 年，格雷厄姆为纽伯格编写了三本小册子，统称为“给投资者的一堂课”，其中一本后来成为格雷厄姆经典投资法则——“安全边际”概念的前言。(数十年后，格雷厄姆在一场演说中，用开玩笑的口吻反省自己在二十五六岁的年纪就敢出版《给投资者的一堂课》!)

任职于纽伯格的多数时间，格雷厄姆都是许多“文宣品”的主笔(即面向现实客户与潜在客户的宣传资料)。如卡恩及米尔恩所述，这些文宣品“深入研究一只或多只证券”，纽伯格的合伙人对格雷厄姆透彻的研究、合理的结论，以及清晰无比的写作风格印象深刻。至于《华尔街杂志》，更是对格雷厄姆在投资方面迷人、精辟的见解叹服不已，杂志社老板甚至想重金招揽他去担任主编！格雷厄姆再一次动了离开纽伯格的念头，但公司为了留住这位明日之星，决定提拔他为初级合伙人。

成为纽伯格的合伙人之后，除了拥有高薪，格雷厄姆还“享有 2.5% 的利益分成，而且不需要承担任何损失”。这些分红奖金使格雷厄姆的收入大幅增加，不久后他就带着妻小离开市区，搬到纽约州韦斯切斯特富人聚集的弗农山庄。公司资深合伙人认为，分给这个年轻小伙子的额外奖金是值得的投资。毕竟，他们很赏识格雷厄姆能在这股华尔街风潮中，精通一套独特且有利可图的获利模式，也很钦佩格雷厄姆为了追求投资方法的“精益求精”所展现出的强大求知欲。

比方说，当格雷厄姆察觉到他分析的企业财务资料影响甚巨时，便立刻针对这个日益复杂的领域，着手进行全面的独立研究。他在回忆录中提到："第一次世界大战后，过去十分简单的美国税务法律和规范，变得越来越复杂和烦琐了。"

格雷厄姆在美国税法及对投资数据具有重大影响的其他领域的知识也十分精通，成为最有学问的投资专家之一。有了如此充分的投资知识，格雷厄姆才开始从事涉及套利和对冲交易等更复杂的投资（同时建立同一资产的"多头仓位"，以及"空头仓位"。如此一来，当价格大跌时，另一部分的持股至少可以弥补部分跌价损失）。

例如，他会在买入可转换债券（即可转换成公司发行的普通股票的债券）的同时，卖出一个普通股的买期权（即在某合约到期日，以 特定的"协议"价格购买普通股的权利）。无须钻研这些错综复杂的金融工具及其反向关系，无论价格往什么方向波动，凭借此种操作模式，格雷厄姆都可以赚到钱。除了极少数的例外，这样的交易被证明可为公司创造高额收益。很快，公司就委托格雷厄姆直接代表一些客户操盘。

一般而言，资深合伙人将如此重责大任委托给资历较浅的合伙人实属罕见，但格雷厄姆的业绩实在太出色，这让公司认为有必要充分利用他的赚钱能力来服务重要的客户。此外，格雷厄姆自己也开始带来一些重要的客户。例如，1920 年，格雷厄姆有个任职于当时知名"券商"的校友，引荐他认识一个名叫三木纯吉的年轻日本人。三木先生代表日本一家大型投资银行，有意购买 1906 年日俄战争期间日本对欧洲诸国发行的政府公债。在欧洲买入这种债券，再转卖给需求更热的日本市场，可以创造巨大的获利。格雷厄姆透过纽伯格在伦敦、巴黎和阿姆斯特丹的人脉，让他的公司及新朋友三木先生得以顺利买入这些债券，再销往日本：每次交易纽伯格都可抽取 2% 的佣金，总收入达 10 万美元（大约相当于现在的 200 万美元）。格雷厄姆对于邀请三木先生到他家里做客这件事有着美好的回忆，他请三木先生品尝他太太做的“犹太料理”。之后，格雷厄姆又被三木先生邀请到曼哈顿的日本俱乐部品尝日本料理，这是他生平第一次吃日本料理。“让我感到欣喜的是，我居然很喜欢吃蘸着各种调料的生鱼片。”

在早年的华尔街生涯中，另一个对格雷厄姆的收入及工作具有重要影响力的个人关系，就是他与哥伦比亚大学前英文系教授阿尔杰农·塔辛多年来的情谊。几年前，塔辛先生就对他的这个学生因投资有道而迅速获得成功印象深刻，于是交给格雷厄姆 1 万美元当作本金，投资盈亏由两个人分摊。起初，这个账户的操作非常顺利，两位“合伙人”可以各自分到几千美元的获利。与哥哥们关系密切且总是积极帮助他们的格雷厄姆，把那笔钱用于投资爱玩音乐的哥哥利昂在曼哈顿上西区经营的留声机商店。

1917 年，股票市场的价格不断下跌，导致格雷厄姆管理的塔辛账户被要求“追加保证金”（当特定个股或类股的价格跌至低于某个价位的水平时，券商就会发出追加保证金通知，届时账户所有人必须存入更多的资金或把资产卖掉）。问题是格雷厄姆原本预期，不管是塔辛账户或他哥哥的留声机商店，都应该有更好的获利表现，因此他根本没有钱补足差额，陷入必须告诉塔辛先生自己无力承担损失的尴尬境地。更重要的是，这意味着，他为塔辛先生所做的投资“不幸失败了”。对格雷厄姆来说，这简直是一场噩梦，他受到了很大的打击。

格雷厄姆羞愧、焦虑到无以复加的地步，以致差点儿就做出轻生的傻事："我记得有一次午餐时间，我黯然绝望地走在金融区，那个时候我多多少少地认真想过自杀这件事。"他觉得与其被剧烈的失败与惭愧感所吞没，不如结束自己的生命来得痛快些，这样的念头在很大程度上透露出格雷厄姆的性格特点。尽管他并不自负，但显然他具有强烈的自尊心。同华尔街的其他人不一样，他的自尊心不仅与自己的投资业绩相关，而且具有强烈的责任感。后来，他对于自己公司的合伙人和雇员也是如此。因此，他的惭愧不只是由于投资失败，也源于道德考量。毕竟，格雷厄姆无法偿还他造成的损失。这种责任感是他与信任他的朋友和投资者之间的口头协议的根本要素。格雷厄姆对他人钱财的强烈（乃至一丝不苟）的责任感，就是他 42 年华尔街生涯的真实写照。

好在格雷厄姆没有去跳哈得孙河，而是重新鼓起勇气，寻求塔辛的宽恕。幸运的是，塔辛虽然对此事感到震惊，仍然善解人意并宽容地向他提出了一个赔偿损失的分期付款计划。不到两年，格雷厄姆就还清了债务，如他的回忆录所述："塔辛仍对我有信心……后来几年，我让他的财富增加到非常可观的数量级。"诚如尼采经常被人引用的一句名言："那些杀不死我的，终将使我更强大。"差点儿酿成悲剧的塔辛事件，使格雷厄姆在几年后碰到更棘手的困境时，具备了必要的情绪韧性。那时，面对更大的类似灾难时，格雷厄姆想到的不是自杀，而是保持冷静的头脑，专注于竭尽所能地将损失降到最低。不过，格雷厄姆总是能重新获得客户的委托，而且就跟塔辛先生一样，那么对格雷厄姆始终保持信心、不离不弃的人最终都能获得丰厚的回报。

至于纽伯格，他们也认为重用这位新合伙人是慧眼识珠。除了处理"统计部门"的事务（这时，又增加了另一名"统计人员”，不过是一个新手，在 24 岁的格雷厄姆这位“资深人员”手下工作），以及在复杂程度和利润越来越高的交易中均有出色表现之外，格雷厄姆还为公司带来了一连串重要的新业务。米尔恩与卡恩表示，随着格雷厄姆投资获利的名声越来越响，“有些客户甚至愿意分给格雷厄姆这个唯一的经理人 25% 的净收益”。

然而，从塔辛事件可以看出，格雷厄姆的投资决策并非稳赚不赔。虽然格雷厄姆已经证明自己具有慎思明辨的非凡投资能力，但即便失手的频率比华尔街同人更低，他仍然无法完全避免判断失误的情况。格雷厄姆投资宾夕法尼亚州萨沃德轮胎公司就是最好的案例之一。据说这家公司除了纽约和俄亥俄州，在美国各州都拥有“翻新汽车轮胎工艺的独家专利”。受到刚刚靠石油股票赚了大钱的朋友巴纳德·鲍尔斯的鼓励，格雷厄姆投入自己和老同学马克斯韦尔·海曼两兄弟的一大笔钱。结果“宾夕法尼亚州萨沃德轮胎公司”不仅表现不佳，而且鲍尔斯先生后来才知道，“负责集资（发行股票）的主要承销商竟然将我们的资金挪为他用”。最后，格雷厄姆甚至发现“宾夕法尼亚州萨沃德轮胎公司”可能根本就不存在！

虽然格雷厄姆在华尔街摸爬滚打的前几年，也听闻过很多这样的事情，不过萨沃德投资的惨痛失败，却是格雷厄姆第一次亲身经历这种集资诈骗事件。格雷厄姆本人也说过，“尽管生性保守”，但在萨沃德的交易中，是他自己要上当受骗的。事实上，在股票承销商“掏空”格雷厄姆的诈骗事件中，最值得注意的就是“例外”足以证实“规则”的存在，这个“规则”就是格雷厄姆通常会谨慎尽责地仔细检视每个投资机会，尤其是客户委托他操盘的资金。那也是他为什么在短短几年内，仅仅靠着口口相传，就能吸引一些重要客户请他做投资管理。对于纽伯格来说，公司的收益源于不断增长的账户金额和规模，因为公司可以从这些交易中赚到佣金。并且，作为初级合伙人，他觉得自己有责任给公司带来更多的客户。

从个人和经济角度来看，或许格雷厄姆最重要的客户当属他的舅舅莫里斯·杰拉德了。正如我们之前讨论过的，尽管莫里斯同格雷厄姆那几个不听话的兄弟之间关系不好，但他与格雷厄姆相处得一直不错。莫里斯的女婿萨奈特医生回忆说："他们俩关系密切。他们都是智力超群的人，有很多共同点。尽管他们是舅舅与外甥的关系，但两人更像朋友。"莫里斯一直很欣赏格雷厄姆的超凡智力，也非常关注他在华尔街的发展。早在1918年，他就在纽伯格公司投资数千美元，由格雷厄姆负责管理，收益颇丰。1920年，莫里斯找到格雷厄姆，带来一个"令人惊讶的消息"：他打算追加20 000美元（相当于现在的230 000美元）的投资，希望可以依靠这笔钱和格雷厄姆的投资天赋过上舒适的退休生活。他非常相信格雷厄姆的能力和正直的品质，从不怀疑格雷厄姆在投资方面的任何决策，虽然格雷厄姆觉得舅舅时常"干政"。

从业务开发到投资策略，格雷厄姆绝对在纽伯格占有一席之地。格雷厄姆记得，到了20世纪20年代初期，他身为初级合伙人的职责已经往前进了一大步：

> 除此之外，我要为公司名下账户处理各式各样的作业流程（仅限套利和对冲操作部分），身兼税务专家，进行柜台买卖（包括日本债券交易），负责确保办公室系统的运作效率。当然，我也带来了许多支付大笔佣金给公司的客户。

纵使身兼多项要职，他这个合伙人也只能拿到 2.5% 的分红，从这点来看，格雷厄姆不久后便考虑要成立自己的投资公司也就毫不意外了。毕竟，他已经证明了自己绝对有能力经营这样的公司，在管理和策略方面也得心应手。

终于，在 1923 年 7 月 1 日，格雷厄姆以格兰赫公司的名义在纽约州开创了他的新事业。[ 请注意，有一点很有意思，在他的回忆录中，格雷厄姆总是把他同卢·哈里斯创办的合伙企业称为格雷厄姆公司，而在米尔恩和卡恩的传记中却是这样表述的："这家新公司名叫格兰赫公司（卢·哈里斯是主要的投资方）。"鉴于哈里斯的另外一家公司名叫哈里斯雨衣公司，因此我认为后一个名字更合适，这就是我在本书中把这家公司称作格兰赫公司的原因。]

在纽伯格任职 9 年后，加上部分受到朋友卢·哈里斯（格雷厄姆在弗农山庄结识的雨衣公司老板）的支持，格雷厄姆成了一家投资公司的合伙创始人及经理人。尽管他对于这种身份变化感到很开心，但有一点确凿无疑，即纽伯格公司对于格雷厄姆的华尔街生涯来说是个极好的启动平台。一方面，公司规模较大，拥有广泛的投资机会和投资渠道；另一方面，公司运转灵活，思路开放，为像格雷厄姆这样的思想家提供了极大的独立性和最终决策权。或许，纽伯格公司意识到，这可能是唯一能够留住思维独特的操盘手的方法。然而，格雷厄姆在之后 33 年取得的巨大成功表明，格雷厄姆最适合负责指挥（或者参与指挥）。因为即使最具包容性的老板，也会限制像格雷厄姆这样智力超群、思维独特的人的发挥。

格雷厄姆现在已经不再是打工者了，而是格兰赫公司的大股东和主要经理人。作为企业主和经理人，格雷厄姆学会从私营企业主（而不只是股票持有者）的角度来看待股票及其发行机构，这是价值投资的核心范式。毕竟，若收益、支出、税率和其他“会计项目”都由自己负责，它们就不再只是抽象的数字。格雷厄姆（及后来的巴菲特）投资选股法则的重要范式，是下一章讨论的焦点。

THE EINSTEIN OF MONEY

# 第6章 最高境界

## 把投资作为事业来经营

格雷厄姆在《聪明的投资者》一书的最后一章写道："投资的最高境界，就是将它视为事业去经营。"巴菲特评价这句铿锵有力的话，是"关于投资的最重要的一句座右铭"。事实上，这句话隐含了格雷厄姆、巴菲特、芒格、鲁安、施洛斯、布兰德斯、卡恩以及其他名人投资致富的选股架构。除了安全边际和"市场先生"，这个概念是劳伦斯·坎宁安所谓的"格雷厄姆的基本观念是价格与价值为两回事儿"的另一个重要层面。

当几乎所有市场参与者都是根据短线的股价涨跌预测做出投资决策时，格雷厄姆是以一个潜在买方的心态，去检视股票背后的公司的经营情况。从这个角度看，格雷厄姆关心的是股票发行公司在损益表与资产负债表上反映出来的"价值"。只有在确定该股票的价值后，他才会去看目前的股价，决定采取什么行动（买入、卖出或继续持有）是最有利的做法。只在格雷厄姆认为那个价格合理时，他才会考虑买入一些股份来拥有部分经营权。同样地，准备卖出股票时，决策的重点就在于整个企业的价值相对于目前的市价来说是高是低。哈格斯特朗写道："格雷厄姆认为，投资人应有的适当反应跟企业主是一样的，当价格不具有吸引力的时候，就忽略它。"

在格雷厄姆首度将此观念应用于投资的至少 90 年后，这种企业经营的范式仍是价值投资法的核心。就像帕特·多尔西这个新一代价值投资者的代表人物说的那样：

> 对我来说，本杰明·格雷厄姆的核心思想，就是把股票视为企业经营的一部分。这么一来，你才能将注意力持续放在企业产生的现金及其资产负债表，而不是市场上其他投资人的意见上。从格雷厄姆的年代至今，这个观念的重要性从未改变。

换句话说，与其在看ABC公司股票时，只因为有人认为这只股票下个星期"可能会有动作"而考虑是否要"买入"，格雷厄姆认为比较好的做法应该是，考虑如果你身为企业主，是否愿意把ABC公司买下来。这是非常有效的筛选机制，因为它强迫投资者更关注公司的损益表和资产负债表，而不是股价线图。此外，虽然考虑是否要买下默克公司（现在的市值是 1 013.9 亿美元）、可口可乐（现在的市值是 1 520.4 亿美元）、谷歌（现在的市值是 1 884.5 亿美元）这种大企业似乎是天马行空的想法，但它对于保守的投资者来说，实际上是非常宝贵的思考过程。以下的例子可以帮助我们说明这一点。

拉里是你认识的一个朋友，他拥有一家独立经营的汽车厂超过 20 年。现在，他想以 4 万美元的投资本金，把 10% 的股权卖给你。作为一个精明的生意人，在你将辛苦挣来的 4 万美元拿出来之前，绝对不想只听到拉里满怀信心地向你保证他的事业有多"出色"。你还想详细了解这家汽车厂过去几年的获利情况（即损益表信息）。即便你并不想买下拉里的整个汽车厂，你也很可能会从这个角度考虑。如果拉里汽车厂目前的盈利状况不错，你买入部分股份就是值得考虑的。相反地，如果买下整个汽车厂很可能会赔钱，那么你不会考虑买入它的股份。

在思考是否要拿出 4 万美元投资拉里的汽车厂时，大部分人可能会深入研究这种私营企业过去的获利及资金状况。但是，同样的一群人更可能只因为一个 30 秒的电视广告、朋友转发的电子邮件（有时原始出处也是来自股票推销商），或最糟糕的是"凭直觉"，就拿出 1 000 美元或更多的钱去买上市公司的股票。不管是格雷厄姆、巴菲特，或其他信奉价值投资法的百万富翁和亿万富翁，都不是靠这么薄弱的理由投资致富的。

相反地，无论是购买一家公司 1% 的股份（就像巴菲特和芒格的伯克希尔·哈撒韦公司，最近几十年就做过好几次这类交易）或 100% 的股权，最重要的是，这些投资者视自己为企业的经营者，并且以企业主的思维分析潜在的投资机会。茨威格在 2003 年版的《聪明的投资者》中写道，一流的价值投资者"买的永远是企业的经营权，而不是股票"。接着，他又提到："不论是买入一家公司的全数或小额股份，他们的态度都是一样的。"换句话说，真正的价值投资者，会透过同样完整的企业分析——大部分人评估像拉里汽车厂这种私营企业投资案的仔细程度——审慎评估目前是否为买入部分默克股票的适当时机。当然，这就是"多数人"的投资业绩远远不如价值投资者那样出色的主要原因。

## 价格与价值的脱钩

众所周知，以上介绍的这种基本面股票评价法，长久以来一直是私营企业的潜在买家所使用的标准分析方法，不论买入全数或部分股份。大家不太知道的是，在第一次世界大战之前，这种企业家或“接近企业家”的选股方法，也是投资者买入上市公司股票的惯常做法。如格雷厄姆与多德在《证券分析》一书中所述：

> 另一个在战前属于普通股投资者的实用投资方法，就是从私营企业经营利益的角度出发的。当时，典型的普通股投资者都是企业人士，因此对于企业主而言，以评价自己公司大致相似的方法来评估任何一个企业的价值，似乎才是合情合理的。

这种投资思维的改变，也反映在格雷厄姆的著作里。在他最早针对投资所出版的文献——1917 年 9 月格雷厄姆在《华尔街杂志》上发表的一篇题为“债券名单研究”文章中写道:“市场再怎么准确，也不可能毫无差错。”这篇文章写于第一次世界大战末期，格雷厄姆对市场的观察整体而言都是正确的，但也偶有失误。接着，在第一次世界大战期间的股市繁荣期及接踵而来的“咆哮的 20 年代”，整个经济情势发生了剧烈、永久的变化。战前，这些商界人士的集体投资行为，通常会将股票（尤其是普通股）的价格锁定在可以反映股票发行公司的企业基本面价值水平上，但是战后“投机大众”的群体性行为，却让许多股票价格危险地脱离了它们的基本面（或内在）价值，直到今日依然如此。

于是，就像把气球放到天空中那样，股票价格从此受到众多不同因素的影响而出现急涨急跌或平盘的走势，而这些影响因素中的大部分都与发行股票公司的长期经营原则无关。格雷厄姆很早就发现了市场价格与企业基本价值的脱钩现象。1918 年 11 月，格雷厄姆在《华尔街杂志》上发表文章《综合天然气公司的隐形资产》，提到企业价值与股价的差别意味着具有吸引力的投资机会。在那篇文章中，格雷厄姆指出公共事业类股票因为缺乏“投机热情”，使得这些股票（特别是综合天然气公司的股票）的价格低于它们的价值。

同样地，将近 14 年后，格雷厄姆在大萧条时期发表于《福布斯》杂志的一篇文章中提到：

> 在太平盛世，以一般的估值标准来看，在证交所挂牌上市的公司的股价都高不可攀。而如今，基于补偿法则，这些公司的资产价值又被低估到惨不忍睹的程度。

格雷厄姆在 1932 年所说的“太平盛世”指的是第一次世界大战后的那几年，从企业基本面来看完全没有说服力的高股价，成为当时股票市场的常态。毫无意外的是，这批导致不理性的价格膨胀、急功近利的投资大众，在 1929 年又反过来毁灭股市，导致许多公司的股价降至远低于企业应有价值的程度。

由于关注企业长期基本面的市场参与者实在太少，因此当时的新闻往往忽略了比较有意义的数据。比方说，短期的获利报告对股票价格的影响经常过大。如《证券分析》所述，股票价格“受到目前获利水平的影响，比长期平均获利还多”。两位作者随后指出，上市公司的股价大幅偏离私营企业健全估值机制的态势：

> **一家私营企业在景气年代，其获利较不景气年代可能会轻易地翻倍，但是企业主本身从来不会因为这种获利的起伏，就盲目地上调或下调自己投入资本的价值。**

让我们把这个原则应用于拉里汽车厂的投资案例。假设你投资了4万美元，在“景气”年代，汽车厂平常10万美元的获利倍增至20万美元，难道这样就意味着你10%的股份的基本价值，从4万美元增加到了8万美元吗？仅因为一年不寻常的高获利数字，便出现市场价格重估，这在私营企业看来是无法想象的。

然而，在股票市场上，造成市场价格重估的因素，可能远比上述的获利增长更不具实质性意义。不在预期范围内的强劲（或疲弱）的季度盈余数字、备受瞩目的法律诉讼案、公共关系的彻底失败（或胜利）、产品召回（全面及部分）、违反法规，以及各种各样的事件，相较于股票发行公司的长期基本面来说，这些事件往往对于冲动的投资大众具有更大的影响力。《商业与经济季刊》于2005年刊发的一篇论文，对此有特别详细的说明。这篇文章检视了（非汽车产业）产品召回对于股价的影响程度与时间长短。一如格雷厄姆的预期，该事件会对平均价格产生负面和统计数据上的显著冲击，但是，冲击的时间往往会少于60天。

对于格雷厄姆、巴菲特等价值投资者而言，为期两个月的价格下跌，影响其实并不大，因为身为一名投资者（而不是投机者），这种时间长度的价格波动是完全不显著的。成就非凡的价值投资者布兰德斯在2004年写道：“任何短于一个正常营运周期（通常为3~5年）的持股期间，就算投机。”同样地，被许多人公认为全世界最著名的格雷厄姆信徒的巴菲特，对于市场短期价格的波动也没有兴趣。备受赞扬的作家及投资者罗伯特·哈格斯特朗评论道，巴菲特“不需要同时观看数十个电脑屏幕，市场上每分钟都在变化的股价并非他的兴趣所在”。

股价每分钟都在变动，就属于几乎无法对公司长期发展产生影响的事件。一旦某只股票的价格因为受到短期获利报告、产品召回公告及其他突发性新闻事件的影响而上涨或下跌时，羊群效应通常会跟着发酵。举例来说，由于ABC公司众多产品中的一种被召回，股价开盘就跌了5%。随着召回及股票抛售的新闻持续传播，两周以后ABC公司的股价下跌了30%。

此后一到两年内，ABC公司发布了一份特别有力的盈余报告。检视过该公司的财务报表之后，价值投资者知道ABC公司仍然是一家基本面强劲的企业，虽然之前出现过产品召回问题，顾客们仍然大量购买ABC公司的高利润产品。但是，对于同样一批短视的投资者，他们之前因为听到产品召回的消息便抛售股票，现在正面的盈余报告对于每个人而言都是绿灯，可以再次投钱进来，不过这一次赌的是股价会上涨。因此，一家公司的股价会从远低于其真实的企业价值，上涨到远超过其真实的企业价值。

更糟糕的是，由于出现了电子通信网络、日间交易以及新近来的高频交易，股票价格与企业的内在价值的脱钩，在近10年来愈演愈烈。财经及教育作家格里高利·米尔曼在他1999年撰写的书籍《日间交易者》中，花了一个章节的篇幅描述他在日间交易“新兵训练营”中观察到的现象。其中，他讲述了指导者建议学员们忽略短线的新闻，然后“等待趋势（股票价格）形成后再做交易。这就会造成非常奇怪的景象，好消息导致股价下跌，而坏消息却推动股价上涨”。就像坎宁安写的那样，这些股票交易“与交易员的动机有关，而非企业本身的价值”。

至于高频交易，2009 年一项针对这类交易对于美国证券市场影响的研究发现，这类交易活动最高时占当年度全美证券市场交易量的 73%。这种交易的发生与否，完全取决于在接下来的几秒钟时间内，交易某只股票是否可以赚到钱。超级电脑的出现以及在交易过程中运用演算法，就能够帮助《纽约时报》所描述的“少数的高频交易者”执行足够的微利交易单，最终获得巨额收益。至于日间交易，因为预期接下来股价会有微幅改变，日间交易者很少关心股票发行公司的长期基本面变化。我们可以清楚地看到，快速发生的市场技术面改革，进一步弱化了企业的长期基本面对于股价线图的影响。

虽然近几十年来不断发生上述改变，但价值投资者仍占有一席之地，他们是从长线投资的角度审视每一只有价证券，而非以可能在 20 秒内便会下跌 3 美分的股价走势图作为判断标准。对于那些宣称有相当把握可以预测市场走势的诸多方法，格雷厄姆总是心存怀疑。调查过这些交易系统的大多数专家，都倾向于同意格雷厄姆的观点。对于日间交易，米尔曼的结论是：“日间交易是一个竞争非常激烈、风险极高的游戏……就算有充足的准备、严格的纪律以及丰富的资金，也只能够微幅增加成功的可能性。”

事实上，日间交易者先赚取大笔钞票，然后又赔掉更多资金，这类现代的惊险故事其实跟格雷厄姆当年在华尔街见到的没什么两样。格雷厄姆一向小心谨慎地替客户管理资金，努力用合理价格买入优质企业的一小部分股权（或者用跳楼大甩卖的价格买入基本面普通的企业股权），并把股价线图的波动当作无意义的噪声。2006 年《今日美国》刊登了一篇文章，探讨在那些寻求快速和容易赚钱的人眼中越来越受欢迎的日间交易。日间交易者错误地假设，“长期投资蒙受巨额损失的概率远远大于其获利能力”。从长线投资角度来看，像格雷厄姆这种投资者更有可能“获利”而非“亏损”。

## 价值与波动性

股票价格（在通常充满波动性与不理性的市场上形成）与公司价值（由投资人对于企业经营状况的评价决定）之间经常会出现差异，这个问题格雷厄姆早在将近一个世纪以前便发现了，而且在可预见的未来也会持相同的观点。然而，虽然他经常用混杂着不屑与讥笑的态度写道，股票在华尔街的定价与其真正的价值之间总是存在差距（“华尔街从业人员对于企业估值其实一窍不通，股价只不过是华尔街的骗术或者其英明洞察力的产物”），但这不过是格雷厄姆和他的信徒建造价值投资“教堂”的一颗“小石子”。

毕竟，如果市场一直维持着企业股价与其应有的内在价值之间的关联，那么想要靠价值投资获利就是不可能的任务。正如格雷厄姆在《聪明的投资者》一书中所提及的，价值投资者的目的是利用“一边指定的价格与另一边评估的价格两者之间一定程度的差异性”。因此，如果股票的市场价格与内在价值变得很相似，那么这两者之间的价差不论在数量上或大小上都会缩小。当然，这种情况会导致价值投资的获利能力被低估，甚至完全被舍弃。

事实上，股票的市场价格依然经常（有时候甚至离谱儿地）与企业的真实估值（或内在价值）脱钩，所以价值投资者只要应用本书的第 2 章及第 4 章强调过的安全边际与估值方法，便可从中获取丰厚的收益。就像多尔西告诉我的那样：“均值回归就是价值投资的本质。”每次价值投资者决定利用明显的市场价格与内在价值的差距获利之际，就是在押下赌注，认为该只股票的价格迟早会回到一个更能够代表企业内在价值的水平（甚至经常会超过此数字）。关于市场价格与企业价值的相互影响，哈格斯特朗写道：“那些可以看到股价与内在价值两者互相追赶的投资者，便可以借此获利。”

我在后面的章节中会提到，在价值投资法的历史成绩中，最令人印象深刻的一点，就是价值投资法相较于投机如何能持续胜出。后者必然会随着臭名昭著的市场风险一起波动，而格雷厄姆的投资方法则绕过了这种徒劳无功的做法，买入价格被不理性低估的股票，然后等待获利时机的到来。因此，价值投资与其他投资方法的大部分“差异”，都来自投资决策是否从企业经营者的角度做出。

对此，格雷厄姆在《聪明的投资者》一书中写道：

> 持有可销售有价证券的人事实上有双重身份，两者各有其特定的获利方式，只看他如何选择。一方面，他可以把自己视为私营企业的小股东或沉默的合伙人，他的投资业绩完全取决于这家私营企业的获利或是资产价值变动。他通常会通过计算最近一期资产负债表所显示的股份净值，来估算这家私营企业的价值。另一方面，他也可以是普通股的投资者，可在数分钟之内以不同价格卖出，通常这个价格会跟资产负债表上的价值相去甚远。

## 股东=企业拥有者

哈勃·马克斯的舞台剧表演，以狡黠的智慧闻名。当被问到是否投资股市时，他的回答是："我还是更喜欢去拉斯韦加斯赌场，那里的女人年轻貌美，还提供免费饮料。"（考虑到哥哥泽伯娶的是在拉斯韦加斯赌场工作的女子，马克斯兄弟看来还真是说到做到！）马克斯认为股市就像作弊的赌场，这种想法被广为传播。就像其他许多普遍被采纳的观点，这件事也是公道自在人心。然而，它没有办法解释股市与赌场之间关键性的差异，例如投注 50 美元在俄罗斯轮盘赌上，和花 50 美元购买上市公司的股票，二者有何不同？

其中一个最基本也是经常被忽略的差别，就是赌场与股市虽然都投注于某个有获利可能的机会，但只有后者购买的是一个真实的、正在茁壮成长并产生营收的企业的股份。换句话说，后者买的是一家企业的合法所有权、它的未来支付能力，以及其资产（潜在）的升值机会。如同格雷厄姆及多德在《证券分析》中的注解，这个法律上的事实也经常被市场参与者所忽视："永远不能忘记的是，股票投资者是这家企业的经营者和职员们的雇主。"这可以从他于 1932 年投稿给《福布斯》的文章《膨胀的国债和紧缩的股票：企业在榨取其所有者的资金吗？》中得到最好的印证。

在那篇文章当中，格雷厄姆用强调的语气和轻蔑的意味，告诫读者若投资者不把自己视为企业经营者，将会面临失败的结果。这样的失败不仅会削弱这些投资者对于他们所持股票的理解程度，而且在面对企业管理团队所做的决定时，股东也会变得绝对顺从。这在格雷厄姆看来，与股东该享有的权利正相反：

> 事实证明，股东们已忘记了他们的权利其实远不只是翻阅一家企业的资产负债表。他们已经忘记自己是这个企业的所有者，而非仅仅拥有股票。现在，是时候了，美国数以百万计的股东对每日市场报告看得够久了，该将关注点转移到企业本身的经营状况上了。他们都是经营者，会为了自己的利益而争取应有的权利。

格雷厄姆终其一生都在宣扬一个理念：投资者，而非企业的管理团队，才是这些企业正当的所有者，值得被管理团队尊敬及用同理心对待。事实上，即便一位投资者只拥有某一家上市公司每股 8.45 美元的一股股票，法律也会授予他企业所有者的权利。因此，从企业经营的观点，每一笔可能的股票交易，都应该慎重对待。格雷厄姆提出的准则几乎都是有效的，这一条也一样。然而，这个观点与市场上大多数投资者的观点有分歧，因此很难成为被普遍采用的工具。

巴菲特曾告诉我，格雷厄姆“最重要的观念，就是把投资股票看作经营企业的一部分”。然而，在他 60 年的投资生涯当中，巴菲特注意到，即便上述这个简单事实已经被证明是有逻辑与影响力的，“但智商 170 以上的成年人还是会忘记”。关于企业所有权的概念，属于格雷厄姆“三位一体”投资概念之一（跟安全边际与“市场先生”一样知名）。巴菲特告诉我，企业所有者这个方法“除非在你的基本价值观中已经根深蒂固，否则你在从事投资的过程中必定会陷入麻烦”。用企业主的心态投资，就是巴菲特在审视每一个投资机会时，会用到的主要估值方法。

除了投资选股之外，巴菲特还把这种企业主心态当成伯克希尔公司独特企业文化中的一个元素，最终获得超凡的成就。此外，巴菲特也用它有效地实现了企业经理人与股东利益的一致。巴菲特在 2001 年 2 月致伯克希尔·哈撒韦全体股东的一封信中提到：

> 我们公司的最终优势，就是渗透至伯克希尔组织当中难以复制的企业文化。从企业经营的角度看，文化是决定成败的关键。首先，代表你行使权利的公司管理层，不论思考或行动，都要像个企业主；他们拿的是象征性待遇，没有股票期权，也没有原始股可卖，还几乎没有现金可用。我们并没有给他们购买公司董事及高级职员责任保险，而这是其他每一个大型上市公司几乎肯定会有的待遇。如果他们把你的投资搞砸了，他们自己也会亏钱。撇开我的持股不计，管理层及其家人所持有的伯克希尔股份，价值已超过 30 亿美元。正因为这样，我们的管理层会用热情的态度和企业主的心态，来监控伯克希尔的种种行为及结果。有这么一批管理人员，对各位股东和我来说，都是幸运的。这种企业主心态在我们的管理层十分普遍。有许多人为了经营已久的家族事业，希望伯克希尔成为收购方。他们抱着企业主的心态找到我们，我们则提供好的环境并鼓励他们坚持下去。

## 分散风险与企业主心态

另一个关于企业主心态的重要方面，就是它可以让进取型价值投资者，在分散风险的传统实务方面增加一些弹性尺度。如果价值投资者坚信这家企业的真实价值被市场低估，价值投资者就拥有更大的弹性空间，可在既有的分散风险标准范围之外运作。不论价值投资者的投资组合是由 10 只还是 200 只有价证券组成，对每一家被选中的企业都要抱持企业主的心态。举例来说，巴菲特曾经这样评价晚年的施洛斯（巴菲特以前在格雷厄姆–纽曼公司的工作伙伴，在他所在的年代也是一名杰出的价值投资者）：“施洛斯大量地进行分散风险的操作，目前持有的股票数目远超过 100 只。他知道如何辨识哪些有价证券是以远低于市价的行情卖给私人客户的。”

虽然巴菲特不像施洛斯那样持有许多只股票，但两人都是借由格雷厄姆投资法则来增加财富。有一个不可或缺的价值投资核心元素，就是企业主心态，关于这一点，施洛斯跟巴菲特的看法一致。事实上，在施洛斯写下的 16 个投资要点中，企业主心态排在第二位：“试着增加这家公司的价值。请记得哪怕一股股权所代表的也是一家企业的一部分，而非一张废纸。”

价值投资者茨威格也写下了优秀的价值投资者分散风险的操作方法：“有些人拥有包含数十只股票的投资组合，其他人则专注于投资少量的股票。但所有辉煌的成就，都来自企业的市场价格与其内在价值的差异。”事实上，施洛斯以及其他人的成功展现出，某些成功的价值投资者偏好购买多家企业的股权。然而，其他价值投资者通过相对集中的投资组合，也可以取得相当程度的成功，伯克希尔·哈撒韦公司属于后者，虽然它拥有惊人的 3 722.3 亿美元资产，但伯克希尔持有的股票只数相对较少。巴菲特及伯克希尔的副董事长芒格偏好将大笔资金投入少数几家特别具有吸引力的企业。

对格雷厄姆而言，至关重要的事就是从企业主的角度出发（不管这笔投资有多大，或是投资组合当中有多少只有价证券），所有的投资都必须在逻辑上站得住脚。所以，格雷厄姆应该会同意施洛斯和巴菲特两人所采取的方法，因为他们全都以格雷厄姆在《聪明的投资者》中归结出来的“对于私营企业主而言的企业价值”作为思考的出发点。然而，有个伯克希尔式的“豪赌一把”的企业，可以特别拿来作为范例，它也是格雷厄姆的投资记录当中一个有名的价值被低估的企业。

## 个案分析：美国政府雇员保险公司

1948 年，一些平常保持紧密联系的投资者，带着“特别的机会”求售并找上格雷厄姆的投资公司（这家公司当时以格雷厄姆–纽曼之名经营）。这个投资机会就是美国政府雇员保险公司，多数人叫它盖可（GEICO）公司以便于记忆。通过简单但别出心裁的方式，盖可公司直接销售保单给消费者，这样做可以帮消费者省去支付给保险代理人的佣金，以及高额手续费。盖可也通过直接销售保单给政府雇员——相对低风险的驾驶者群体——以节省费用。基于上述原因，盖可用具有高度竞争力的保险费率，让其业务拥有高度成长性。这家公司在 1936 年创立，截至 1948 年，如同卡恩及米尔恩所描述的那样：“在第一个 12 年期间就获得了超乎寻常的成长。”

由于坚信他一向认同的企业经营导向投资法，格雷厄姆对盖可公司进行了基本面分析，包括它的盈余记录以及该公司的财报。格雷厄姆在 1973 年版的《聪明的投资者》一书中提及，虽然他当时对盖可独特的商业模式“印象极为深刻”，然而对格雷厄姆及其合伙人的投资决策产生决定性影响的是，“相对于当时的企业盈余与资产价值，盖可的股价相当有诱惑力”。事实上，格雷厄姆和他的合作伙伴杰罗姆·纽曼认为，当时盖可的股价已经到了不寻常的低点，以至于他们用自己公司大约 1/4 的资产，就可买入盖可公司 50% 的股份。从格雷厄姆–纽曼公司当时给股东的信中，可以看出该公司在 1948 年 7 月 6 日共支付 736 190.95 美元，购买了盖可公司的半数股权。值得注意的是，在盖可交易案发生之际，格雷厄姆–纽曼公司买入的是一家私营企业的半数股份（虽然他们已经了解到，盖可计划在同年年底于纽交所挂牌上市）。

在格雷厄姆的投资生涯中，他曾经在 1949 年成为盖可的董事会成员。他亲自见证了自己的投资增值到“超过本金 200 倍的价值”。今天，盖可是巴菲特的伯克希尔·哈撒韦公司旗下 100% 控股的子公司，总资产规模高达 280 亿美元，每年的保险费收入超过 140 亿美元。当然，就像所有成功的投资决策一样，格雷厄姆当年拿出现值约为 700 万美元的资金，就买下了盖可这家高成长性公司的半数股权，从事后诸葛的角度来看，可以说是一个不用思考就可完成的必然决策。然而，问题依然存在：为何格雷厄姆职业生涯中这个最出色的交易案（之后，又成为巴菲特最赚钱的投资案之一），却“被多数重要的华尔街券商拒绝”，才给了格雷厄姆–纽曼公司孤注一掷买入盖可公司半数股权的机会？很明显，自从 20 世纪 40 年代末，保险业已经不是投资界青睐的产业，那些华尔街人士关心的议题主要是，在盖可上市且经营前景悲观之际，其股价会遭受何种冲击。而格雷厄姆对于市场价格的短线波动并不感兴趣，相反地，他会用企业主的心态去看问题。这是典型的“龟兔赛跑”，格雷厄姆成为最后的赢家。

耐人寻味的是，大约在 30 年之后，当盖可的股票短暂下跌至乏人问津的境地时，巴菲特又买入了该公司的大部分股份。经过数十年成功的扩张业务，由于受到一系列总体经济形势和法规改变的因素冲击，盖可公司在 20 世纪 70 年代中期遇到了经营阻力。截至 1976 年，该公司的股价已经跌到令人匪夷所思的低价位——2 美元（从 3 年前的 60 美元跌落至此！）市场投资者被这家公司短期出现的亏损吓坏了，将其股打压至远低于内在价值的水平。即便当时该公司遭遇了经营方面的困难，巴菲特（他在 20 世纪 50 年代初期就已经购买了盖可公司的股票）重新检视其商业模式，而且很高兴地以如此便宜的价格拥有了该公司更多的股权。就像妮姬·罗斯在《华尔街“梦之队”：5 位投资大师的智慧》一书中所说，在巴菲特大笔押注盖可公司仅过了三年，大约在 1979 年，盖可就“已经交出了获利超过 2.2 亿美元的成绩单。该公司股价开始上涨，大约在 10 年之后，盖可的市场价格再度超过每股 60 美元。

## 先筛选，再考量

就像我们在第 4 章讨论过的一样，格雷厄姆的选股机制，是帮助投资者筛选出有足够安全性的高品质有价证券，以便让聪明的投资者进一步考虑这些投资机会，看里面有哪些潜力股值得投资。考量要点涉及该公司所在行业，行业内的竞争态势，以及如芒格所述，该公司的经济“护城河”有多宽（一个可持续行业内的竞争态势，可以帮助该公司保有长期议价能力及获利能力）。巴菲特曾在1993年描述吉列公司（一家制造剃须工具/个人居家护理用品的公司，当年被同样是家庭用品制造巨头的宝洁收购）和可口可乐时，对此优势给出了充分的定义，这两家公司都是伯克希尔·哈撒韦的重要投资对象：

> 它们的品牌实力、产品的外观设计，以及强大的营销配送系统，构成了这两家公司巨大的竞争优势，为它们在规模经济的基础上筑起了一道防护屏障。相反地，一般企业只能每日在市场中竞争而无任何上述保护机制。彼得·林奇说过，销售具原材料性质产品的企业，其股票都要加注警告标识："企业竞争被证明可能对人类财富的积累有害"。

## 从投资者变成企业主

一旦企业主心态被投资者广泛了解并内化，股票市场就会慢慢开始变得不像哈勃·马克斯最爱的赌场，而更像一个集市，其中的商品定价有些合理，有些却过于昂贵，有些则几乎像被遗弃般廉价。根据格雷厄姆的观察，"股票市场的短期走势通常被证明是错误的，而一名具有敏锐性和勇气的投资者，则可以利用这些明显的错误来获利。"但是，这段引自格雷厄姆《聪明的投资者》的文字，所指的并非任何种类的勇气，而是源于了解企业内在价值所产生的信心（格雷厄姆及多德曾将它描述为"可用事实证明的投资价值"）。

我们将在下一章进一步讨论格雷厄姆用以在华尔街取得成功，并在"爵士年代"赚得财富的主要投资概念。

THE EINSTEIN OF MONEY

# 第7章 从云端跌落谷底

## 1929年股市大崩盘和经济大萧条

1923 年是格雷厄姆与哈里斯成立格兰赫公司的最佳时机。艾伦 · 韦恩斯坦和戴维 · 鲁贝尔在两人合著的《美国史》中写道："1923~1929 年，纽交所的交易量增长了 3 倍，当时股价以近乎狂飙的上涨速度紧跟不断扩大的投资者需求。"虽然那次前所未有的股市大涨，部分是受到利多因素的刺激（即美国国内生产总值的增长和更高比例的美国人投资股市），但主要还是人们对于投机的过度追捧造成的。最不幸的是，这些投机行为包括对财务杠杆（为了增加预期收益而利用借贷资金）的广泛运用，结果导致股市泡沫急速膨胀（种下日后股市大崩盘的恶果）。不过对格雷厄姆来说，20 世纪 20 年代的股市暴涨给了他一个大好机会，去实践他在纽伯格开发的投资方法。

格兰赫公司最成功的交易，就是买入杜邦公司的股票，同时做空通用汽车的股票。格雷厄姆经过缜密的计量分析发现，杜邦股价与其内在价值相比遭到了低估，而通用汽车的股价则被严重高估。通常，这类交易都能带来丰厚的获利，不过格雷厄姆做空股价过高的沙特克公司时，却踢到了一块大铁板，它的股价非但没下跌，涨幅还超过了 40%！就像格雷厄姆说的："这就是操作那些因抢手而导致股价被高估股票的棘手之处，在它回归正常及合理的价位之前，有时股价还会持续创下新高。"

尽管投资眼光也有失准的时候，不过 1923~1925 年这段时间，格兰赫公司经营得有声有色。然而，他与哈里斯的合伙关系并不是很融洽。在那个时期，许多"客户代理人"（即经纪人）无须取得客户同意即可买卖股票，管理全权委托账户的权限比现在更大。但是，那位雨衣大王伙伴总爱提供一些无关紧要又毫无建树的投资"诀窍"，让格雷厄姆感到难以接受。更糟糕的是，那时大部分基金经理人都能分到 50% 的收益分红，比格雷厄姆拿到的 20% 多多了。

基于利润分配方案应符合华尔街同业标准的合理要求，格雷厄姆向哈里斯提出一个新的分红方案。其内容是：格雷厄姆不再拿薪水，并跟以前一样，除了第一个 6% 的资本收益之外，若收益率超过 20%，公司就要从中拿出 20% 给他。如果收益率超过 30%，他希望能拿到 30% 的分红；如果收益率超过 50%，他希望可以获得 50% 的分红。然而，他并不过分的分红方法（在 20 世纪 20 年代中期这种方法并不过分）并未得到哈里斯的采纳。"即使资本收益率超过 50%，哈里斯还是对我希望获得 50% 的分红比例感到吃惊。"

因此，昙花一现的格兰赫公司在 1925 年正式解散。1926 年新年当天，格雷厄姆成立"本杰明·格雷厄姆联合账户"，采用被哈里斯拒绝的不支薪、累进式的分红方案。这个新账户的资金提供者，有些是格雷厄姆那时来往最密切的朋友，包括前面提过的海曼兄弟、鲍勃·马罗尼（他是一个成功的但易怒的业务主管。在格雷厄姆看来，此人“动不动就会发火，除了我之外谁的话也不听”），还有格雷厄姆的校友弗雷德·格林曼和道格拉斯·纽曼。

这些朋友的资金加上格雷厄姆自己的钱，“本杰明·格雷厄姆联合账户”初期的总资本为 40 万美元。不到三年，这个账户的资本已高达 250 万美元。账户资本规模的扩大，主要是因为累积获利再投资，有些则是新客户增加的缘故。值得注意的是，早期操盘业务的成长，全都是靠着好口碑累积出来的，格雷厄姆并没有积极招揽新客户。“我没有想办法吸收额外的投资，事实上，我拒绝接受和我没有私交的人的资金。不过，我认识的人却越来越多了。”在这些人脉当中，最重要的就是道格拉斯·纽曼的弟弟杰里·纽曼。

尽管毕业于声名显赫的哥伦比亚大学法学院，杰里却决定投身于他岳父成功经营的纺织事业，并一路升到薪资优渥的管理层。但是，他觉得与岳父共事很痛苦，急于找到薪水差不多的职位，希望和更好相处的人一起工作。杰里想必对格雷厄姆为哥哥操盘的业绩印象深刻（而且他的岳父和他也投入了一些资金）。因此，在 1926 年接近尾声时，他拿出自己的钱，希望能和他哥哥沉稳干练的朋友格雷厄姆合伙开公司。事实证明，格雷厄姆与杰里的合作关系成功且长久。卡恩和米尔恩写道：“杰里·纽曼在此后的 30 年中，一直是一位活跃又重要的合伙人，直到本杰明 1956 年退休。”

格雷厄姆自己也承认，杰里的管理经验和推广投资业务的天赋，对新成立的格雷厄姆–纽曼公司（“本杰明·格雷厄姆联合账户”更名后的名字）来说是珍贵无比的资产：

杰里才思敏捷、聪明绝顶，能胜任各项经营实务，对于商业运作细节的掌握程度比我高得多。他对各式各样的谈判极为精通、有效率，而且为人诚实，完全值得信赖，这是在华尔街屹立不倒的重要特质。

最重要的是，杰里的加入让格雷厄姆能够专注于找出被低估和高估的股票，并且制定获利最大化的操作策略（他的这项才能，在当时几乎无人能及）。在杰里刚入行时，34 岁的格雷厄姆已经在华尔街摸爬滚打将近 15 年，尤其后 5 年更展现出了他身为独立基金经理的非凡能力。正因为如此，在不断扩大的人脉圈中，他被视为资深投资专家。所以，在这个时候找一个能为公司贡献出卓越的营运与业务能力（以及拥有数量可观的资本）的人与其合作，可谓如虎添翼。

格雷厄姆愿意抓住这个机会，这充分反映出他的判断力及性格。跟自己崇拜的偶像本杰明·富兰克林一样，格雷厄姆的回忆录也流露出些许妄自尊大的意味（他当时“太过年轻以至于意识不到”自己的“狂妄自大”）。不过，值得称许的是，当格雷厄姆还是个年轻小伙子的时候，就能虚心承认自己的不足。正因为如此，格雷厄姆才懂得珍惜和别人合作的机会，赏识在经营方面和他能力互补的人才。杰里不能在投资方法和写作方面做出贡献，而这两个恰恰是格雷厄姆最为人所知的才能。若非彼此在专业能力方面各有所长，两个合伙人中少了任何一个，都不太可能获得如此丰厚的财务成果。就像大部分成功的合伙关系一样，格雷厄姆与纽曼的强强联合，发挥出“1+1 > 2”的效应。

格兰赫公司解散之后，格雷厄姆最引人注目的交易，也许就是投资北方管道公司了。15 年前，美国最高法院宣判约翰 · D · 洛克菲勒的标准石油公司违反了《谢尔曼反托拉斯法》。如同罗恩 · 彻尔诺在他为洛克菲勒所著传记中写的那样，“联邦政府在 1911 年将标准石油公司分割成数十个公司”，在这些公司当中就有北方管道公司，它是负责用输油管将原油送到标准石油炼油厂的 8 家公司之一。为了研究某家铁路公司，格雷厄姆从“州际商务委员会（ICC）得到一份报告，这些输油管公司的财务状况令他十分感兴趣。如卡恩和米尔恩所述，这 8 家输油管公司都只列出了“损益表的其中一行和非常简略的资产负债表”。不过，ICC 拥有这些公司更详尽的资料。

作为身经百战的金融侦探，从标准石油公司中分割出来的这些企业，到底有什么更深入的资料，这激起了格雷厄姆的好奇心。于是，第二天，格雷厄姆搭火车前往华盛顿特区，在ICC的档案室取得了急欲一览的详细财报。格雷厄姆惊讶地发现，这 8 家输油管公司都持有大量投资等级的铁路债券，其中尤以北方管道公司的资产负债表最具吸引力。当时，该公司的每股股价为 65 美元，而其持有的铁路债券和其他流动资产的价值却为 95 美元（以每股计算）！此外，这些资产与公司的业务毫不相干，即使把它们发放给股东，也不会对北方管道公司的经营造成任何不便。这几乎相当于支付 2 美元，就能换回 3 美元的投资。而且，以每股 65 美元买入这家有利可图公司的股票，每年还能稳定获得每股 6 美元的股利。格雷厄姆很快意识到，他人生最大的一次获利机会就在眼前。“我就是英勇的探险家巴尔博亚，独具慧眼发现了新太平洋……经过这么多年，我仍然感到很惊讶，整个证券业竟然没有一个人想到去研究ICC的资料。”

虽然格雷厄姆发现了巨大的“宝藏”，但他也即将学到有些公司管理层并未持续考量股东利益（或前一章我们所讨论的企业主利益）的宝贵一课。1926 年下半年，“本杰明 · 格雷厄姆联合账户”买入北方管道公司 5% 的股权（值得注意的是，之前唯一一家拥有这些股份的实体是洛克菲勒基金会，它是由约翰 · 洛克菲勒在 1911 年美孚石油公司解体之后捐助成立的一家私人基金会）。之后，格雷厄姆便开始劝说北方管道公司的管理层，“将大部分不需要的资金还给公司所有者/股东”。令他大为震惊与懊恼的是，管理层并没有马上对这个合情合理的要求做出回应。“我天真地以为，这件事应该很容易做到。”

确实，北方管道公司设在纽约的管理部门百般推托格雷厄姆的建议，不愿将公司从流动资产中赚到的每股 95 美元的盈余中拿出 90 美元分给股东。格雷厄姆指出，北方管道公司每年创造 30 万美元的营收，同时持有价值 360 万美元与公司业务无关的铁路债券。因此，把大部分资产分给公司的合法所有者（股东）完全师出有名。然而，诚如卡恩和米尔恩所言，北方管道公司的管理阶层却搬出一大堆“冠冕堂皇的理由”，反驳格雷厄姆的建议。最后，北方管道的高层终于恼羞成怒了：

> 听着，格雷厄姆先生，我们对你一直很有耐心，给你的时间已经超出我们所能给的。经营输油管道是一门复杂而专业的生意，你懂得少之又少，而我们毕生都在这一行里摸爬滚打。什么对公司和股东最有利，我们比你更在行。如果你不认同我们的政策，在这种情况下，我们可以建议你按照理性投资人的做法，卖掉你的股票吗？

当然，格雷厄姆不是那种轻易就打退堂鼓的人。过了将近18个月，在完成一系列法律程序（包括赢得其他大股东对诉讼的支持）后，格雷厄姆大获全胜。“每股分红70美元，北方管道新股票的总价值加上分红的现金，总计比旧股票每股110美元还多。”另外值得一提的是，格雷厄姆费尽千辛万苦才迫使管理层同意他的要求，并成为第一位不属于“内部人”的北方管道公司董事会成员。格雷厄姆说：“我对自己开了这个先例感到自豪不已。”后来格雷厄姆得知，洛克菲勒基金会同意这样的分配方案，并力促其他7家输油管道公司照此办理。事实上，在格雷厄姆的职业生涯中，共有三次与世界上第一位亿万富豪（即使消除通货膨胀因素的影响，他也是有史以来最富有的人）打交道的机会。

在格雷厄姆人生中的这个至关重要的时期，还有一个不凡的记录，就是结识了伯纳德·巴鲁克（20世纪上半叶杰出的美国金融家及政治家）。1927年，格雷厄姆的投资业务蒸蒸日上，过去4年他在纽伯格的小型独立办公室已经不够用了。于是，他在棉花交易所大楼另设了一间办公室。巴鲁克和哥哥于1907年买下的亨氏公司，其总部刚好也设在同一栋大楼里。格雷厄姆结识了亨氏公司的两个合伙人——杰罗姆·卢因和巴鲁克的哥哥、从医生转行为券商的赫尔曼·巴鲁克博士，并“渐渐和他们熟悉起来”。他们对格雷厄姆的投资方法十分感兴趣，很快就参与到他主导的一些交易中。

例如，亨氏公司跟随格雷厄姆大量买入“全国运输公司（另一个从标准石油分割出来的正体）的股票。因北方管道公司一役而大放异彩的格雷厄姆，发现全国运输公司的股票隐含着巨大的“宝藏”（指闲置的现金资产）。格雷厄姆将现金盈余分给股东的计划，虽然再度面临管理层的阻挠，但是在洛克菲勒基金会的支持下，最后顺利实施。巴鲁克博士跟随格雷厄姆大量买入全国运输公司的股票，并且获得了丰厚的回报。巴鲁克博士对这个投资天分颇高、市场见解独特的年轻人心生感激，让格雷厄姆全权使用亨氏公司的游艇 8 天，这成为格雷厄姆永生难忘的经历。“我在全国运输公司案上的努力与成功，使我有机会在赫尔曼·巴鲁克博士的豪华游艇上度过了美妙绝伦的 8 天。”

因为哥哥及亨氏公司其他员工的关系，伯纳德·巴鲁克也被格雷厄姆寻找投资获利机会的高超本领所折服。这位传奇的金融家及总统顾问开始跟随格雷厄姆的步伐，挑选一些受格雷厄姆青睐的股票。在这些投资案中，最著名的就是非凡制造公司。格雷厄姆和他的新合伙人杰里透露，可以通过“场外交易”（买卖不在任何证券交易所挂牌上市的股票）买入大量非凡公司的股票。身为当时全美最顶尖的烟花制造商，让非凡公司引以为豪的，是它雄厚的营运资本和相对于股价的稳健获利。非凡公司的股价为每股 9 美元，低于公司的每股运营成本，而且以每股收益 1.5 美元来看，市盈率也相当低。所以，格雷厄姆和杰里决定以此价格买入 1 万股非凡公司的股票，其余股数则由伯纳德·巴鲁克买下。

非凡制造公司除了是格雷厄姆主导、伯纳德·巴鲁克参与的重要交易案外，它之所以备受瞩目，还有另一个原因。由于公司卖出大量股票的主要动机是将控制权从现任总裁转移到新的管理团队手中，因此格雷厄姆受邀出任全美最大的烟花制造公司的带薪副总裁。这份聘书，有可能只是为了吸引潜在买家买入股票的“诱饵”。无论如何，在确认这个职务只需兼职，格雷厄姆便毫不迟疑地接受了。“这一切对我而言很有吸引力，不过我对在这么大规模的公司当副总丝毫不感兴趣。”经历了几次总体经济和立法的变革，接下来的几年，整个烟花产业命运多舛，非凡公司（这名字取得真是太妙了！）未能信守承诺再创非凡业绩，无论它如何自吹自擂，它仍然是格雷厄姆最不成功的一次投资。

所幸，非凡公司只是“证实规则存在的特例”，几乎所有格雷厄姆与伯纳德·巴鲁克的投资合作，都实现了双赢。通常，他们采取的是格雷厄姆典型的操作模式：挑选的大部分标的，都是受公司或产业短期动荡的影响，暂时不受一般投资大众青睐的股票。但是，和其市场价格相比，这些股票往往有很大的盈余和雄厚的现金头寸。例如，格雷厄姆建议以每股70美元买入名噪一时的普利茅斯绳索公司股票，当时他评估普利茅斯的营运资本约为每股100美元。

格雷厄姆归纳了他向伯纳德·巴鲁克提出的一系列投资建议的共同点：“所选公司股票的市价皆低于其内在价值，而且和当时热门股的价格相比，这些股票的价格低得离谱儿。”根据格雷厄姆的说法，和慷慨大方的赫尔曼·巴鲁克博士不同，伯纳德的“虚荣心减损了他的品德”。格雷厄姆为他提供了这么多获利丰厚的投资建议，伯纳德却很少给予回报。不过，格雷厄姆很感谢伯纳德为他引荐了20世纪两位最有分量的政治家——温斯顿·丘吉尔（“温斯顿，请允许我为你介绍我的一个年轻的朋友，他是个聪明的家伙”）和德怀特·艾森豪威尔将军。

虽然伯纳德·巴鲁克从来没有用格雷厄姆认为合理的方式给予他实质性的回馈，不过1929年，他给格雷厄姆提供了一个建议。格雷厄姆回忆道：

**伯纳德表示，他要给我提供一个从未提供给别人的建议：担任他的财务合伙人。“我已经 57 岁了，”他说，“是放慢脚步，让像你这样的年轻人分担我的责任及分享获利的时候了。”**

虽然那时格雷厄姆尚未在投资圈声名鹊起，但毫无疑问，格雷厄姆确实享受到了美国金融业顶层人士的尊贵礼遇。毕竟，很快将成为富兰克林·罗斯福总统经济顾问的伯纳德·巴鲁克，只对一个华尔街专业人士发出了合伙人邀约（非聘任邀约），这个人就是本杰明·格雷厄姆。

当然，两人同是犹太人，再加上格雷厄姆早就与伯纳德的哥哥（及亨氏公司的其他人）建立了良好的关系，这些因素或许对伯纳德的决定多少有影响。不过，伯纳德·巴鲁克是个凡事讲求理性的人。因此，在一定程度上，伯纳德可能认为，格雷厄姆已经在多次交易中证明了他拥有持续稳健获利的能力，在当时的华尔街专家中再难找出第二个与他旗鼓相当的人。伯纳德的提议让格雷厄姆受宠若惊，但是他几乎毫不犹豫地婉拒了（随着大萧条的持续，这个决定让他后来感到追悔莫及）。

虽然格雷厄姆相当敬重伯纳德·巴鲁克的聪明才智与成就，但我们前面提到过，格雷厄姆对伯纳德的性格是有微词的。更重要的是，1929 年股市大崩盘前，就算没有伯纳德的帮忙，格雷厄姆的事业也已经攀上华尔街的高峰。举例来说，格雷厄姆当时一年的税前收入超过 60 万美元，即使以今天的标准来看，也是一个很大的数目，在 80 多年前更是一个天文数字（相当于现在的 700 万美元）！确实，格雷厄姆在“咆哮的 20 年代”快速崛起，积累了无比雄厚的财力，足以抚养他那人丁越来越兴旺的家庭。

1925 年，本杰明与海泽尔迎来了第三个孩子伊莱恩·格雷厄姆。尽管玛乔丽接受本书访问时已经 91 岁了，不过她对自己妹妹出生那天的情景依然记忆犹新：

> 我 5 岁半的时候，伊莱恩出生了。我对伊莱恩的出生感到雀跃不已，但后来我开始嫉妒她，因为她长得很漂亮。她有一头美丽的金色卷发，有别于我的深色直发；我满脸雀斑，而她有一双动人的蓝色大眼睛。伊莱恩舞姿曼妙，而我对跳舞一直不在行。总之，她绝对是家里和我最亲的人。

从回忆录中可以明显感觉到，格雷厄姆对他的前三个孩子（尤其是大牛顿和玛乔丽）评价很高，新成员为家里增添了和乐融融的气氛。确实，有那么几年时间，格雷厄姆享受到了相对和谐的家庭生活。他和海泽尔的婚姻，至少从表面上看是坚定不移的。然而，格雷厄姆认为这段婚姻从一开始就是个错误："我们的婚姻注定要失败……不，在海泽尔或我察觉到完全不对劲儿之前，就已经失败了。"婚后的前 10 年，格雷厄姆或多或少还能将他们紧张的婚姻关系隐藏在上流社会美满生活的假象之下。然而，在 1927 年 4 月 20 日发生了一个悲剧，它不仅粉碎了这个假象，而且更严重的是，在格雷厄姆的心中留下了深刻、永恒甚至是无法弥补的情感创伤。

1927 年 3 月，大牛顿被诊断罹患乳突炎，一种耳后头盖骨部分的细菌性感染。做完手术后，却发现他患的其实是脊髓性脑膜炎。直到 20 世纪 40 年代初期，才研究出可以用青霉素治疗这种病。因此，20 世纪 20 年代的小孩若感染细菌性脑膜炎，差不多等于被判了死刑。（根据波士顿儿童医院的资料，20 世纪 20 年代有两种形式的细菌性脑膜炎，其中一种的致死率为98.7%，另一种为100%。）悲惨的是，大牛顿不仅在9岁生日前几天死去，而且生前病魔不断吞噬与折磨他，导致大牛顿死前的最后几周，给他的父母造成了无以名状的痛苦。格雷厄姆在回忆录中写道：“许多与牛顿的病痛及死亡有关的事情，深深烙在我的记忆中。我却没有讲述它们的勇气，读者会感谢我这么做的。”

在位于纽约市以北的格雷厄姆家族墓地里，最令人震惊的是，格雷厄姆并未葬在他的母亲、任何一个哥哥或次子小牛顿（他跟大牛顿一样，在父亲仍健在的时候就去世了）的旁边。与其他家族成员的坟墓相隔不远处有一小块儿地，格雷厄姆与他的长子葬在那里。我们完全不清楚，这样的安排是出于格雷厄姆的遗愿，还是与晚年格雷厄姆关系亲近的人的决定。不论真相如何，格雷厄姆与他的童年夭亡的大儿子以这种特别的方式永远待在一起。值得一提的是，大牛顿的墓碑上刻着“最贴心、最勇敢、最心爱的儿子”字样。在回忆录中将这段碑文誊写下来后，格雷厄姆还补充道：“他就是这么出色！”

当我提到她已故的哥哥时，从玛乔丽说话的声音和表情，可以明显感觉到她的情绪起伏：“牛顿的死是一大打击，何其不幸、何其悲伤……失去他，让我和家里的每个人都感到十分痛苦，也是我父母关系恶化的开始。”在很大程度上，格雷厄姆认同这样的看法：“哀痛使得海泽尔和我相互依靠，但这种感觉也让我们更清楚地意识到我们彼此间的疏离。”格雷厄姆提到，儿子过世后不久他和海泽尔一起共进午餐时，谈到如何走出伤痛和开始新生活。海泽尔向她的丈夫坦诚，她需要的“温暖和体贴”远比“全情投入”事业的格雷厄姆所能给的还要多。因此，她曾和他们的家庭医生交往，来填补精神上的空虚，但“仅止于纯粹的友谊”。

至少在理智层面上，格雷厄姆相信海泽尔和医生的关系是清白的。但是，格雷厄姆在听到妻子这番话后的几个月内便发生了第一次婚外情，这令人不禁怀疑，关于这件事，格雷厄姆是否在某种程度压抑了他的真实感受和猜忌（不久后，他就跟别的女人发生了肉体关系）。虽然二人之间有着这种紧绷与不忠的夫妻关系，在大牛顿死后的一年内，另一个男孩——小牛顿，在格雷厄姆家出生了。格雷厄姆家的这个新成员是个漂亮的婴儿，可遗憾的是，格雷厄姆很快就发现，小牛顿是个很难带的孩子，至少在性格上，他与大牛顿完全相反。

残酷而讽刺的是，两个牛顿最大的相似之处，就是悲剧性的死亡，这给他们的父亲造成情感上的巨大打击。布兹（格雷厄姆的第三个儿子）将痛失爱子，尤其是大牛顿之死，视为改变他父亲一生的事件，它们在一定程度上损坏了格雷厄姆和别人深入交往的能力：

> 他不亲近任何人……我觉得他有一点儿社交障碍，这或许跟他的两个儿子相继离世有关——先是大牛顿病死，后来小牛顿也死了。被伤得这么深之后，他可能建立了一种防御机制。我相信，两个孩子早夭的打击在某种程度上影响了他，也改变了他的人际关系。

20 世纪 20 年代末，虽然格雷厄姆的家庭关系每况愈下，在物质和财力上却前所未见地充裕。格雷厄姆先是在纽约郊区的弗农山庄置业，后又搬回市区，在曼哈顿的河滨大道附近购置豪宅。在两个城市，格雷厄姆家的孩子都被送到最好的学校，学习音乐课、舞蹈课和其他象征资产阶级生活品质的高级课程。显然，格雷厄姆一家充分享受到爵士年代如真似幻的丰裕。那是《了不起的盖茨比》中的情节，当时只有极少数美国人能体验到那种生活方式。

内心向来是学者和老师的格雷厄姆，一旦获得了某种程度的财务安全，便除了继续投身快速成长的投资管理事业外，还开启了他的学术生涯。1928 年，格雷厄姆开始在哥伦比亚大学开授证券分析课程。后来，他也教授高级证券分析。20 世纪 20 年代末，他的首批门生中就有多德，后来成为证券分析课程的共同讲师，以及以这门课的名字命名的经典投资巨著的共同作者。格雷厄姆还有另一个学生欧文·卡恩，后来成为他的全职教学助理及挚友。

当我访问 106 岁的卡恩先生时，他以无比清晰的记忆，回想起格雷厄姆早年讲授的这门传奇课程："证券分析是当时首开先河的课程。本杰明很快就发现，这门课受欢迎的程度，远远超过他的预期。"的确，诚如欧文·卡恩及罗伯特·米尔恩于 1977 年向格雷厄姆致敬时所说："到了 1929 年，选修这门课的学生超过 150 人，其中有很大比例是当时华尔街在职的统计师或分析师。"这么多的金融从业人员，不惜花平日下午的宝贵时间从华尔街赶来上课，足以证明格雷厄姆具有讲师和理论家之长（毕竟，他所传授的观点和范例，都是他自己创造的）。卡恩表示：

> 格雷厄姆会在股市 3 点收盘后赶来，朗读他写的笔记。每个月都会考试，确认学生是否理解他教的东西。他知道自己需要一个助理，因为讲稿都是授课当天写的，他根本找不到其他时间做准备。几年后，格雷厄姆很显然需要一个全职助教，于是找我帮忙。

格雷厄姆持续任教于哥伦比亚大学（及后来的纽约金融协会），直到 30 年后离开纽约才中断。除了巴菲特和施洛斯，其他因上过格雷厄姆的课而获得重大启发，进而构思出自己的投资方法的权威人士，包括格斯·利维（曾任高盛董事长）、马蒂·惠特曼（第三大道基金公司创始人）、比尔·鲁安及诸多投资大师。我请卡恩列出格雷厄姆的知名学生时，他说："太多了，我要花很长时间才能把这些名字全都列出来。"《聪明的投资者》有助于格雷厄姆散播价值投资的"福音"给一般投资大众，这些证券分析课程及后来的《证券分析》一书，则直接向投资界精英宣传格雷厄姆的观点。这些传奇的投资课程，加上他在这个领域惊人的出版量，是格雷厄姆至今仍被尊称为"华尔街教父"的原因。

1929 年，"教父"完全知道股市处于超级膨胀的危险状态，市场很可能会出现某种程度的修正或下跌。然而，格雷厄姆自己坦承，他并没有察觉到股市大跌对他的投资合伙事业的影响。但是，我要为格雷厄姆和纽曼说句公道话，没有几个基金经理能预测出这种规模的股灾。我请巴菲特评论格雷厄姆与大萧条时，他回应说：

> 20 世纪 20 年代后期的格雷厄姆意气风发，他的处事行为合乎逻辑。但就在此时，他发现股市变得疯狂无比。和我们所知的过去相比，20 世纪 30 年代的经济反应、经济行为，真的出现了两极化的差距。因此，他的投资倾向趋于谨慎，而且就在许多人都一窝蜂地借钱买股票的时候，他却在控制。不过，在 20 世纪 20 年代后期，由于他买的股票实在太便宜，借款投资显得合情入理，我认为那是导致他后来损失惨重的原因。

截至 1929 年，本杰明·格雷厄姆联合账户利用借来的钱，买入了大量的可转换优先股以及多个公司的股票来分散风险。在 20 世纪 20 年代股市呈稳健上涨趋势的情况下，当两类股票的走势呈反向关系时，这是相对安全的投资策略。在那段时间，进行对冲操作是有意义的。如此一来，其中一只股票的价值下跌，就可以被另一只股票的价格上涨抵消掉。但是股市崩盘后，股票价值（优先股和普通股）的急剧下跌引发经济大萧条，对冲操作的好处消失于无形。由于各类型的证券在股灾中无一幸免，对冲操作无法再获得任何稳健可靠的收益。

值得赞扬的是，格雷厄姆从股市暴跌最初的震惊中冷静下来后，马上开启防御模式，并且在大萧条期间获得令人钦佩的止损成果。下表引自欧文·卡恩及罗伯特·米尔恩提供的资料，他们根据格雷厄姆回忆录的资料，整理出格雷厄姆在大萧条期间经济衰退最严重时的操盘成绩。比较数字后可以发现，格雷厄姆在股市崩盘之初的措手不及，以及他在 1931 年和 1932 年相对于大盘的杰出表现。当然，这些数字也凸显了不管是格雷厄姆还是大盘指数，在股灾期间都无法实现任何年度净回报（括号中的百分比表示亏损程度）。

| 年份 | 本杰明·格雷厄姆联合账户（%） | 道·琼斯工业平均指数（%） | 标准普尔 500 指数（%） |
|---|---|---|---|
| 1929 | 20 | 15 | 7 |
| 1930 | 50.5 | 29 | 25 |
| 1931 | 16 | 48 | 44 |
| 1932 | 3 | 17 | 8 |
| 1929~1932 | 70 | 74 | 64 |

如巴菲特在前面提到的，格雷厄姆和当时的大部分华尔街专家（包括小J·P·摩根这种重量级的人物）一样，并未看出 1929 年 10 月的股灾居然会演变为我们今天回顾历史所总结出的定论：延续数年经济急剧紧缩的开端。举例来说，1929~1933 年，美国的个人总收入从将近 860 亿美元萎缩为 470 亿美元；对外贸易额从 70 亿美元跌到 24 亿美元；全美工业产值几乎减少了一半，倒退至 1913 年的产能水平。最惊人的是，如韦恩斯坦和鲁贝尔所述："1929 年 4 月，美国有 160 万人失业，仅占总劳动人口数的 3.2%。然而到 1932 年 4 月，失业人数飙升到 1 210 万人，占比高达 24.1%。" 格雷厄姆和华尔街其他人遇到的问题是，1929 年股市实在下跌得太严重，以致就像特雷恩所观察到的那样，"在尚未跌到谷底前，就抵挡不住诱惑而再次投身股市"。

发人深省的是，《证券分析》的前言叙述了第一次股灾后不久，"从盈余与其他分析因素来看，股价再次具有吸引力" 的现象。但是，格雷厄姆与多德（前者根据本身的惨痛经验）指出，在看似诱人的时刻重返股市，"造成重新买入的时机过早，结果导致后来的账面或实质性损失"。对格雷厄姆来说，亏损的金额实在太过"真实"，以致后来几年他的事业和心灵严重受挫。不过，这些亏损首当其冲带来的伤害，是格雷厄姆一家人奢华的生活大打折扣，不久，格雷厄姆便解雇了他们家的用人，一家人搬到面积小得多的房子里。

此外，格雷厄姆个人也重拾 20 世纪 20 年代前的简朴习惯。由于他非凡的智慧、职业操守，以及坚持不让家道中落的屈辱卷土重来的决心，格雷厄姆与家人努力在大萧条期间远离贫穷。然而，罗杰·洛温斯坦在《巴菲特传》一书中指出，格雷厄姆的合伙事业也濒临破产困境："就在格雷厄姆准备放弃的时候，合伙人纽曼的一个亲戚拿出75 000美元的资本，让公司得以存活下来。"此外，由于投资管理活动的利润变少，格雷厄姆为了开源，也开始担任专家证人，专门处理与资产评估相关的争议性公司法律案件，他承接的这类案件超过40件。这份工作不仅收入颇丰，也有助于格雷厄姆获得全美公司价值评估权威人士的名声。

当然，1934年出版的《证券分析》一书，更进一步巩固了格雷厄姆在企业价值评估方面的权威地位。这本书是格雷厄姆与哥伦比亚商学院的助理教授多德共同撰写的，后者从1928年就开始整理格雷厄姆的授课内容。多德是长老教会牧师之子，后来成为格雷厄姆的好友，以及格雷厄姆–纽曼公司的董事。格雷厄姆在回忆录中提到："我们协商由我来主笔，以我的写作风格撰写全书文字，他提供建议和意见，并负责查证和制作图表。"于1932年和1933年撰写的《证券分析》，讲述了格雷厄姆在大萧条早期得到的惨痛教训销售成绩傲人。

当我向欧文·卡恩问到这本书时，他说："麦格劳–希尔公司告诉我，《证券分析》销售了将近100万册。这样的销售数字，对这种以教科书形式撰写、枯燥乏味的专业书来说是极为罕见的。"的确，像书中"保护性条款与优先证券持有人的补偿"这样的章节，原本就是为了证券分析课程而写的。除了技术性的主题之外，《证券分析》一书的呈现方式（专业术语、语气等），很明显是以高年级的证券专业学生与从业人员为对象。

《证券分析》详尽涵盖各种主要形式的证券（当时存在的），格雷厄姆和多德这本经典著作取代了张伯伦的《债券投资法则》，成为证券/金融分析师最完整、最权威的教科书。一如2004年重新发行的 1951 年版本的评论所言："历史上没有一本投资书，能像 1934 年版的《证券分析》那样，具有立竿见影的冲击性，以及源远流长的意义与价值。"虽然格雷厄姆本来打算早几年推出这本 616 页的华尔街《圣经》，但他后来认为："如果更早出版《证券分析》将是一大错误，因为那样的话，我就无法将 1934 年付出惨痛代价而得到的智慧写入这本书了。"

确实，格雷厄姆和纽曼靠着《证券分析》中的价值投资智慧，大量买入在市场萧条时被严重低估的股票，很快又开始获利。事实上，早在 1932 年 6 月华尔街的悲观气氛仍浓时，格雷厄姆就为《福布斯》杂志写了一篇文章《膨胀的国债和紧缩的股票》。他在文中说道："令人惊讶的是，居然有相当比例的工业企业的股价，比它们的流动资产价值还低。"（流动资产包括现金及可在 6 个月内转换成现金的资产。）

格雷厄姆与纽曼伺机买入这些"被低估的股票"，终于在它们的经营状况开始好转时大赚了一笔。毕竟格雷厄姆已经悟出，股市越不理性甚至疯狂，有智慧与耐心的投资人获利的机会越大。格雷厄姆借由拟人化的"市场先生"——他最令人钦佩的发明之一，来传达这样的概念。

THE EINSTEIN OF MONEY

# 第8章 市场先生

## 是英明的恺撒大帝还是喜怒无常的莽夫？

尽管格雷厄姆在他职业生涯的前 15 年（1914~1929 年），看到了华尔街的种种愚蠢行径，不过经济大萧条的哀鸿遍野，才让他真正见识到巴菲特所谓的“市场有多疯狂”。现代的投资大众，虽然没见过大萧条的惨状，但 20 世纪 60 年代的电子泡沫、17 世纪 30 年代的荷兰“郁金香热”等，足以让投资者得到惨痛的教训。任何回顾那些历史事件的投资人，都会同意市场行为的本质是人类集体心理作用的结果，亘古不变。格雷厄姆有此智慧看出这一点，而且更重要的是，他用一种简单明了的方式——一个“拟人化”的比喻，来总结非理性的市场行为。

在格雷厄姆畅销百万册的著作《聪明的投资者》当中，他虚构出一位“市场先生”，帮助许多投资者把对于股票市场的认知，从严格的计算范式转变为以心理学为主的角色。格雷厄姆在 1949 年写道：

> 假设你花了1 000美元买入某家私营企业的股份。你有一个叫作“市场先生”的伙伴，非常乐于助人。他每天都会告诉你你的股份值多少钱，并愿意以那个价格买下你手中的持股或是卖给你额外的股份。有时候，市场先生对价值的看法似乎很有道理，和你对这家公司的运营及发展前景的看法一致。有时候，市场先生的热情或恐惧捉摸不定，让你觉得他给出的价格简直愚昧可笑。

这段表述的影响力，在投资圈中举足轻重。直到今天，这段叙述还通常被用来说明市场行为的变幻莫测。举例来说，2010年《华尔街日报》有一篇文章说道：“此时，对美国经济有益的消息，不见得对‘市场先生’有利。”

就像它代表的股票市场那样，个性极端的市场先生，市场好的时候过度乐观，不景气时则一蹶不振。这些极端的情绪，导致股票价值不理性地被高估或低估，很少能反映发行股票企业的真正价值。当然，所谓的真正价值，是由投资人自行评估决定的。这就是格雷厄姆认为“市场先生”是价值投资者最好的朋友的原因：由于市场先生的心情起伏不定，相对于企业内在价值的股票价格被严重低估或是高估，为抱持企业主心态的投资者创造出具有吸引力的买入或卖出机会。就像格雷厄姆在《聪明的投资者》一书中的阐述：

> 如果你是谨慎的投资者或敏锐的企业家，你会任由市场先生每天的喜怒哀乐左右你对那1 000美元股份的估值吗？除非你同意市场先生的观点，或是你想跟他做交易。当市场先生给你的报价高得离谱儿时，你可能会兴高采烈地把股票

**卖给他；当他的价格很便宜时，你则会开开心心地从他那里买股票。但是除了这种情形，根据公司运营与财务状况的完整报告，形成你自己对持股价值的看法是比较明智的做法。**

如同我们在第 2 章和第 6 章所强调的，格雷厄姆的选股法则与大部分投资者的市场导向行为，形成了强烈的对比。事实上，市场先生具体展现出来的市场怀疑论，使格雷厄姆的独立分析及价值导向投资架构的三大“支柱”臻于完备。格雷厄姆是挑战华尔街“有效市场”信仰的第一人，他不接受股市是逻辑计算的产物，反而认为大部分的市场行为不是客观理性的产物，而是人类情绪波动及不理性所致。

## 择时方法无用论

先锋集团创始人约翰·博格尔在他 2009 年出版的著作《共同基金常识》中，以相当尖锐的措辞阐述了他自己对于进出场时机这件事的观点:“在这个行业待了将近 50 年以后，我不认识任何一个可以持续成功地把握进出场时机的人，我也不知道有什么人认识这样的投资者。”关于这种择时能力无用论，格雷厄姆也在其职业生涯的早期得出了相似的结论，他的“市场先生”概念就是这种择时方法毫无用处的根本原因。毕竟，受到不理性又难以预测的人类情绪的影响，我们怎么可能对股市或个股价格做出可靠和持续的动态预测呢？就像著名的价值投资者及作家多尔西所写的那样:“既然市场先生总是动不动就失去控制，我们坚决认为，根本不值得投入任何时间去预测它的行为。”

一篇刊登在《金融分析师期刊》上的详尽的学术论文对此做出了合理解释。1986 年，加里·布林森、伦道夫·胡德和吉尔伯特·比鲍尔追踪了超过 90 个美国大型退休金计划长达 10 年的投资组合业绩。这三位资产管理专家发现，平均而言，试图通过择时方法获利的退休金计划，事实上会亏损。将时间拉近一点儿，2004 年，多尔西（当时是顶尖投资研究机构晨星公司的股票研究主管）写道："通过过去 15 年与数千名投资经理人的对谈我们发现，表现真正杰出的投资经理人，没有一位会浪费时间思考短期内市场将如何变化。相反，他们都专注于找出价格被低估，可以长期持有的股票。"

## 不理会市场噪声

为了在疯狂的市场中保全投资本金及保持头脑清醒，格雷厄姆和他的信徒们了解到，当其他人正在屏息追踪每一个市场波动时，价值投资者对短线市场变化与价格波动采取疏离的态度，反而可以取得更好的投资表现。如同著名的价值投资者及作家茨威格对 2003 年版《聪明的投资者》的补充评论："当被问到是什么原因导致了多数投资者的失败，格雷厄姆给出了一个简单扼要的答案：他们对股市动态关注过多。"这个回答对于受到广泛欢迎的有效市场假说构成了重大挑战。有效市场假说，市场价格代表了许多消息灵通的市场参与者集体行动的结果，可以被视为正确或有效率的价格。

支持这个假说最具权威性的测试，是由芝加哥大学经济学家尤金·法玛在 20 世纪 60 年代进行的。但法玛最后也承认，市场效率是一个连续性事件，没有办法每次皆保证同样的强度。如同著名的投资财务学术权威与作家坎宁安所述，法玛的测试结论是“没有一种交易规则或是策略可以持续跑赢大盘”。

事实上，如果有效市场假说是正确的，那么任何投资策略，包括价值投资法，都没有办法利用市场的无效性来增加获利。然而，如果上述说法是真的，那么巴菲特高达 440 亿美元的身家是怎么赚来的？著名的价值投资者霍华德·马克斯给出了一个出色的解释，说明没有效率的市场可以达到何种程度：“2000 年 1 月，雅虎的股价是每股 237 美元。而 2001 年 4 月，它的股价是每股 11 美元。所有认为市场在这两个时刻均正确的人肯定是疯了，这两种情况中至少有一种表明市场是错误的。”问题出在某些驱动市场价格发生变化的因子上，坎宁安将其描述为“正向有效率因子造成的资讯波动”。以下种种情况都会引发上述波动，如发布年度获利报告，关于债权结构的明显变化，甚至是对某个特别的产业族群、企业产生实质性影响的立法。这些事件对于相关企业或产业整体而言，可能会产生正面或负面的影响；但是，它们造成的任何波动，都与企业的基本面数据正相关。

然而，就像我们在第 6 章强调过的，从任何一个时间点来看，还有许多其他因素在影响股价的变化，这些因素都与长期基本面关系不大，而且通常是毫无关系，形成了坎宁安描述的“负向无效率因子造成的资讯波动”。这些“市场噪声”很容易诱使投资者自取灭亡。人们假设市场价格波动的背后有其绝对无误的逻辑，于是许多投资者追随华尔街的集体“智慧”，直到一起跌落悬崖。广受赞誉的价值投资者布兰德斯告诉我：

> 华尔街的大众投资者其实非常像羊群，每一个人都聚精会神地在研究市场动态，以及当时有哪些消息。格雷厄姆是足够了解投资心理学及投资历史的人，但一般的投资者几乎不会去思考有关投资历史和行为的问题。当然，直到今天，相同的事还在发生。

“市场先生”的概念拆穿了投资者危险却普遍的幻觉，即认为市场只会产生完美准确的价格数据。相反地，通过把市场当成一个具有双重性格的个体，此个体会在两个极端之间游走，让人不禁担心它的健全程度。这种方法可以帮投资者培养一种事不关己的能力，摆脱价格波动的风险聚焦于企业的内在价值（即第6章提到的企业主心态），避免在这个尔虞我诈的市场中损失惨重。然而，成功的价值投资者并不一定是被动型投资者。举例来说，巴菲特总是精力旺盛地追踪企业的基本面发展，却极少注意近期的市场动态。换句话说，市场噪声并没有对巴菲特产生干扰。如同他告诉我的，格雷厄姆投资范式的核心是：“买入的投资标的是你无须时时关注，甚至可以一年看一次股价的标的。”

自格雷厄姆时代以来，信息技术方面的进步已经到了不可思议的地步，以至于你可以非常容易地追踪上市公司的经营结果，追踪刚刚过去的几分钟内的市场动态，而且不论你住在纽约曼哈顿还是菲律宾马尼拉，无论你是在家、在办公室，还是在超级市场中排队等待结账。这种状况，从投资者的角度来看，是我们现代移动信息高速公路当中出现最多问题的方面。我们可以即时、一天24个小时、一周7天且全方位地通过移动端来获取市场信息，这让人越来越难以克制自己不去追踪股价变化，越来越难不分心。事实上，互联网以及颇受欢迎的有线电视频道，几乎完全专注于那些短期的、会引起股价波动的财务“新闻”，导致更重要的企业基本面遭到忽略。与此同时，传统的广播及平面媒体（也有例外）已经全面唤起投资者对于“热门股”以及掌握市场进出时机的热情，丝毫不亚于格雷厄姆时代。

然而，早在格雷厄姆创造“市场先生”这个名词之前，把市场上震耳欲聋的噪声排除，特别是在喧嚣的年代，就是正确的做法。但是，就像其他健全的投资理念一样，总是无法找到一个简单办法立即付诸实施。格雷厄姆和多德在 1934 年写道：“投资市场波动幅度越大，市场朝单一方向运动的时间越长，想要坚持如何处理普通股的投资观点就会变得越困难。”在某种程度上，看到市场上几乎所有投资者都往同一个方向前进，阻止自己去追随其他人的做法，其实与人类的天性相违背。如果你选择不追随众人的做法，某种程度的不安全感和自我怀疑就很有可能会慢慢出现。例如，我是唯一一个没有“抓住上升趋势”或者“跳离下沉船只”的投资者吗？然而，当市场或是其中一个特定元素“坚定地往一个方向走”的时间够长而且够久，人类大脑便会下意识地认为这种趋势将永恒不变。如同马克斯的评论，上述思考方式是“巨大风险的来源……导致多数投资者难以承受的泡沫和恐慌”。

我自己便在圣迭戈见证了这种毁灭性结果，圣迭戈地区是过去 10 年房地产“泡沫形成与破灭”循环的最佳范例之一（这种情况与股市投资行为有某种程度的相关性）。2004 年，我参加了一个晚宴，席间结识了从东岸来的一位大学教授及其律师太太。他们告诉我，夫妻俩如何在租房多年之后决定买房：“‘房价不会一直上涨’，我常常这样告诉太太，‘让我们再等等吧，房价很快便会下跌’。但是环顾四周，我们发现所有的房屋还在涨价。我们已经厌倦了作壁上观，决定买房。”这名教授一开始对于房市的本能反应，后来被证明是正确的。然而，受到其他人买房行为的影响，这对夫妻在美国房地产泡沫达到最高点之际投身其中。

我不清楚他们房子的具体位置，但他们告诉了我大致的区域。事实上，假如他们再等上几年，就有可能省下 20 万~30 万美元的购房款。同样的事也发生在那些在 2006 年股票市场价格被过度追捧之际进场，结果被套牢的投资者，以及市场价格被过度低估时大量抛售的投资者身上。然而，在上述两种人当中，前者占据大多数。重点在于，不论购买标的是房屋还是有价证券，即便是受过高等教育而且被视为有智慧的投资者，也常常盲从于市场动态，而非坚守谨慎、独立操作的投资策略。根据茨威格的观察：“只要涉及他们的财务人生，数以百万计的人们就会让市场先生告诉他们该如何感受，以及如何去做，即便有明显的事实告诉我们，市场先生可能会进入疯狂状态。”

通常投资者在获得某一项特殊标的的大量资讯后，尚未求证这些资讯背后的来源是否属实，就志得意满并产生盲目的信心。这就是为何需要“市场先生”作为一种提醒机制。虽然市场资讯的来源非常多，但是对于认真做研究的投资者而言，这些资讯不一定都有意义。更糟的是，如果盲目相信这些资讯，其危害程度通常不亚于市场先生的极端情绪波动。通过将这件事放在心中，并借助格雷厄姆容易记忆和理解的文字，将那些失控的市场波动拟人化，现代的价值投资者便能够对每一分钟的价格变化保持健康的怀疑态度。若采用这种做法，市场先生这个简单概念，便可以帮助投资者利用市场暂时性的无效，获取投资成果。

## 市场先生：主人还是仆人？

在 2011 年的《巴伦周刊》中，有一篇文章重点讨论了这样一段经典台词："市场先生就像恺撒大帝，拥有决定角斗士死活的生杀大权。"这段台词表达了一个观点：市场先生就像一位无所不知的君主。在接受这样的假设前提之后，人类自然会倾向于遵从市场先生据传较为高效的判断。事实上，市场先生更像一位饱受情绪起伏困扰的个体，其危险做法不应被投资者采信。价值投资者会形成自己的独立判断，然后将结果与市场先生当时的心情（也就是股价），进行对比。

如果市场价格明显低于通过独立分析估算出来的内在价值（存在较大的安全边际），那么此刻可能为适合买入该股票的时机；如果市场价格很明显高于内在价值，那么投资者应该利用市场先生的弱点漂亮地卖股套现。当我向巴菲特询问有关格雷厄姆最基本的投资概念时，巴菲特回答我："格雷厄姆最重要的投资理念之一，就是把投资市场当作在为你服务而非指导你的工具。"在《聪明的投资者》一书中，格雷厄姆写道："基本上，价格波动对于真正的投资者而言，只有一个明显的意义。那就是当价格急速下跌时，投资者有机会聪明地进场买股票，当股价大涨时，投资者有机会明智地卖出股票。"身为一名知名的投资者及投资专栏作家，罗伯特·阿诺特在 2011 年的一次访谈中告诉《福布斯》杂志总编辑史蒂夫·福布斯，格雷厄姆将投资市场比喻成"一个神经紧绷的女子，有时会称赞某些事，有时则会抓住其他小事不放。如果你有耐心，并勇于和市场先生作对，你就可以获得非常丰厚的收益。"

然而，这个观点跟大部分投资者看待市场及其上下波动的观点恰巧相反。当市场先生因为害怕而全身僵硬、停滞不前时，多数投资者会假设市场先生的这种反应完全合理，从而疯狂地抛售股票。相反地，当市场价格上涨至荒谬的高点时，只要市场先生看上去会再度向上爬升（尽管这个没有基本面支撑的极高价格非常不牢靠），许多投资者还是会继续买入股票。互联网泡沫的破灭，是市场先生可以造成巨大风险的一个代表性案例。

然而，就算经历过 2008 年金融海啸前的不理性高股价，以及之后的不理性低股价，多数投资者依然未接受教训。如同马克斯所说的：

> 过去几年的形势为我们提供了机会，可以清晰地看到钟摆效应，以及人们是如何前赴后继地在错误的时机做出错误的决策的。事实一贯如此。

愚昧的市场先生和无知的投资大众们“总是行径一致”的事实，对善于利用机会的价值投资者而言是很棒的消息。举个例子，2008 年金融危机发生后，虽然大多数投资者都在惊慌失措地逃离市场，巴菲特却未对投资市场感到绝望。秉持价值投资者的一贯行事作风，他大量买入下列公司的股票：陶氏化学、高盛集团、通用电气以及哈雷戴维森，而且是在市场先生“忧郁症”发作最厉害的时候。上述 4 只股票的价格后来不断上涨，其中两只的涨幅超过 100%（截至 2011 年年底）。值得注意的是，在他大量押注之后，这些股票并未立即给予回报。有一名财经专栏作家撰文道：“自从巴菲特买入那些股票的新闻曝光后，其股价全数下跌。”带着一点儿诙谐的意味，这名专栏作家补充道：“市场先生很明显还没有学会巴菲特的思考方式。”但最终的投资成果证明巴菲特是最大的赢家。

严肃的价值投资者都知道，当你押注赌市场先生的理性行为何时出现时，非常重要的一点是耐心等待，不能期待立即有回报。逐步培养该有的纪律及耐心，以便让市场先生为你工作，和你必须用智慧去了解“他”所代表的概念及机会一样重要。不幸的是，这么做难度极大，尤其是在金融业动荡不安的年代。格雷厄姆及多德在著作中提到，随着金融市场的波动变大，持续时间越来越长，投资者的焦点“就会发生转移，从投资问题（市场价格与其真实价值相比具不具有吸引力），转向投机问题（市场价格接近低点或仍在相对高点）”。格雷厄姆和他最成功的助手已经学到，通过时时提醒自己市场先生过去的种种不理性行为，来让自己持续专注投资问题。

## 勇敢的逆向投资者

“价值投资法”和“逆向投资法”这两个名词，常会被用于描述格雷厄姆的投资哲学。然而，后者其实是价值投资法的一种独特观点的体现，这个观点与市场先生寓言所要传递的投资方法尤其有关。在帕拉格·帕里克的著作《价值投资与行为金融学》中，这位研究行为金融学的全球顶尖学者，用以下文字描述逆向投资法的本质：

> 逆向投资者的特别之处，在于他努力寻找的投资机会是市场共识所导致的股价偏差。所谓寻找存在股价偏差的标

的，指的是他们寻找的是市场共识所造成的获利空间。市场共识本身并没有错，只是被夸大或扭曲了……这种夸大或扭曲通常是由大众心理造成的，并且不同程度地存在于股票市场中。

当然，市场先生是令人难忘的“大众心理学”化身，参考帕里克的说法，它会导致投资者夸大或扭曲对金融市场的认知，进而造成市场价格无效。如此一来，上述说法便成为逆向投资者的核心观念。据说当《巴伦周刊》的专栏作家史蒂文·西尔斯，在2010年夏天强调高度的市场波动正围绕着某只特定股票展开，他将此称为“市场先生送来的礼物”，这意味着可以让投资者从中获利的市场机会已出现。如果投资者本身有足够的信心及耐心遵守逆向投资法则，那么市场先生的“礼物”便有利可图。

晚年拥有数十亿美元财富的投资家邓普顿爵士曾经写道：“行情总在绝望中诞生，在半信半疑中成长，在憧憬中成熟，在幻想中毁灭。”任何从事过逆向交易的投资者，至少会同意他的第一句话。到底为何逆向投资会令人如此不安？原因在于，逆向投资法跟深植在我们灵长类动物脑袋当中的“有样学样”本能相违背。打个比方，你要去参加一场需盛装打扮的正式晚宴，而你却穿着圆点花睡衣出现在那里。经过数百万年的进化，我们倾向于避免违反常理，也就是选择服从具压倒性的多数人意见。从进化的观点看，逆向投资的孤立性行为，可能会降低我们的生存能力。毕竟，我们生来就是社会动物，必须能与其他人相互交流。

然而，就像动物会横穿公路，必定是因为本能的驱使，例如看到或嗅到马路对面一片更大、更绿的草地。在未经思考便冲动地采取行动之前，最好客观地分析每一次的动物本能，这在投资领域尤其重要。如同马克斯的建议："为了自我保护，你必须拿出时间和精力来了解市场心理学。"将市场先生这个概念内化，是采用逆向投资法来获利的有效前提。此外，在逆向投资者等待市场先生修正（而且通常会过度修正）它的错误之际，这个概念可以帮忙强化逆向投资者的信心。投资金融学作家妮可·罗斯写道："当股票投资前景悲观，特别是面对时间漫长的熊市时，投资者需要有勇气和纪律，才能在这种市场环境下持续投资。"相反地，在面对长时间的牛市时，卖掉手中的股票也需要有勇气和纪律。

将格雷厄姆与其他成功的投资者（包括巴菲特、鲁安、布兰德斯、施洛斯、卡恩以及其他人）连接在一起的一个共同特质，就是他们似乎都拥有独特的"反叛"立场，因为逆向投资者是用市场价格的偏差获利的。任何人只要认为"股票市场总是错得一塌糊涂"并跟随《聪明的投资者》的脚步，就是一名自信的逆向投资者。至于巴菲特，在他最常被人引用的语录当中，以下这段话最发人深省："在别人恐惧时贪婪，在别人贪婪时恐惧。"这席话就是典型的逆向投资者最该做的事！此外，巴菲特想表达的意思是，市场投资心理通常像格雷厄姆所描述的那样"大错特错"，这就是市场先生寓言的本质。

市场先生是逆向投资者的自信态度所不可或缺的要素，布兰德斯在《当代价值投资》中，频繁地明确提到这一点：

> 应该由你来决定一家企业的真正价值是多少，而非市场先生。你来决定何时，以及什么样的价格，是你想要买卖的股票价位……相信自己的判断，相信你所做的研究……提醒

自己市场先生阴晴不定，可以让你变得有耐心，从而做出理性的投资决定。

当投资者下单的方向与市场先生的意见相左时，逆向投资者获得勇气的方法，就是牢记市场先生那些短线的想法曾被证明有多么不理性。市场先生可能会让逆向投资者的决策在短期内看上去是错的，但是，就像本书一直强调的那样，价值投资法需要长期才能看出效果。

## 笑到最后的人

长线与短线之间的差别，也是所有成功的价值投资者都是逆向投资者的重要理由。整个证券市场的运作机制，包括证券经纪商、股票承销商、大部分财经媒体等，都在围绕“金融市场明天会涨还是会跌”这个问题打转。所以，绝大多数投资者都会追求短线获利。格雷厄姆认为这种做法徒劳无功：“许多只关心每天的股市涨跌情况的人，长期下来，都会养成将利空中性化或自我欺骗的习惯。”因此，每日下注赌市场的涨跌，本身就含有不利的因素。就短线操作而言，投资者的表现也会倾向于不理性及无法预测。事实上，如果“过多的猎人竟相追逐同一只兔子”，便会在某些情况下限制甚至抵消了传统的短线投资法的获利。

就像多尔西告诉我的那样：“追逐短线收益的市场竞争是非常激烈的，但若是长期投资，竞争压力则会减轻许多。”为了解释个中理由，他援引了哈雷戴维森公司大约2008年年末至2009年年初的资料。这个案例值得深入探讨，因为它是“当市场先生明显出现错误时，逆向投资者与市场先生背道而驰”的最佳案例。当然，这个案例之所以值得注意，还因为它是巴菲特与芒格在 2008 年 10 月股市崩盘之后所完成的最成功的投资案例之一。在市场暴跌后不久，社会陷入短期经济“大萧条”的恐慌，这家高级摩托车公司的产品在短期内的销售业绩必定黯然无光。然而，市场先生对“哈雷戴维森销售量短期下滑”的预测，“忠实反映”在股价上，有什么表现呢？

2008 年 10 月 1 日，哈雷戴维森的股价为每股 36.73 美元，年初曾经达到每股 45.61 美元，其间股价大多在每股 35~40 美元之间波动。在发生股市崩盘之前，2008 年该股曾在 7 月跌至每股 33.07 美元的最低点。其后美国遭逢近代经济史上最艰难的时期，随着国内生产总值、就业市场及房地产价值均大幅下行，哈雷戴维森的第三季财报业绩选在 10 月 16 日公布，虽然其结果不及市场预期，但亦非灾难性的数字，尤其考量到当时的总体经济状况。“第三季度净获利 1.665 亿美元，相较于 2007 年第三季度的 2.65 亿美元，同比下滑 37.1%。第三季度经稀释后的每股收益（这是比较精确的每股收益计算方法——收益的除数范围不仅包括普通股，也包含所有的可转换有价证券，例如可转换债——上述所有的股份在转换成普通股之后，将会稀释每股收益）为 0.71 美元，相较前一年同期的每股 1.07 美元，下降了 33.6%。特别是该公司自 1903 年开始营运以来，其美国事业体的经营管理就一直比较稳健。投资者可能以为，在当年 10 月股市崩盘的混乱时期，市场先生有足够的智慧了解到，只要当时的经济脱离谷底并开始变好（总会有复苏的一天），像哈雷戴维森这种经营稳健、在当时仍有获利的公司，其股价将会有不俗的表现。

然而，就像格雷厄姆预测的那样，市场先生会用极度恐慌来面对这件事，不加选择便将手中持股全数“赶尽杀绝”。到2008年11月21日，哈雷戴维森的股票被市场弃如敝屣，跌到每股12.04美元。这家仍有获利而且组织架构非常完整的公司，已经在7周内蒸发掉了近2/3的市值！这种剧烈的股票折价实在太极端，而且从企业的观点来看，在逻辑上完全站不住脚，但是这对市场先生而言却是常态。这就是市场先生的歇斯底里与目光短浅的经典案例，也为格雷厄姆及多德所描述的“时刻保持警觉与勇气的投资者”创造了投资机会。截至2011年年底，哈雷戴维森的股价已经回到与崩盘之前的每股35~40美元的水平。所以，那些敢用每股12美元或每股24美元的价格买入该股票的投资者，赚到了令人羡慕的收益。

当然，那些跟随市场先生的脚步，在2008年11月以每股12美元卖出该股票的投资者，毫无疑问蒙受了巨额损失。然而，在2009年2月底至3月初，当哈雷戴维森的股价下跌至个位数，那些早先以每股12美元卖掉该股票的投资者，可能会觉得自己的做法再正确不过了。是的，就短期而言，他们的决策似乎是正确的。与此同时，像巴菲特一样的价值投资者并不会特别担心上述股价下跌现象，他们依然保持信心，相信经过时间的考验，哈雷戴维森公司健全的基本面会帮助其股价回升，从而拿到邓普顿爵士所说的“终极奖赏”。显然，那些具有远见、勇气以及耐心，选择在市场先生最躁郁的时期买入哈雷戴维森股份的投资者，一定会笑到最后。一切都是拜市场先生所赐！

## 市场医生

哈雷戴维森是个相当老生常谈的案例，让读者了解利用暂时性的极端证券市场行为失控现象，可以创造高获利的方法。然而，那些在 2008 年 10 月市场崩盘之后，立即购入某些银行股的投资者，则证明与市场先生作对的策略并不一定会成功。就像最优秀的医生在没有了解患有所有的症状前，绝对不会急于做出诊断一样，不论市场先生在某个时间点的行径是多么疯狂，这也并不代表每一只暴跌的股票都是健全的长期投资标的。这就是为何价值投资大师在做出投资决定之前，都会非常深入地检视细节，了解每一只有价证券的企业基本面数据。你可能会发现近期下跌的股价已为某只有价证券提供了足够大的安全边际，因此具有长期投资价值。然而，也有一种可能性，就是该企业的基本面太差，即便投资者可以用低价格买入，它也不是一个健全的长期投资标的。

市场先生在为有价证券定价时，偶尔也会冷静以对且价格合理。然而，它却以躁郁症闻名，在发病的时候它会情绪失控，导致股价暴跌。相反地，“市场医生”（指专注的价值投资者）是一位严谨的理性主义者，他坚持搜集企业所有者需要知道的资料，经过缜密分析，写下他的“诊断报告”，也就是他对该企业内在价值的评估。当市场先生冷静的时候，它对于股票的定价，跟市场医生计算出来的内在价值不会相差太大。然而，即便市场先生已陷入短暂疯狂的状态，关于某些特定有价证券的看法，市场先生仍有可能是对的，或者价格至少不会错得离谱儿。这就是为何认真的价值投资者总会做足必要的功课，以确认市场先生对于某只有价证券是否犯了明显的定价错误。

价值投资大师的投资业绩可以持续超过大盘，其背后原因并不是他们学会了如何避免犯错。毕竟，投资市场如此复杂，避免犯错几乎是不可能的任务。这些价值投资者不去做无谓的努力，通过基本面分析，获得不同于一般投资者的高收益。市场先生是核心概念之一，市场先生这个概念的价值，将与投入研究的时间及努力成比。当然，鉴于近期发生的事件以及持续的经济不稳定，对现代投资者而言，市场先生的概念可以说具有更大的潜在效用。

格雷厄姆是幸运的，20 世纪 30 年代末，在世界遭逢前所未见的恶劣经济危机之后，市场先生终于“走出迷途”。我在下一个章节想要探讨的是格雷厄姆再续辉煌及混乱的情史，两者交织成为他人生中最变化无常的一部分。

# 第9章 喜忧参半

## 成功的事业与失败的婚姻

1934年，格雷厄姆和纽曼终于看到市场先生展露笑颜，因为他们10年前以“低于清算价值”买入的股票开始上涨了。我们前面提到，公司合伙人的薪酬协议中有一条累进式条款，规定只在年收益率超过6%这个门槛，合伙人才能得到利润分成。例如年收益率是8%，则合伙人只能拿到2%的收益的分红（8%减去6%）。因为这一条规定，格雷厄姆和纽曼在1929~1933年这5年里都没有赚到钱。更惨的是，由于投资业绩以累进方式计算，即使本杰明·格雷厄姆联合账户（当时仍沿用此名）在1934年的绩效相当优异，合伙人第6年无法获得分红的概率仍然很高。

1929年以前，本杰明·格雷厄姆联合账户一直是合伙人的主要收入来源，可想而知他们处境的艰辛。所幸，忠诚的投资者之一盖伊·利维，提出了一个替代性的奖励方案，除了一人反对之外，所有追随格雷厄姆的投资者（在该账户经营情况最严峻的几年，有一些投资者“弃船”而逃）一致同意。他们修订了累进式条款，但诚如欧文·卡恩及罗伯特·米尔恩所述："分红条件修订后，从 1934 年 1 月 1 日开始，格雷厄姆和纽曼的分红比例改为非累进式的 20%。"值得注意的是，1935 年年底，格雷厄姆挑选的价格被低估的股票由于涨势凌厉，弥补了过去的亏损，使得账户重新回到 1929 年的盈利水平。更了不起的是，格雷厄姆和纽曼还把大萧条那几年损失的每一分钱，都还给了投资者，虽然当时他们并没有义务这么做。

当我们谈到格雷厄姆的丰功伟绩时，玛乔丽显然对她父亲坚持偿还投资者在大萧条时期的损失感到无比骄傲：

> 1929 年大萧条来临时，格雷厄姆和他的公司都赔了很多钱，也波及了大部分委托他代为投资的家人和朋友。大萧条结束后几年，他东山再起，把每个投资者的亏损都弥补回来了。这真的很了不起，我从未听说有人这么做过。格雷厄姆手上有一本备忘录，以确保每个投资者在大萧条时期的亏损都得到了弥补。我不认为当时华尔街有多少人有本事弥补客户的亏损，在这方面，他是非常不平凡的。

就像玛乔丽指出的，很多投资者都是格雷厄姆的"家人和朋友"，格雷厄姆觉得他要为他们的财务福祉负起责任。此外，格雷厄姆幼年时因为家庭财务问题而承受过巨大的痛苦和煎熬，大萧条时期的巨大亏损考验着他的良知与信心。但是，当《证券分析》于 1934 年出版时，他和多德显然已经明白，他们生活在一个异常疯狂的时代："就像一种极端的测验，承受着无法预测的压力"。此外，除了难缠的小舅子，格雷厄姆的投资者都十分了解那时哀鸿遍野的金融灾难及经济困局，并且始终保持着对格雷厄姆的信赖及善意。

就连格雷厄姆的舅舅莫里斯——即便在格雷厄姆的联合账户赔了这么多钱，以致他和家人再也住不起纽约市的房子，也没有因此对自己的侄子怀恨在心。莫里斯的女婿萨奈特医生告诉我："杰拉德家族对于格雷厄姆投资失利没有一丝怨恨，因为那时每个人都在赔钱。"由于国税局的纠正——它质疑联合账户事实上不是合伙关系，而是实质性的公司，以及投资者弗雷德·格林曼（一名职业会计师，格雷厄姆记得他"建议我们成立公司，否则在税法的规范下，总会有人质疑我们的正当性"）的建议，1936 年 1 月 1 日，本杰明·格雷厄姆联合账户更名为"格雷厄姆–纽曼公司"。

从那时开始到公司解散的 20 年内，格雷厄姆公司的合伙人和投资人享受到了相对风平浪静的日子：经营状况渐入佳境，加上格雷厄姆对财务的保守态度（从 1929 年后避免杠杆操作即可见一斑，大萧条时代惨赔的痛苦经历或多或少让他更趋于保守），确保了投资者的资金在格雷厄姆的管理下，业绩表现亮眼，且显著降低了风险。"格雷厄姆–纽曼公司"于 1937~1938 年的衰退时期积极买入低价股票的经验，证明格雷厄姆具有在市场先生一蹶不振时毫发无损、异军突起的能力。格雷厄姆丝毫没有失去利用股市短暂失序机会投资的兴致。只不过，他已经学会用更谨慎的观点来操作了。

"格雷厄姆–纽曼公司"在 1946 年写给投资者的一封信，可以说明格雷厄姆在这方面是多么成功。那封信把公司于 1936~1946 年的业绩表现归纳如下："根据每年年初的资产净值计算，股东的年均收益率为 17.6%。同期，标普为 10.1%，道·琼斯工业平均指数为10%。”考虑到年年跑赢大盘多达7.5%的业绩表现，格雷厄姆在这段时间的成功可见一斑。此外，从大萧条时代学到的经验，让格雷厄姆没有运用杠杆和其他高风险工具，就能创造出这么杰出的绩效。

格雷厄姆的投资方法不只受到大萧条的影响，身为一个具有强烈社会良知的知识分子（第14章将会深入讨论这个主题），格雷厄姆觉得自己有责任为更大的宏观经济问题贡献一分力量。早在1931年，格雷厄姆就开始进入社会研究新学院就读，欧文·卡恩及罗伯特·米尔恩提到，他在这所学校和经济领域的达官显要“讨论经济危机可能的解决方案”，这些名人包括阿道夫·伯利（罗斯福总统“新政”的智囊之一），以及威廉·马丁（纽交所官员，几年后他成为美联储史上最年轻的主席，而且是这一高位任职最久的官员）等。马丁也协助创办了著名的《经济论坛》期刊，并于1933年刊载了格雷厄姆第一篇关于宏观经济的投稿——标题为“稳定的通货再膨胀”的8页文章。该文章论述了稳定大宗商品价格的必要性，以支持经济的持续复苏。

虽然格雷厄姆在脑中形成的货币计划，本质上是为了应对趋于缓和且短暂的1921~1922年的经济衰退，但大萧条的严重程度，鞭策他更慎重地对待这个概念。基本上，格雷厄姆的货币计划主张以“一篮子”常见的大宗商品，取代金本位制（来支撑美元的价值）。格雷厄姆在文章摘要中写道：“提高粮食供给与价格的稳定性很重要。”由于格雷厄姆在社会研究新学院结识了一些有名望的新朋友，因此他的经济构想被送入白宫讨论，甚至还获得了农业部部长亨利·华莱士的书面支持及凯恩斯的些许认同。

在这段时间里，格雷厄姆的另一个业余兴趣是剧本创作。从孩提时代就密切关注文学和戏剧的格雷厄姆，数十年来一直是个有抱负的创作家。20 世纪 30 年代是他在工作上站稳脚跟的 10 年，他觉得经济状况已经足够安定，可以抽一些时间投入自己喜爱的舞台剧写作了。他的作品颇丰，包括三个全剧本及一个简单的轻歌舞剧的大纲。根据格雷厄姆的说法，他的第一个剧本《瓷婚》，部分影射了当时他的妻子海泽尔红杏出墙的事实。格雷厄姆回忆说，他偶然发现了“一位已婚艺术家写给我妻子的几封信，我们同这位画家相识多年。其中的几封信足以说明问题，尽管做了删减，但某些段落仍言辞露骨”。但注重隐私、不爱争吵的格雷厄姆，决定不找海泽尔当面对质。他保留了其中两封信，对此他说是为了自我保护，“一旦婚姻走到尽头，需要面对她的律师和我的律师的时候，这些信件就可以派上用场”。

尽管第一个剧本没有顺利登上百老汇舞台，但格雷厄姆对于《瓷婚》在约翰·霍普金斯大学“美国新锐剧作家”的年度评选中勇夺第二名，感到欣慰不已。不久之后，格雷厄姆又完成了一部令人毛骨悚然的单幕轻歌舞剧，剧名是“审判日”，描写了一个复仇心切的理发师，帮多年前勾引过他妻子还把钱偷走的男人剃胡子。格雷厄姆说：“剧本以这个恶棍被惊吓死去为结局。”回想起来，格雷厄姆认为这个作品“难登大雅之堂”。具有讽刺意味的是，格雷厄姆找到海泽尔的一个朋友来推广《瓷婚》（海泽尔声称自己喜欢这部戏，但她没有对其中表明妻子不忠的那些信件发表意见）和那部单幕轻歌舞剧。这位朋友名叫哈里·德尔夫，是一名轻歌舞剧编剧，小有成就。

虽然德尔夫对格雷厄姆的这两部戏剧都不太看好，但格雷厄姆在“人物对话方面的写作技巧”让他印象深刻，他打算将这种方法应用到他当时正在写的一部三幕喜剧中。于是，德尔夫邀请格雷厄姆共同创作这部作品，但只署格雷厄姆的名字。德尔夫当时罹患血栓闭塞性脉管炎（“一种罕见的四肢炎症疾病”），为此他得到了巨额的保险赔付，这种赔付将一直持续下去，只要保险公司认定他无法“自食其力”。因此，如果他的名字出现在编剧名单中，可能会导致他无法领取保险金。

除了婚外情，格雷厄姆的私人生活和工作中也出现了一些弄虚作假或不太道德的行为。他曾自掏腰包，偿付大萧条时期客户的损失。这一例子表明，在经济方面，格雷厄姆是非常负责任的人。然而，这一次他同意帮助德尔夫实施这一计划。几十年后，他在反思这件事时，认为自己不诚实，也不道德。

> 我一直为自己在经济方面的诚信而骄傲，而那一次违法行为让我感到震惊和懊恼。我怎么就没有想到，伙同他人骗保是犯罪呢？现在看来这件事令人难以置信，因为多年来我的主要经济收入都源于保险公司担保的股权。

这部剧最初的名字是“大海做证”，后来改名为“小情妇”，讲述的是发生在知名报社编辑、他的妻子以及他的小情妇（这个女人善于即兴发挥，给了编辑很多写作灵感）之间的故事，以及这位情妇同另外一个男人的故事。很显然，这种故事非常多，很容易找到笑点。当然，剧本本身也很出色，因为在登上百老汇舞台之前，该剧在罗德兰岛的红谷仓剧院上演时，正如格雷厄姆所说，“相当成功”。该剧在红谷仓的首次上演时间是1934年6月，也就是在格雷厄姆与多德的《证券分析》第一版出版后的几个星期（此书被奉为价值投资的《圣经》，截至2008年已经出版了6版）。格雷厄姆的第一部著作和第一部剧作几乎同时发行，有利可图的证券交易也与日俱增，这对这位 40 岁的投资经理来说可谓相当令人振奋。

受到多线作战成功的鼓舞，已经有过一段婚外情的格雷厄姆又开始（或者是堕落，这取决于人们对于婚姻不忠的观点）了另外一段更具冒险色彩的婚外情。

> 连我自己都感到惊讶，我发现自己过于滥情，这与我之前的自我认知大相径庭。或许是因为我进入戏剧圈，再加上我的其他活动，对我的私生活造成了负面影响。

很显然，上面这段文字的意思模棱两可，对他自己的滥情行为一笔带过。就这件事本身来说，这段文字可以用几种方式来解读。由于他的这一次婚外情既涉及感情，也涉及肉体（我用我自己的方式对“珍妮”保持了将近 7 年的忠诚），最有可能的意思是，与过去 20 年他与妻子和情人的关系相比，格雷厄姆此时的滥情行为可能更随意，也更少付出感情。

然而，有一点相当清楚，截至 1934 年年中，格雷厄姆的婚外情发展到了同时与多个女人交往的程度，他将此种关系描述为“既有真挚的友情，也有性爱”。事实上，他不仅是个不忠的丈夫，更是一个滥交之人。由于格雷厄姆很早就发现了海泽尔的不贞行为，因此格雷厄姆对于自己的婚外情行为不那么自责。然而，在随后的几十年里，这却形成了一种模式，它破坏了格雷厄姆与第二任和第三任妻子的关系。1934 年发生的另外一件重要的事情让情况变得更加复杂。就在他们的婚姻关系完全破裂的时候，格雷厄姆夫妇又生了一个孩子温妮弗雷德（昵称为“温妮”），这是他们的第三个女儿，也是第五个和最后一个孩子。

欧文·斯坦曼（此人是德尔夫的戏剧制作人）同意把格雷厄姆（和德尔夫共同创作）的戏剧推上百老汇舞台，但他提出了一个条件，坚持让他那个据说资质平庸的未婚妻担任女主角。这就是《小情妇》这部戏在百老汇舞台上的演出远没有之前成功的原因之一。格雷厄姆自己也承认，“此次演出遭遇惨败”。几乎所有观看过此剧的戏剧评论家都对该剧提出了严厉批评。正如《纽约时报》的剧评写的那样，除了该剧本身的缺陷之外，该“剧作家”一心忙于财经方面的投资、写作和教学工作，根本无法赢得严肃剧评家的青睐：

> 《小情妇》昨晚在范德比尔特剧院上演，在介绍剧作家时说本杰明·格雷厄姆是“金融界知名人物”，与许多大公司都有联系。此外，他还是“证券分析”方面的资深作家，也是哥伦比亚大学的一名教师，在经济学领域相当活跃，而戏剧写作是他的“业余爱好”。

在对该剧进行严厉批评（比方说，“说真的，格雷厄姆的喜剧中唯一的幽默元素表现在剧中的那些乏味时刻，那些蹩脚的演员——他们在剧中的表现令人汗颜——除了尴尬地为自己乏善可陈的表演发笑之外，什么也做不了”）之后，该剧评家还对这位梦想涉足戏剧创作的华尔街人士提出了忠告：“格雷厄姆最好专注于别的事情，或者干脆给自己另找一种爱好”。

尽管如此，格雷厄姆从未失去对戏剧的热爱，但他不想再当一名“参与者”。他重新调整了自己的“业余爱好”，专注于金融写作和宏观经济研究。

在金融写作的部分，他和梅雷迪思决定合著一本帮助投资人读懂财报的书。当然，要成功利用格雷厄姆的投资方法，看懂财报是极为重要的，因此，写一本这样的书合情合理。虽然《证券分析》已部分涵盖了这个主题，但格雷厄姆和梅雷迪思于 1937 年出版的《像格雷厄姆一样读财报》则专门讨论了这个主题。根据它的前言，这本书的写作目的在于：帮助读者“聪明”地阅读公司财报，“对估计企业的未来获利潜力有更好的准备”。

《像格雷厄姆一样读财报》一书充满了格雷厄姆敏锐的分析智慧，举例来说，探讨企业无形资产可能造成投资者误读财报时，格雷厄姆写道：“一般来说，投资者可能认为，资产负债表上列出的无形资产金额，不用太重视……然而真正重要的，却是这些无形资产的获利能力。”他还提醒切勿过度简化选股法，并鼓励充分分析所有相关参数。比如，他告诫选股分析时用流动资产价值当作评估因素的投资者：“当股票价格远低于流动资产价值时，这个现象往往值得探讨，但绝对不能妄下判断说股票价格被低估。”同一年，格雷厄姆出版了《储备与稳定》一书（格雷厄姆的第一本关于宏观经济的著作）。下一章将会讨论这部影响深远的著作中的创新思想，以及他 1944 年的另一部同类作品——《世界商品与世界货币》。

至少从个人角度来看，格雷厄姆在 1937 年遇到的最重大的事，就是与结婚超过 20 年的妻子离婚了。他们破碎的婚姻，不管对他们还是孩子来说，都是一场梦魇。正如玛乔丽所言：

我十几岁的时候，他们会在半夜叫醒我听他们争吵。任何一方都觉得自己可以说服我，那样就能证明对方是错的。他们硬是把我扯进来，但那根本不关我的事。我只能静静听着他们没完没了的争吵，实在太可怕了。我成年后，接受了心理治疗，并且花了很多时间分析我父母不和的原因。我记不太清他们争吵的内容。重点不在于他们吵的是什么，而是他们彼此不再相爱这件事，让他们的孩子感到惊慌失措，这个孩子就是我。那是一段痛苦的经历。

我还记得玛乔丽讲这些话时，脸上表情为之一变的样子。显然，尽管时隔 75 年，父母的怒目相向仍然是她不可承受的沉重回忆。更不幸的是，父母离异对玛乔丽、小牛顿、妹妹伊莱恩造成了更大的伤害。1936 年，格雷厄姆和母亲目送海泽尔带着孩子们登上开往加州的船，去拜访 1931 年跟着莫里斯搬到洛杉矶的大表妹罗达与她的母亲（莫里斯于 1934 年过世）。罗达每年暑假都会和格雷厄姆一家相聚，因此她和本杰明及海泽尔的关系很密切。罗达告诉我："当我还是个小女孩儿时，海泽尔和本杰明就像我的叔叔和阿姨一样。"和海泽尔及格雷厄姆家的孩子在一起，原本应该是开心的家庭团圆日，格雷厄姆却将自己与海泽尔的暂时性分隔两地，视为解除婚约的大好机会。

后来成为罗达丈夫的萨特医生告诉我：

海泽尔和女孩们待在洛杉矶时，突然收到本杰明·格雷厄姆的电报说"我正在办离婚手续"。海泽尔大吃一惊，立刻跑去找住在贝弗利山庄的罗达的母亲。

显然，这令人吃惊的消息使得海泽尔心烦意乱，她竟把 4 个孩子丢在洛杉矶一家旅馆里让玛乔丽照看，自己则四处游荡，直至想到孩子们没钱会挨饿才回过神来。起初，海泽尔拒绝同意丈夫的离婚要求，但格雷厄姆和律师最后还是强迫她签了字。

谈判的细节我们并不完全清楚，不过就像前文提到过的，格雷厄姆握有两封妻子不忠于婚姻的情书。格雷厄姆回忆道："出于谨慎，我只保留了两封信，后来发生的事情证明这样做是有必要的。"那几封信件除了刺激格雷厄姆步入"剧作家生涯"之外，似乎还成为他离婚谈判的筹码。我们无从得知，海泽尔是否认为格雷厄姆开出的离婚条件不公平，或是她采取"故意刁难"的态度，使她先生必须为离婚付出高昂的代价，但后者的可能性似乎更大。

1937 年年初，格雷厄姆夫妇在内华达州的里诺市诉讼离婚。在当时，离婚是一种社会禁忌，会留下污名，这或许是海泽尔极其不愿意离婚的原因之一。玛乔丽说："在他和我母亲生活的那个年代，离婚并不像现在这样普遍。事实上，当时离婚是很少见的。"离婚家庭的罕见，加剧了格雷厄姆家孩子的痛苦和屈辱。这件事对已经出现精神病症状的小牛顿来说，造成的伤害特别大。根据传闻，自从父母离异后，小牛顿的精神状况显著恶化。

格雷厄姆或许知道，又或许不知道这些可能的后果，但是结婚 20 年来，他和海泽尔之间的水火不容，已经到了不可挽回的程度。所幸，海泽尔从未读过格雷厄姆死后 20 年才公之于世的回忆录（格雷厄姆去世时，海泽尔仍健在）。除了直言不讳地说出他们彼此对婚姻的不忠外，从中还可以明显感受到，在离婚多年后，格雷厄姆对他的第一任妻子仍然怀恨在心。不过，据说格雷厄姆在写完大部分回忆录后，临终前曾和海泽尔达成了某种程度的和解。

格雷厄姆在 70 多岁回顾自己的一生时，他带着无限的悔意评说了自己的第一段婚姻：

> 尽管我愿意让步，讨厌任何争执，但我有强烈的独立意识，憎恨别人以各种形式支配我。假如我 23 岁时就明白这些，我们的婚姻关系将会截然不同。我应该打从一开始就拒绝对她言听计从，对所有的事情都应该坚持自己的理念并获得对等的尊重，甚至还应刻意提出异议，提醒她不能老是一意孤行。我应该更仔细地研究她常用来证明自己正确而我不对的那些伎俩和手段，并想出一些有效的方法去对付她。但事与愿违，我犯了一个大错误，以为发生的每件事都是芝麻绿豆般的小事，根本不值得争论。

无奈命运弄人，格雷厄姆第一次离婚后没多久，就娶了另一个他发现也“不可能与他长期共同生活”的女子。事实上，格雷厄姆似乎在跟海泽尔结束婚姻关系之前，就爱上了一位来自加拿大的热情女演员。卡萝尔·韦德是个金发美女，比格雷厄姆年轻将近 20 岁。这些特质深深吸引着这个中年、婚姻不幸福但多金的“花花公子”，1938 年 5 月，他们在第五大道上可以俯瞰中央公园的富丽堂皇的雪莉荷兰酒店举行了一场跨越宗教派别的婚礼（卡萝尔是新教徒）。格雷厄姆与卡萝尔谈了一场热烈的恋爱，但结为夫妻后，他们的生活便风波不断。我们并不完全清楚他们的婚姻为什么会触礁，但 18 岁的年龄差距，加上热情女伶和自诩为知识分子的格雷厄姆之间的个性差异，有可能是导致他们婚姻失败的重要原因。

为了说明两个人有多不相配，格雷厄姆回想起他们对暹罗猫“雪莉”共同的爱，如何让他们摇摇欲坠的婚姻得以苟延残喘：“我们对雪莉的爱，是少数的共同情感之一。要是没有雪莉，我们结婚的第一年就不仅仅是一场灾难，而是彻底的大浩劫了。”虽然有开玩笑的意思，但格雷厄姆对他第二段婚姻的凄惨回忆或许并没有言过其实。因为在雪莉意外死亡后，格雷厄姆和卡萝尔又买了另外一只不那么惹人怜爱的暹罗猫，这似乎也体现出猫主人婚姻关系恶化的事实。

此外，格雷厄姆也承认，这件事和失去大牛顿及饱受情绪问题困扰的二儿子小牛顿，有极其诡异的联系。格雷厄姆感慨地说：“也许第二只猫不够讨人喜欢，也许是我们对它的期望太多，也许它感受到了我们对雪莉的思念，因此它用行动来表达它的愤怒（我写下这些字句时，想到的其实不是两只猫，而是我的两个牛顿）。”

同时，身为英国人，格雷厄姆也对 20 世纪 30 年代末期欧洲正在酝酿的战争风暴感到苦恼。法国遭到德国入侵并沦陷，英军也在德军的攻击下从敦刻尔克狼狈撤退，即便是一生见惯大风大浪的格雷厄姆，也一反常态地担忧起来。诚如他在回忆录中所言：

> 我变得惶恐不安、郁郁寡欢（我很少会这样），比以前更不擅长处理家务事。这种精神状况促使我去寻求特殊的疗法，其中有一种方法听起来很幼稚。我重新开始滑旱冰——长大后就很少再从事的运动，不停地旋转、身体的节奏律动、抚慰人心的音乐，甚至那几百双旱冰鞋的轮子发出的低吼声，都能带给我一种奇特的慰藉。每次开始滑旱冰时，我怀着的是对世界形势的伤感和对卡萝尔的深恶痛绝，但滑到后来我发觉自己完全沉浸于滑旱冰的运动中，那时，我的内心获得了梦寐以求的平静。

在财政方面，在美国正式参战前，欧洲对美国的军备和其他物资的需求，就已经大幅提振了美国经济股市（当然也包括“格雷厄姆–纽曼公司”的投资表现）。虽然金融市场恢复景气，对于格雷厄姆这样的投资专家来说是利好消息，却无法改变“法国沦陷，而我的祖国英国岌岌可危”的事实。几年后，当美国于 1941 年正式参加第二次世界大战时，格雷厄姆终于有机会将他的忧虑转化成有意义的行动。格雷厄姆为这场战争提供了规模前所未有的义工：他接下“纽约州战争财务委员会”副指挥官的重责大任，后来更荣膺联邦政府“战争契约价格调整理事会”主席。虽然担任这些职务可以领到更优渥的报酬，但他一分钱也不要。

20 世纪 30 年代末期，欧洲和格雷厄姆家里同时升级的冲突，促使他花更多的时间去参加社交活动，宁愿陪伴别人，也不愿面对他的妻子。很多社交活动发生在由海伦·斯莱德和她的丈夫亨利·桑德斯主持的“华尔街沙龙”上，斯莱德素来只邀请华尔街的达官显要参加她气派奢华的宴会。几年后（1946 年），斯莱德成为欧文·卡恩及罗伯特·米尔恩所说的“《分析师期刊》背后的精神领袖”，这本杂志于 1960 年创刊时的原名是“金融分析师期刊”，格雷厄姆定期为它撰稿。

在这本由他协助创办的期刊中，格雷厄姆始终站在最前沿。事实上，金融分析师认证制度就是出自格雷厄姆的构想——雇主或者客户经由这套标准化系统，可以评估某位分析师的专业知识及能力水准。格雷厄姆的想法演变成后来的 CFA（特许金融分析师）资格，CFA 是现在全球公认的至高无上的财务分析能力与职业道德的“认证标志”。截至 2011 年，世界各地有超过 9.5 万名持有 CFA 执照的财务专家。在金融分析师协会于 1947 年举办的大会上，格雷厄姆强烈呼吁建立专业认证制度，并且在 20 世纪 50 年代初期及之后始终追求这样的目标。

后来，即使有频繁的滑旱冰运动和社交活动，格雷厄姆也忍受不了和他妻子短暂相处时的痛苦。格雷厄姆深知这样的关系荒谬至极，于是提出离婚，卡萝尔大概也没有反对。这段婚姻才维持了一年就破碎了，格雷厄姆自第一次离婚后不到三年再一次离婚。萨奈特医生用一种调侃的语气告诉我："（同海泽尔离婚）一年后，他娶了一位年轻的女演员。但过了一年左右，他对她也厌烦了。"格雷厄姆本来打算用这段空窗期寻找他的真命天女，实际上反而花了更多的时间陪伴三个平常与他相处融洽的人——两个哥哥利昂与维克托以及他们的母亲多拉。1944 年，多拉在打桥牌返家的途中遭到抢劫并被杀害，幸亏格雷厄姆在 20 世纪 40 年代初期花了许多时间陪伴母亲。

两度离婚，丧母之痛，再加上孤独感，使得格雷厄姆在母亲死后不到几个月便步入了他的第三段也是最后一段婚姻，这件事或许并非偶然。这一次，格雷厄姆的结婚对象是他的秘书——一个叫作埃斯特尔·梅辛（昵称为埃斯蒂）的年轻迷人的女孩。埃斯蒂的直爽坦率和自然的亲和力，正好与格雷厄姆废寝忘食的生活方式互补。一年后，格雷厄姆和埃斯蒂生下他们的第一个也是唯一一个孩子——小格雷厄姆（又被称作"布兹"）。格雷厄姆的儿子比孙子年纪还小的情况，虽然在今天已经司空见惯，但在 1945 年却是相当罕见的。1939 年，格雷厄姆的女儿玛乔丽结婚，4 年后生下了凯茜，这个孩子是格雷厄姆 10 个孙辈中的第一个。

值得注意的是，玛乔丽所嫁的欧文·贾尼斯是一位著名的心理学家。据《纽约时报》报道，此人"最杰出的成就是发明了

'集体思维'这一术语，指政府高层和公司领导层有时会做出冒险的决定"。格雷厄姆本人智力超群，有意思的是，他那结过三次婚的二女儿伊莱恩也对高智商的人情有独钟：她第一次嫁给了哈佛大学社会学家丹尼尔·贝尔，此人是一位知名作家，出版了《意识形态的终结》和《后工业社会的来临》等著作。（2010年有人对这位已故学者进行过专访，结果表明此人同格雷厄姆的关系不仅限于家庭层面："我为本尼工作过，并从中赚到了一些钱"。）

后来，伊莱恩回到了她父亲的祖国英国，嫁给了另一位著名的社会学家西里尔·索弗，此人是剑桥大学的知名教授，出版了《职场中年男性》和《组织理论与实践》等著作。在两人离婚前，她与索弗先生生了两个孩子。她在2003年去世前第三次结婚（后又离婚）。伊莱恩拥有社会学博士学位，并凭借自身的努力成为剑桥大学知名学者，独立写作或与他人合著《学校经历的心理影响》等书以及《内化、他化以及自主性：大学生研究报告》等论文。伊莱恩的姐姐玛乔丽于2011年过世，也有著作出版。玛乔丽拥有儿童早期教育硕士学位，并在这一领域工作多年，著有《两岁孩童上幼儿园：分离反应个案研究》一书，获得广泛好评。

玛乔丽告诉过我，她对于父亲同他的秘书结婚这件事的复杂感受："我父亲后来又娶了埃斯蒂。她非常不错，但我依然感到有些无法释怀，他娶自己的秘书这件事绝对有悖常理，不合传统。"尽管如此，它却暂时给格雷厄姆带来了些许平静和幸福。然而，据格雷厄姆新家的女邻居伊迪萨·萨弗隆（后来是伊迪萨·肯纳）说，格雷厄姆的婚外情癖好依然存在。这对萨弗隆夫人来说尤其成问题，因为她除了是有夫之妇之外，还是格雷厄姆新婚妻子的朋友。正如珍妮特·洛在《本杰明·格雷厄姆论价值投资》一书中所写的那样："伊迪萨·肯纳也曾坦率地说起格雷厄姆不知羞耻的性要求，以及此事给她带来的烦恼……尽管伊迪萨拒绝了他的要求，可她还是需要他的投资建议，为的是赚钱补贴家用。"

布兹出生三年后，格雷厄姆一家搬到了纽约市郊的高级住宅区——斯卡斯代尔，直到 1956 年才迁往加州。当我问布兹，在他成长的过程中，格雷厄姆是一位怎样的父亲时，他回答道：

> 他或许有些心不在焉，总在思考很多事情，你知道的，我就是其中之一，不过也不尽然。我受到了比较正统的教育。家里有个保姆负责打理几乎所有的事，我的母亲也会负责一部分。但是在智力方面，他绝对是非常有魅力的。

格雷厄姆的大脑当然在"思考"很多事情，其中最重要的就是他对宏观经济的创新性观念，这是下一章要讨论的重点。

THE EINSTEIN OF MONEY

# 第 10 章 经济学大师

## 凯恩斯、哈耶克与格雷厄姆

由于巴菲特及其他著名价值投资门徒的非凡成就，20 世纪初期，格雷厄姆的名字几乎完全与投资界连在一起，而不是经济领域。不过，格雷厄姆本人认为，他提出的货币计划，才是他毕生最具启发性的贡献。他在 1965 年写道："假如我的名字有一个机会被子孙后代记得……那就是'商品储备货币计划'的发明者。"在他去世大约 35 年后，他的著作《聪明的投资者》一直在亚马逊书店的 700 多万册图书中位列前 200~300 名。出于这个原因，格雷厄姆关于自己的名字会被世人遗忘的预测是不正确的。然而，从现代人的观点来看，他关于自己的经济学著作会被后人称颂的预测也不正确。即使在那些肯定格雷厄姆对金融界的贡献具有革命意义及影响力的人中，也鲜少有人知道他的经济观点。毕竟，格雷厄姆投入整整 42 个年头，全心奉献于华尔街，其中有 33 年在管理或共同管理他运用自己的方法操盘的资金。这一纪录证明，格雷厄姆撰写的投资方面的文章颇具权威性。（当然，人类历史上最成功的投资大师沃伦·巴菲特将格雷厄姆视作自己的投资导师，这进一步提升了格雷厄姆的权威性。）虽然格雷厄姆也投入了一些时间探讨、思考他那个年代的宏观经济挑战，但他的“老本行”还是投资，而非推动货币体系的大规模改革。

投入时间长度的不同，可以解释格雷厄姆为什么在金融界具有偶像般的地位，在经济领域却未引起关注，但这并非全部原因。另一个重要的原因是，虽然当时有些最负盛名的经济学者考虑过格雷厄姆的货币计划，但是格雷厄姆的价值投资法，不仅受到金融分析师的彻底检视和讨论，更重要的是它获得了成功应用。如今，全美乃至全世界的经理人，正积极应用格雷厄姆的投资法则，对数千亿美元规模的资产进行配置。然而，在宏观经济学方面，在格雷厄姆提出详尽的货币计划 80 年后，他呕心沥血的主张仍没有得到任何实质性的运用。

因此，不像价值投资法的应用已经累积了超过 80 年的不计其数的业绩统计数据，格雷厄姆的经济观点缺乏实证资料的支持（或反驳）。但是，它们绝对有足够的价值可以引发广泛的讨论，还获得了当时最知名的经济学家及政府官员的盛赞。如同我们后来讨论的那样，虽然格雷厄姆的这些经济观点大多已经式微，但它们偶尔还是会以某种方式重新浮出水面。总体而言，假如格雷厄姆还在世，一定会对他自认为最重要的智慧遗产遭到漠视感到失望不已。格雷厄姆的好朋友及做过他教学助理的欧文·卡恩，必然也有同样的感受。2011 年 9 月，卡恩先生告诉我：“本杰明最出色的一本书不是最有名的《聪明的投资者》，他最棒的一本书，也是最重要的一本书，其实是《储备与稳定》。”

虽然我不确定那是否为格雷厄姆最棒的一本书，但令我惊讶的是，我竟然会对货币计划这个“枯燥”的主题感到兴致勃勃。一如既往，格雷厄姆在《储备与稳定》这本书中的写作风格，非常具有吸引力和说服力。这本书切实而完整地分析了大量的经济数据，辅以令人着迷的历史背景及见解。至少从传记的角度看，就像卡恩说的，它是一本重要的书。《储备与稳定》除了显示出格雷厄姆是一位理论家及其社会良知之外，这本书的基本风格和他后来的作品《世界商品与世界货币》，都呈现出一种不仅谈货币，也谈生产力、就业，甚至是国际关系的崭新概念。为了了解这些原理，我们有必要了解那些激励格雷厄姆构思出这些新制度的挑战。

## 货币先生

第 8 章讨论过格雷厄姆反驳他那个年代和当代的主流智慧，指出股票市场这个系统本质上的非理性，提出不容置疑的非传统观点。它经常会出现一连串极度不理性/没有效率的行为，格雷厄姆把它们归纳在“市场先生”这个虚构人物的身上。同样，从 1921 年年初开始，直到我们现在所熟知的 1920~1921 年的短期经济萧条，或者是 1920~1921 年的通货紧缩结束，格雷厄姆认识到，本应十分“理性”的美国货币系统，其实天生便有其缺乏效率之处。格雷厄姆在回忆录中谈到他所谓的“大萧条”时，他形容那段时间“也许是这个世界在经过丰饶年代后，首次真正尝到贫穷的滋味”。

向来是逻辑论者的格雷厄姆，在深入检视整个经济的状况后，认为这是政策当局重大而无可卸责的常识性错误导致的。如同他在回忆录中写道：

> 如果一个国家缺乏生产工具——肥沃的土地、制造业产能、技术性知识，那么该国的生活水平必定很低。但是，像我们这样幸运地享有丰沛资源的国家，人们竟然发现没有办法买到自己国家生产的货品。这种仓库库存过多而一般家庭却买不到货的窘境，从逻辑上讲是很荒谬的。

20 世纪 20 年代初期经济严重衰退期间，格雷厄姆留意到金矿生产商竟能“躲过一般人饱受折磨的艰苦日子”。

这种令人困惑的情况，其实是实施金本位制的直接结果。美元长期获得黄金的“支撑”，这样的架构受到 1900 年联邦政府通过的《金本位法案》的保障。因此，虽然原材料价格在 1920 年至 1921 年期间暴跌，黄金价格却在一片混乱中保持稳定。格雷厄姆指出：“不管金矿的产量有多大，他们（黄金生产商）永远能够以有保障的价位立即将黄金卖出——当时每盎司[①]为 20 美元。”这套货币制度从根本上是有问题的，在发生经济危机，经济体系动荡不安的时期，那些生产唯一能用来支撑纸钞的有形商品的企业，竟然能置身事外，甚至从中获利。

时年 27 岁、任职于纽伯格公司的格雷厄姆，目睹了价格崩溃导致经济衰退以及企业接连倒闭的多米诺骨牌效应，这些情况都反映在他每天研究的公司财务资讯上。看到明显失去理性的货币体系非但没有得到控制，灾难反而日益扩大的情况，他感到既惊慌又好奇。理想情况是，一种货币制度应该通过增加额外的流动性，来刺激低迷的经济恢复景气，即刺激需求并为经济注入更多的资金，以阻止价格继续下跌。虽然格雷厄姆没有受过经济学的训练，就像前

① 1 盎司≈28.349 5 克。——编者注

面提到过的，他退掉了在哥伦比亚大学唯一选修的一门经济学课程，不过他受过的严格数学训练加上天生的逻辑思考能力，让他无畏于陌生的经济领域，格雷厄姆下定决心要想清楚这个问题。

果不其然，一如格雷厄姆在金融投资界独树一帜的贡献，他思考宏观经济问题所得出的结论也非常有意思。当时，著名的经济理论家都是采取调整美元和黄金的关系来解决货币体系的重大缺陷的，而格雷厄姆维持他一贯的独特风格，提出一套截然不同的解决方案，更关注原材料供应商的困境及其对经济体系造成的影响。格雷厄姆回忆 1921 年想到这个方案时的情景表示："我认为比较好的货币制度，应该是给指定的一组或'一篮子'基础原材料等同于黄金的地位。"

具体来说，格雷厄姆提倡用一篮子 23 种常用商品构成"商品单位"货币，"把过去以 23 格令黄金兑换一美元，改成以 23 种少量的不同基础原材料来兑换一美元"。这样一来，那些供给/制造格雷厄姆所谓的"常用且需要的适当数量的有形基本商品"的人，也能获得 1920~1921 年经济萧条期间黄金生产商所享受的部分价格稳定性。这是一个提高粮食（小麦、糖等）、纺织品（例如棉花）、金属（例如铜），以及美国人生产和消费的其他重要有形商品（例如橡胶）的价格稳定性的货币制度。换句话说，就像黄金因身为货币单位（美元）的支撑要素而享有更好的价格稳定性一样，只要将一篮子主要商品升级为美元的支撑要素，就能大幅增加它们的价格稳定性。格雷厄姆认为，如果这些主要商品的价格稳定性获得改善，就会对整个经济产生涟漪效果，引发定价、生产、消费、获利，以及就业市场稳定度的全面提升。

在经济不景气时期，政府会按照规定的比例，向供应商采购一篮子商品作为储备，以吸收市场上过剩的产能。随后，当经济恢复景气，政府就会出售这些商品来获得资金。当然，在景气萧条年代，这些储备商品还有应急供应民生必需品的额外好处。根据格雷厄姆的回忆录，早在 1921 年，他便主张“现代社会发生经济危机的主要原因是，大众缺乏购买力去吸收过去经济繁荣时代所增加的产能”。这种缺乏适度消费支出的问题，迫使工厂及其他企业为了适应消费需求的减少而降低产能、裁员，反而让经济雪上加霜。

格雷厄姆对于民众购买力的想法非常重要，因为在凯恩斯出版《就业、利息和货币通论》的许多年前，格雷厄姆就已经有此构想。格雷厄姆承认他读过约翰 · A · 霍布森 1922 年的作品《失业经济学》，该书亦抱持同样的观点。但是，格雷厄姆声称自己早在阅读霍布森的著作之前，就已经得出了相似的结论。我们从格雷厄姆屡次的自我批评，甚至是批判自己作品的例子来看（譬如他认为剧作《亲爱的蓬帕杜》，“或许是剧本还没有好到足以登上百老汇舞台，因此它的失败理所应当”），格雷厄姆原本打算死后才出版的回忆录，是我读过的最坦诚的一本书。因此，我倾向于相信格雷厄姆的那些经济观点没有受到霍布森、凯恩斯的影响，而是他自己构思出来的。

不论如何，格雷厄姆意识到在经济衰退时因需求不足而带来的灾难，并相信他的商品储备制度，通过维持“一篮子基础原材料”稳定的最低需求，将有助于减缓经济危机的冲击。可惜的是，格雷厄姆 1921 年几乎一心扑在纽伯格的工作上，除了跟舅舅莫里斯讨论过这个想法外，没有进一步的作为。

此外，尽管 20 世纪 20 年代初期的经济衰退异常严峻，不过紧随其后、前所未有的“咆哮”盛况，令短暂的经济萧条变成美国历史上一个模糊的注解。格雷厄姆回想起自己的货币计划，如何在经济繁荣发展的那 10 年逐渐销声匿迹时说：“为了迎接接踵而来的繁荣，我把这个计划搁置一旁。我光忙着在华尔街赚钱了。”

## 为货币制度改革献策

在 1923 年或 1928 年，货币稳定性似乎还是一种学术性甚至无关紧要的议题，但到了 1932 年，一切都不可同日而语了。根据弗里德曼以及施瓦茨所著的《美国货币史（1867~1960 年）》，1929~1933 年，美国通货紧缩超过 1/3，在过去造成美国经济“动弹不得”的整个货币政策中，“比历来最大规模的紧缩幅度还大三倍”。“1929~1933 年，以当时的币值估算，美国国民生产净值下降超过 1/2；考虑通货膨胀因素后，国民生产净值下降超过 1/3；以隐含价格法计算，下降幅度超过 1/4；按月度零售物价指数计算，跌幅超过 1/3。”当然，物价暴跌严重削减生产量，导致 1932 年的失业率飙升至 24.1%。弗里德曼与施瓦茨认为，当时的货币紧缩政策是加剧原本的经济衰退，酿成美国乃至世界历史上最严重经济危机的主因。

弗里德曼与施瓦茨是在 1963 年回顾了 20 世纪 30 年代货币政策所酿成的灾难。不过，就像凯恩斯及其他经济学家的巨著所证明的那样，经济危机时货币政策所扮演的角色，并未被大萧条时期的宏观经济学家所忽视。那时候对于货币稳定性的要求，已经成为任何跟美国经济休戚与共，以及对不幸深受其害的人怀有同理心的人最重要的任务。格雷厄姆积极参与阿尔文·约翰逊领导的“经济论坛”，其明确目标就是“针对如何改进‘令人遗憾’的经济方案交换意见”。约翰逊的“经济论坛”是一个非正式的智库组织，吸纳了许多优秀的知识分子，但政治影响力有限。在1932年“经济论坛”主办的一场会议中，格雷厄姆提出了几项经济计划，其中商品储备货币计划获得了最高评价。

巧合的是，在格雷厄姆这位纽约居民完全不知情的情况下，同年，鹿特丹大学的荷兰裔学者扬·古德里安也想出了一项货币修正计划（但内容与格雷厄姆的货币计划大不相同），并以“如何阻止通货紧缩”为题，将他的主张发表在一本名不见经传的32页小册子上。如欧文·卡恩及罗伯特·米尔恩所述：“这本小册子几乎无人知晓，格雷厄姆也是很多年后才听说。后来，格雷厄姆还和古德里安教授成了好朋友。”另外一位曾简略提出商品货币观点（最后认为它“极其不便”而放弃）的欧洲思想家，是19世纪的英国经济学家威廉·杰文斯，格雷厄姆也是后来才结识他。当然，“信息时代”到来之前，这种跨越大西洋的同步学术发现其实并不少见。

根据格雷厄姆的说法，“经济论坛”发行同名期刊（由米德和马丁编辑）的目的，就是“尽可能刊登编辑认为值得关注的新经济主张”，显然，米德与马丁认为格雷厄姆提出的商品储备货币计划，具有“值得关注的分量”。于是，格雷厄姆的以“稳定的通货再膨胀”为题的8页文章，被刊登在1933年春季的《经济论坛》期刊上。格雷厄姆解释说，后来被废除的专有名词“通货再膨胀”（reflation），当时是“常见词，用来描述从通货紧缩回到正常水准，而且不会引发通货膨胀的经济状态”。同年春天，富兰克林·罗斯福开始领导华盛顿的行政部门，不久便着手推出积极的改革及经济方案，以前所未有的规模设法解决美国严重的经济问题。

出人意料的是，格雷厄姆（考虑到他是移民出身，而且与罗斯福家族这样的贵族家庭缺少社会联系）竟然有途径进入新政府的权力核心，其中有一个人曾经和新总统是同班同学。事实上，据说罗斯福本人不止一次认真考虑过格雷厄姆的经济计划，而且他的农业部部长（后来成为副总统）亨利·华莱士还邀请格雷厄姆到华盛顿面谈。受到美国政府高层正面评价的鼓舞，格雷厄姆进一步发展和构思这项商品储备货币计划，最后形成长达 235 页的报告，也就是 1937 年出版的《储备与稳定》。

不论众人对他为金融投资、宏观经济提出的创新/另类假说有何意见，格雷厄姆的观点几乎总是分析透彻、架构完整，以农业及货币历史与政策为主题的呕心力作《储备与稳定》也不例外。格雷厄姆从农业产能过剩的棘手问题切入，剖析考虑不周的货币制度这个荒谬的“解决办法”，如何导致“商品过剩，令 20 世纪 30 年代的大萧条雪上加霜，这几乎毋庸置疑。1933 年，政府大规模采购棉花及屠宰猪”。格雷厄姆接着解释道，这种经济无效率的问题，是纸币几乎完全和人类福利直接相关的有形物质脱钩的直接后果：“总之，财富不再是实际拥有的物质，而是购买那些物品的能力。”

## 商品储备简史

布兰德斯曾说：“我认为，丰富的人生经历给予格雷厄姆不朽的观点，形成了极大的投资优势。”帮助他发明投资方法的不仅有历史方面的知识，这一点可以从格雷厄姆回忆录中对于各种事物（神学、友谊，等等）给他带来的不同影响看出。他对历史知识的罕见的广度及深度使我们知道，他对于引起他注意的每一个生活细节都有看法。整体而言，格雷厄姆关于宏观经济学的作品，可以作为他针对当前问题有能力提出“不朽”观点的例证。事实上，商品储备货币计划的基本假设前提也有其历史根据。

在《储备与稳定》这本书当中，格雷厄姆解释了对于商业与投资银行而言，为什么流动性（亦即资产可以被转化成现金的速度）的重要性胜过一切，但也因此对许多重要的制造厂商造成了伤害。“贬低大宗商品库存的价值，甚至因流动性的考量而质疑它们存在的价值，已经成为一种长期的错误。”根据格雷厄姆的看法，历史上一系列错误的政策导致上述情况，同时解释了为何有用且有需求（虽然不总是立即需要）的商品库存，例如民生必需品、纺织品以及基本金属（但不是贵金属），已经变成“视当时市场状况，要么是生财的工具，要么是赚钱的阻碍”。后者将会演变成极端的情况：“生意人及农夫”都把商品库存视为罪魁祸首，以至于焚烧谷物或其他类似做法都被视为完全理性的行为，只因为这些做法可以阻止谷物价格的下跌。

除了生意人与农夫之外，政策制造者也在其中扮演了关键角色，尤其是在《储备与稳定》这本书出版之前的那几年。罗斯福提倡的《农业调整法》，为限制生产力，设计出了对谷物与牲畜采取“价格下限”的办法。为了达到这个目的，该法案给农夫放弃耕种的部分土地一定的补贴，导致出现了燃烧谷物与屠宰牲畜的行为。然而，通过调高农产品售价，这个法案的确达成了罗斯福总统保障部分农夫收入的目标。“虽然该法案在推行之初引发了相当大的争议——特别是因为这么做需要毁掉新种植的农地，而与此同时却有许多美国人在饿肚子——但《农业调整法》逐渐成功地提高了农民的收入。”然而，由于此法案实施后引起了一系列意想不到的结果（该法案于 1936 年经最高法院判决违宪，因为宪法赋予每个州独立的裁量权，但相似的立法马上取而代之），证明只有拥有大幅耕种农地的人能得到好处，对于佃农却像敲响了死亡的警钟。这种状况长期以来都是美国经济的重要元素，尤其是对于南部各州而言。

格雷厄姆认为这些加诸农业（还有其他原材料产业）产能的限制，“既不能用理论、实践来为其辩护，也不能用供求法则来解释”。他还认为储存多余的产值，比起摧毁农作物或限制生产量，不但更有效率，而且更有利于人类长期的发展与福祉。在一系列令人着迷的历史以及即将成为历史的范例当中，格雷厄姆列举了一个具有说服力的案例：“在 20 世纪之前，拥有农业剩余产出的美国政府，一直以来关注的都是先宣扬它的好处，再通过储存以节省生产力，也可用于日后所需。”此做法最早可追溯至《圣经》中记载的约瑟在埃及饥荒发生前储备粮食，秘鲁印加帝国和古代中国也皆有文字详细记载的食物储存系统，一直到 16~19 世纪主要的欧洲国家。格雷厄姆引用大量的历史资料作为其论文的内容佐证。

格雷厄姆也在论文中列举了 20 世纪以来，全世界实施严厉的限制生产量的案例，例如巴西烧毁咖啡豆、希腊破坏烟草，以及“美国将棉花田拿来作为耕地”。此外，就像格雷厄姆强调的那样，即使在 20 世纪，储存体系也在加拿大和阿根廷等农业出口国家得到成功的应用。因此，根据格雷厄姆的说法，美国政府在 1937 年实施限制生产量政策，表明近期农业发展，与人类历史轨迹及健全的经济政策完全不符。然而，格雷厄姆并不认同奥地利经济学派的政府不干预经济的论点。在经济学领域，“奥地利学派”意指对于经济问题采取自由开放的态度，其主要成员包括门格尔、米塞斯，某种程度上还有哈耶克。格雷厄姆针对灾难性的价格下跌现象，不提倡较为被动式的回应，他已经发展出一套相当深入且复杂的系统。由于他建议的政策实施范围很大和权力涉及层面很多，因此只能由强而有力的中央政府来建立和运作该系统。

## 魔鬼藏在细节里

在《储备与稳定》这本书中，格雷厄姆写道：“我所提倡的概念，就是美国应该在有剩余产出的时候储备大宗商品，并且在有需要的时候释放出来供大众消费。就原则而言这听起来相当合理，但问题出在实际应用层面。”关于货币制度，格雷厄姆的论点是，“金本位制度”可以与他的计划并存，然而这样的做法需要一些运筹管理的策略。1934 年通过的《黄金储备法案》，使总统有权降低美元兑换黄金的比例，罗斯福总统随后就让美元贬值 40%。当然，简化运筹管理流程，并非格雷厄姆在宏观经济学方面的强项。他的想法是，复杂的问题不见得总能找到简单的答案，而相对复杂的系统，如果能够仔细建构，虽然不够完美，相比现状却可以带来另外一些经济方面的益处。考虑到《储备与稳定》这本书是在 1937 年首次出版的（当时美国一度从 1929 年至 1933 年的大萧条中有所恢复，但之后又再次陷入深度衰退），对当时的人们来说，实在不能把维持现状视为理想状态。

这一篮子商品，将由 4 个不同类别中的 23 种商品组成：食品类——玉米、小麦、糖、燕麦、咖啡、大麦、裸麦、可可和棉花籽油；纺织品类——棉花、羊毛和丝绸；金属类——铜、铅、锡和锌；“其他”商品——石油、动物皮毛、橡胶、棉花籽粉、亚麻籽、烟草和兽脂（一种可以不用冷藏的牲畜类动物脂肪）。在《储备与稳定》这本书当中，格雷厄姆呼吁新政府的官员们关注他的计划书中关于储备和货币的特点：

> 一个货币管理机构（假定是财政部）在它的仓库收到大宗商品后，将会发行任意数量的货币。反之，财政部也会准备好数量正确的完整商品单位，以便进行交换，赎回任意数量的货币。

虽然《储备与稳定》中有更多详细的说明，但以上这段文字已贴切地表达出一个货币管理机构该如何运作。关于提议中的“稳定”元素，格雷厄姆提倡政府可以在“公开交易市场”中买卖大宗商品（这和美联储会买卖不同种类的政府债券，以“重新平衡”经济至某一个特定方向，并无多大不同）：

> 公开交易市场中基础原材料的一般价格水平，将会以最直接和可能的方式保持在标准价格水平上。即当价格水平下跌时，就在公开交易市场中购买这些大宗商品；而当价格水平上涨并超过标准价格水平时，就在公开交易市场中出售这些大宗商品……因此，上述这种物价稳定机制会朝两个不同的方向发挥作用。它将会增加或减少市场上的货币供给量，

**同时也会减少或增加公开交易市场中大宗商品的供给量，以平抑任何原材料价格过度上涨或下跌的趋势。**

连格雷厄姆本人都承认，这样的稳定物价机制“与金本位制度之下，稳定外汇市场的传统做法相类似”，因此，初次见到这个稳定物价机制时并不会觉得它是一种牵强的做法。此外，格雷厄姆提出的稳定整体商品的价格（而不只是单一的贵金属价格）的好处相当具有说服力。他的结论是，由一篮子基础商品支撑的美元价格，将“比黄金支撑的美元价格更稳定，因为它与人们需要及使用的物品关系更密切。”

格雷厄姆的货币计划中另一个令人感兴趣的观点，特别是在上一个 10 年（2000~2009 年）即将结束时出现的巨大信贷泡沫破灭，就是如何让不健全的信贷扩张问题最小化。格雷厄姆观察到，“在企业扩张时期，传统消费的增加速度不能满足企业生产力的增加速度”，促使“信贷扩张”演变成最明显但绝不是最有远见性的工具，来“弥补这一差距”。格雷厄姆曾目睹 20 世纪 20 年代的信贷热潮达到巅峰，以及 20 世纪 30 年代的大萧条程度之深，于是他担心“每一段时期的繁荣便是在孕育下一个泡沫的种子”。通过政府购买/卖出以及储备/释放商品的机制，格雷厄姆意在稳定物价。因此，格雷厄姆认为这套系统有望取代“投机性信贷扩张（或政府赤字），成为维持经济繁荣的有效因子”。

## 商品储备与物价稳定

20 世纪 30 年代初，格雷厄姆着手重新探索商品支撑货币这个计划（这个概念的整个轮廓早在 10 年或是 11 年前便已成形），以及 20 世纪 30 年代中期，他决定把已完成的关于这个主题的全部文字内容定稿，主要是受到当时美国发生的前所未见的经济衰退的刺激。20 世纪 40 年代初期他撰写《世界商品与世界货币》时，则是受到前一个 10 年全球经济动荡及保护主义盛行的启发，这个现象是造成国际贸易关系发生灾难性崩溃的主要因素，最终更引发了可怕的第二次世界大战。格雷厄姆的主张，就是在全球范围执行他所提出商品储备货币计划（每个国家可采用部分改良版），帮助“战后世界消除稳定物价与丰富资源两者间的冲突”。

《世界商品与世界货币》这本书假设，由当时尚不成熟的国际货币基金组织（IMF）成立一个机构，进行“以混合或单位作为基础，购买、储备及出售主要的原材料”。这个理想中的全球性机构，格雷厄姆建议将其命名为“国际商品组织”，该机构获得授权管理一种国际公认的货币，该货币由一篮子共 15 种原材料组合而成，可分成两个类别：属于农业领域的商品，包括小麦、玉米、棉花、羊毛、橡胶、咖啡、茶、糖和烟草。格雷厄姆将剩余的 6 种商品——石油、煤、纸浆、生铁、铜、锡——全部归类为非农业原材料。《储备与稳定》这本书的假设前提是，管理单一的全球货币，比管理 20 多种与美元汇率联动的货币简单。

在格雷厄姆以商品支撑美元的货币计划中，他还建议“国际商品组织”通过在公开市场上买卖商品单位，以维持物价稳定：

> 当这个综合指数下跌至基准值的 95% 时，国际商品组织将会在全球市场上，买进适当数量的完整商品单位……当综

> 合指数上涨至基准值的105%时，国际商品组织将会卖出完整商品单位……不论买进还是卖出，都是自动化的过程。

根据格雷厄姆的说法，这种做法有助于稳定全世界的物价及货币价值，避免发生像“一战”后德国恶性通胀那样的事件。正是德国魏玛共和国时期的恶性通货膨胀，给了希特勒崛起的可乘之机。

对于格雷厄姆的货币计划，最明显的反对意见便是该计划难以在全世界推行，因为各国的经济主权几乎被各国政府视为神圣不可侵犯的东西。格雷厄姆针对这些反对意见，用《世界商品与世界货币》这本书后面的章节予以回应：

> 一种国际性的商品储备货币并非要绑住任何国家，要求它不可在其国土境内从事哪些活动。它纯粹是一个应用于范围有限的原材料组合之买进与卖出系统。在这样的机制中，原材料有时候是被买入且储存起来，有时候则被拿到世界其他市场上出售。

事实上，格雷厄姆还提供了一个案例，解释为何上述货币计划将会促进而非阻碍各国的经济管理。格雷厄姆的论点是：“一般来说，相比广泛变动的全球物价水平，国家经济目标在稳定的物价水平上更容易达成。”

## 20世纪的经济学巨擘

在20世纪的宏观经济学领域中，有两位大师的名望胜过其他所有人：凯恩斯和哈耶克。后者是诺贝尔经济学奖得主，并且根据米塞斯研究院的看法，哈耶克“毫无疑问是最卓越的现代奥地利学派经济学家”，以及“把奥地利学派的经济理论传播至英语国家的一位最成功的经济学家”。1967 年，来自英国的经济学家约翰·希克斯，回想起关于 20 世纪 30 年代经济大辩论的“戏剧性演出”，写下“哈耶克所提倡的新理论，是凯恩斯理论的主要竞争对手”的评论。

说到凯恩斯，近期一本关于他的传记，认为他“与马克思、达尔文、弗洛伊德以及爱因斯坦等人物具有同等地位”。比起过去 100 年的其他经济学家，凯恩斯有更大的成就，部分因为他的理论已经成为战后各国经济的主要推动力。另一部分原因是，现代的凯恩斯学派经济学家——例如克鲁格曼——也拥有崇高的地位，使得凯恩斯的观点在现代经济学领域持续占据主导性地位。虽然现代经济学的观点争论通常被归结为凯恩斯学派与奥地利学派之争，但事实上，凯恩斯与哈耶克彼此都十分尊重对方的理论。可以肯定的是，这两位大师都备受尊敬，且同为西方经济学界的领袖人物。关于这两位声誉卓著的经济学家，还有个共同点值得一提，就是他们两位都曾花时间去回应格雷厄姆的商品储备货币计划。

诚然，格雷厄姆的计划属于市场干预学派。他在《储备与稳定》一书中提出的构想，需要美国财政部、农业部，以及联邦政府的其他不可或缺的部门主动参与。至于他在《世界商品与世界货币》一书中所提出的观点，则需要世界上主要经济体的同意，以及建立一个全新的全球性组织，该组织必须被赋予能够显著影响全球经济的权力。正是这些理由，让我们对下列事实感到惊讶：在两大经济学派中，竟然是哈耶克这位倡导政府不应干预市场的奥地利学派经济学家“强烈支持该计划在国际经济事务上的应用”。事实上，哈耶克写了一篇内容完整的文章，支持商品储备货币计划，该文章刊登在 1943 年的《经济学期刊》上。

至于凯恩斯，他对格雷厄姆的计划态度模棱两可，因为他认为上升的物价水平，比起格雷厄姆倡导的稳定物价水平，更有益于创造完全就业市场。然而，他认同格雷厄姆计划中其他观点的存在价值。例如，凯恩斯在给格雷厄姆的个人信件中指出："关于使用商品库存作为缓冲以稳定短线的商品价格，你和我就像忠贞的十字军，拥有共同的信念。"根据欧文·卡恩及罗伯特·米尔恩的说法："本杰明曾与凯恩斯多次互相通信，针对上述议题及其他经济学观点展开讨论。"不论世人对他的经济计划有何种评价，至少可以证明，没有受过正统经济学教育的格雷厄姆，拥有超凡的智慧及写作技巧，可以构思、发展及描述他的计划，并引起两位最伟大经济学家的认真回应。

此外，如同我们之前提到的，罗斯福政府亦认可商品储备货币计划中数项观点的价值。格雷厄姆将该计划写成总结式报告，呈交给于 1944 年举行的布雷顿森林会议，此地正是国际货币基金组织的发源地，亦是世界银行的前身孕育之处。然而，让格雷厄姆感到极度失望的一点，就是他从未有机会目睹自己的货币计划得到落实，不论是在美国国内还是国际舞台上。直到 1965 年（他过世前 11 年），格雷厄姆依旧相信他的计划较当时的经济政策，或是任何货币机制，都更可取："如果专家们准备好接受一种新形式及经过改良的健全货币制度，我的主张可能会被视为最佳方案。"虽然"专家们"迄今尚未接受格雷厄姆的"最佳方案"，但是在格雷厄姆 1976 年过世之后，这份计划书在某些令人感兴趣的学科中又被重新提起。

## 商品储备货币计划：一个过于超前的构想？

波士顿的经济学者戴维·兰森在 1989 年《纽约时报》的一篇题为“不稳定的美元：浮动的美元汇率需要一个支柱”的文章中，为格雷厄姆的商品储备货币计划进行了强有力的辩护。他认为，美国因为“美元汇率的不稳定”而付出了昂贵的代价。然而，兰森的文章既未提到格雷厄姆，亦未提及格雷厄姆的关于这个主题的著作。如果兰森只提到以商品作为货币支撑的概念，人们可能会认为他的结论与是否读过格雷厄姆的作品无关。事实上，兰森在文中提及“一篮子商品”这个概念，可见其读过格雷厄姆著作的可能性相当高。可以肯定的是，格雷厄姆的朋友、客户以及学生罗伯特·海尔布伦就抱持着这样的看法。就在兰森的文章见报数周之后，有一封由海尔布伦寄给该文章编辑的信件，亦以“修补美元”为题刊载于《纽约时报》。该篇文章除了认同兰森的中心论点外，还告诉读者，格雷厄姆在许多年前就已经提出了类似的观点：

> 将时间回溯至 1937 年，本杰明·格雷厄姆——美国最受推崇的投资领域的权威人士——在那时便倡导使用大约 20 种基础原材料来支撑美元汇率……现在是时候将此提案重新呈交给立法机构了。

2002 年，英国作家戴维·博伊尔和几位伦敦新经济基金会的成员合作，撰写并出版了关于货币改革简史的书籍。这本书名为“货币改革者：从亚里士多德到电子货币的改革历程”，内容包含博伊尔觉得在 21 世纪还值得拿出来讨论的货币改革贡献者和主题。有趣的是，虽然《储备与稳定》这本书还是被忽略了，但《货币改革者》一书中却提到了“本杰明·格雷厄姆”这个词条，说他与以国际原材料为支撑的货币计划有关，具体细节记载于《世界商品与世界货币》这本书中。博伊尔相信，在2002年前后发生的事件，足以证明格雷厄姆于1944年出版的书具有预言能力：“浮动汇率的货币机制，就像我们现在的货币机制，是很危险的。过去半个世纪以来急速恶化的货币危机，似乎已经证明了他的观点无误。”能够在一本出版于21世纪的宏观经济学作品当中，见到“本杰明·格雷厄姆”的名字被列在颇有声望的经济学家欧文·费雪之后，绝对是一件了不起的事。

甚至在2011年1月，一名纽约的中美贸易专家在伦敦经济学院发表演说时，也肯定了格雷厄姆的国际货币计划。在这场演说当中，约翰·W·艾伦，这位曾为约翰·沃尔芬森爵士（于1995~2005年担任世界银行行长）工作的哈佛商学院毕业生，将格雷厄姆誉为“历史上最卓越的经济学家”之一。若格雷厄姆著作中的计划被采用，那么，格雷厄姆在1965年预测后人会因为“商品储备货币计划”而记住他，这样的语言可能会成真。

THE EINSTEIN

OF MONEY

# 第 11 章 师生情谊

## 格雷厄姆、巴菲特与《聪明的投资者》

THE EINSTEIN OF MONEY

有一点很奇怪，那就是格雷厄姆仿佛将1940年当作一个分界点，他在回忆录的前14章里向读者介绍了他的个人生活。在那之后还有两章，分别是“我的剧作家生涯”和“商品储备货币计划”，介绍了他的投资工作之外的重要事情。然而，这相对简短的两章都没有谈及格雷厄姆1940年之后的个人生活，尤其是他的私生活和感情生活。最后这两章不是按照时间顺序写的，这一点非常有趣，尤其当读者认为格雷厄姆不再记录他去世前八九年中有关“我记忆中的事情”时，这些事情却可以从当代的文献中推断出来。同样，前面章节中关于他在公立学校的那段经历出现的时间也晚于他在纽伯格公司以及之后的经历。这表明，这本回忆录不是传统意义上的不完整的回忆录，而是格雷厄姆有意在1940年删减了回忆录的内容。

尽管他最重要的职业成就出现在那之后的岁月里，但他个人生活中最痛苦，也最具争议性的（甚至招致恶名的）一些事也发生在这段岁月里。虽然他迫切想要讲述他同海泽尔的婚姻、他第一个儿子的夭折，以及他 46 岁之前颇具争议性的经历，但他或许并不想讲述对个人生活的感受。格雷厄姆很可能不得不向自己的记忆“做出妥协”。正如他在回忆录中写的那样：“我的选择性记忆非常强，所谓选择性记忆就是尽快忘记所有不愉快的事情。”

不管怎么说，伴随着第二次婚姻的结束，格雷厄姆关于个人生活的记录也结束了。然而，由于他的回忆录写于 20 世纪五六十年代，其中依然隐含着某些微妙（有些也颇具爆炸性）的细节，可以让我们了解他之后的生活。幸运的是，我对一些人的采访帮助我把格雷厄姆的人生故事补充完整，主要开始于 20 世纪 40 年代后期。这些人包括：小本杰明·格雷厄姆（他与第三任妻子生下的唯一孩子）、沃伦·巴菲特、伯纳德·萨奈特医生及其夫人罗达（1956~1965 年，他们是格雷厄姆的邻居以及他第三位妻子的朋友）、罗伯特·汉堡医生及其妻子索尼娅（晚年格雷厄姆和他的情人玛露的朋友），以及其他人。

## 《聪明的投资者》

当我访问 106 岁的欧文·卡恩——格雷厄姆的忠实朋友、合伙人及终身“拥护者”时，他说出了最引人注目的一段话：“本杰明·格雷厄姆依然是初学者以及专业投资者的证券分析之父。”认同格雷厄姆财务分析法的大学生、未能亲耳聆听格雷厄姆演讲的人，通常会通过阅读《证券分析》一书来学习“投资教父”的智慧。这本原始的价值投资《圣经》，是格雷厄姆与多德在 1943 年合作完成的。然而，这本经典著作的深入程度及遣词用句，并不适合未受过全职投资者训练的“入门者”，但适合拥有足够的可支配收入及空闲时间，可通过应用格雷厄姆的投资原则而获利的独立投资者。

欧文·卡恩及罗伯特·米尔恩在 1977 年给格雷厄姆的颂辞中写道：“格雷厄姆认为需要让精明的投资行业外人士关注他的投资方法，遂于 1949 年写了《聪明的投资者》一书。”或者，就像巴菲特对这本书的描述：“当然，格雷厄姆撰写《聪明的投资者》时，他想写的是对社会大众有用的东西，而不只是为了少数人。他想尽办法让爱达荷州波卡特洛的牙医或者得克萨斯州奥斯丁的律师都能运用他的投资方法。”1949 年哈珀与罗氏公司出版的《聪明的投资者》，成为格雷厄姆两本永恒的经典著作之一，也是他生前出版的 5 部完整著作中最成功的一部。这本书目前出到了第五版，总销量超过 100 万册。在我写作本书的时候（2011 年年末），其最新版（2003 版）在亚马逊书店排行榜上名列第 262 位，在所有 700 多万册图书中。《聪明的投资者》的经久不衰并不难理解。这本书的目标读者是大众投资者，而非金融行业的专业人士，它不像《证券分析》中的专业术语很多，以更偏向对话的风格来传授格雷厄姆完整的选股原理。此外，为了提高此书对一般大众的使用价值，《聪明的投资者》对两种类型的大众投资者做出了区分：积极型投资者是愿意投入时间与心力，选择健全且具有吸引力的投资目标的投资者；防御型投资者是“对资金安全及不受干扰”更感兴趣的投资者。格雷厄姆在这本书最新一版的第 4 章中，详细介绍了两套安全标准，这是为两类投资者量身定制的。

此外，该书充分讲解了大众投资者特别容易犯的行为错误，诚如下面这段引自 1949 年版本的话所示，它强调了重要但经常遭到忽略的投资心理："要同时具备机警与理性这两种特质，区分成功的投资者和投机分子变得越来越困难，聪明的投资者胜在心理素质而非技巧。"换句话说，适当的心理架构（同时具备机警与理性）取代了技术导向的价值投资法。所以，《聪明的投资者》里的"市场先生"，也是从非专业投资者容易理解的角度，强调重要的心理架构。

《聪明的投资者》首次出版数十年后，巴菲特表示："1950 年年初我拜读此书的第一版，那年我 19 岁，当时我认为它是关于投资的最好的一本书，至今我仍然这样认为。"由于阅读《聪明的投资者》是巴菲特初次接触格雷厄姆——至少在聪明才智方面，因此我请巴菲特评论他对这本书的最初反应，以及这本书对他的传奇投资生涯的长期影响：

> 这本书合乎逻辑。我的意思是，我 11 岁那年就读过奥马哈公共图书馆里所有的投资经典著作，而且几乎每一本都是反复琢磨。你也知道，我的父亲是国会议员，因此我可以自由进出国会图书馆，我读得兴致盎然。其间，我读到了《聪明的投资者》，这本关于投资的书使我豁然开朗，自此便成为它的信徒。要是没有接触到这本书，我的人生将会全然不同。谁知道会变成什么样？不过，可以肯定的是，我的人生际遇绝对会大不相同……也许我的身家会少好几个零吧！

## 价值投资学派的年轻门徒

当然，读《聪明的投资者》一书不仅成为巴菲特人生的决定性因素，后来的事实也证明，此书更是格雷厄姆的投资方法得到传承的关键。检视这两个传奇人物的人生事迹，我们会发现很多令人惊讶的相似之处与“交集”。表面上，巴菲特这位美国中西部土生土长的新教徒及共和党国会议员之子，和年长35岁的新移民、身为华沙首席拉比曾孙的格雷厄姆，似乎来自完全不同的世界。不过，深入地看，这两位价值投资的巨擘，其出身与成长经历有一些显著的相似之处。

巴菲特的胡格诺派（法国新教徒）祖先以俭朴和创业能力闻名，有些犹太人也具备这些特质。1869年，巴菲特的曾祖父在内布拉斯加州的奥马哈创立“巴菲特杂货店”，后来在巴菲特祖父的经营下，发展成非常成功的“巴菲特父子杂货公司”。巴菲特的传记作家洛温斯坦表示，虽然霍华德·巴菲特“没兴趣当第三代杂货商”，但是他在其他领域成了非常杰出的企业家。当然，格雷厄姆的父亲和祖父也是成就斐然的企业家。此外，霍华德·巴菲特是知名的虔诚教徒（长老会），在《股市大亨》中，特雷恩评价老巴菲特是“信奉弥赛亚的极端保守分子”。格雷厄姆的父亲艾萨克也是虔诚之人，他坚定的宗教信仰是出了名的。

另一个有趣的相似之处是，巴菲特和格雷厄姆从小都经历了家庭变故。格雷厄姆一家因为艾萨克之死而在1903年沦为穷人，巴菲特家族则因为受到大萧条的直接冲击，于1931年陷入财务危机。在一家银行担任证券销售员的霍华德·巴菲特，在银行破产的那一天工作丢了，一家人的积蓄也瞬间蒸发（在1933年美国联邦存款保险公司成立之前，存款人必须自行承担银行倒闭的损失）。幸好，霍华德后来成立了证券经纪公司和家畜饲料公司，在短短几年内，就摆脱了家庭的经济困境。然而，诚如洛温斯坦所说，这些经历给幼年的巴菲特留下了深刻而永恒的印象："巴菲特怀着变成超级富豪的信念，从第一段困苦的岁月中站起来。他不到 5 岁就萌生了致富的想法，从此之后，他几乎无时无刻不在思考这件事。"

和格雷厄姆的童年遭遇相仿，巴菲特在成长过程中经历过贫困，强化了影响他一生的两大关键特质：钢铁般（但有原则的）不可动摇的致富决心，以及只有尝过贫穷滋味的人才会有的寻找真实价值的本能。20 世纪 80 年代末、20 世纪 90 年代初（那时，巴菲特早已成为亿万富翁）曾任职于奥马哈当地一家通用汽车经销商的出租车司机告诉我，因为大冰雹造成车辆外部受损，当经销商宣布大降价后，全奥马哈市爱贪便宜的人都跑来抢购，包括巴菲特本人！（巴菲特向我证实了这则传闻的真实性，不过他澄清去买车的人是他女儿，她是代表他去买车的。）

说到致富的决心，就像格雷厄姆年轻时就赚到了巨额的财富一样，巴菲特也毫不逊色，尽管巴菲特采取的是偏向于创业的模式。凭借异于常人的勤奋和创造力，巴菲特把别人眼中普通的华盛顿特区送报路线图，变成令人惊讶的赚钱事业。就像洛温斯坦说的，在巴菲特仅 14 岁时"每月就能赚 175 美元，这是当时很多年轻人的全职薪水，而且他把每一毛钱都存了下来"。同年，巴菲特开始启动他的投资事业，在他的老家内布拉斯加州买下 40 英亩[①]的农田。

兼具赚钱的决心和寻找价值的本能，是巴菲特对"安全边际"、"内在价值"和天性谨慎的格雷厄姆在《聪明的投资者》和

---

① 1 英亩≈6.07 亩。——编者注

《证券分析》中提出的其他投资准则接受度如此之高的原因。但是，巴菲特在应用格雷厄姆的投资原理时，之所以能够大放异彩，其实是因为他卓越的智力——另一个和他导师的共同点。事实上，洛温斯坦所描述的巴菲特的青年时代，跟格雷厄姆可谓如出一辙："巴菲特是有名的书虫，在街坊邻居的眼中，他过目不忘的记忆力是大家公认的。"同样地，格雷厄姆的儿子布兹向我讲述了他第一次发现他父亲的记忆力有多惊人时的情形："有件事使我大吃一惊。我高中选修了拉丁语课，有一次父亲问我'你在读什么？'我告诉他我在读西塞罗反对喀提林的第一次演讲稿。他马上用拉丁语逐字将这篇演讲稿背诵出来，全文约三页，而且背得一字不差。"

二人另一个重要的相似之处是，跟格雷厄姆一样，巴菲特也拥有非凡的数字思维。安德鲁·基尔帕特里克在《永恒的价值：巴菲特传》一书中提及："他（少年巴菲特）在教堂通过计算圣歌作曲家的寿命，来确认信仰感召是否能让他们更长寿。巴菲特的结论是：没有差别。"巴菲特和格雷厄姆除了同样对数字着迷之外，基尔帕特里克记载的趣闻逸事也说明了他们的相似之处：两人都是独立思想家，尽管出生在信仰保守的家庭，但后来都成为崇尚政治自由及不遵守宗教规定的人。如前所述，这种独立性及能进行逆向操作的决策智慧与情感控制能力，是成功的价值投资的核心要素。

不过，不像格雷厄姆和他对广泛的学科、语言等事物的文艺复兴式的着迷，巴菲特从年幼时开始，就把他强大的智力优势倾注在投资上。他从 8 岁开始阅读投资书籍，11 岁就读遍了奥马哈公共图书馆里各式各样的投资经典书籍。（巴菲特的传记作家艾丽斯·施罗德表示，巴菲特10岁大的时候就读过20世纪20年代末期北方管道公司的故事："他那时还不知道本杰明·格雷厄姆在投资界的卓越地位。"）后来，巴菲特更是孜孜不倦地饱读国会图书馆的更多书籍。年少时期的巴菲特，除了财经书刊外，也是《华尔街日报》的忠实读者。截至1950年，巴菲特已经在相关专业领域拥有了受人敬重的学历——他先在宾夕法尼亚大学沃顿商学院学习财务与商业管理专业，后来在内布拉斯加大学获得大学文凭。因此，巴菲特读《聪明的投资者》时虽然只有19岁，但或许已经和当时金融圈的许多专业人士一样博学了。

## 杰出的老师和聪明的学生

就像巴菲特在施罗的《滚雪球：巴菲特和他的财富人生》一书中所述，他向哥伦比亚商学院（当时的副院长和入学申请审批者，正好是《证券分析》一书的共同作者多德）提交的入学申请文件有些与众不同。不过，那反映出巴菲特在读了《聪明的投资者》和《证券分析》之后，对格雷厄姆（和多德）的敬畏程度。"我刚好在奥马哈大学发现贵系手册，简介文字说您和本杰明·格雷厄姆是指导教授，过去我以为你们只是在奥林匹斯山的圣地笑望众生，而今如果我有幸得入宝山，我愿追随你们左右。"当然，从远处遥望格雷厄姆的巴菲特，在见到格雷厄姆本人之前，不免有一些理想化的想象。（20世纪80年代中期，巴菲特告诉奥马哈的记者，第一次读格雷厄姆的著作时，他有一种醍醐灌顶的感觉，"就像圣徒保罗在前往大马士革的途中，受到神的启示而皈依基督教那样。"）后来，巴菲特成为格雷厄姆在哥伦比亚大学的学生，他很快就发现，格雷厄姆不只是优秀的作家、理论家和投资者，他也是杰出的理念传播者。所以，巴菲特在 1995 年写给伯克希尔·哈撒韦公司股东的信中说："上格雷厄姆的课实在是一种享受。"

当我询问格雷厄姆的教学方法有何特别与有趣之处时，巴菲特告诉我：

> 在（格雷厄姆的）课堂上，他总是用当时触手可及的各种投资工具来举例。另一方面，他善于运用想象力，以虚构的方式来阐述重点。有时他会以A公司和B公司为例，两者的投资机会看上去大不相同，但最后他才告诉我们，其实A公司和B公司是不同时间点的同一家公司。以类似的方式，他总能巧妙地让课程引人入胜。此外，他也是一个有亲和力的人，这个特质对当老师很有帮助。他对人总是掏心掏肺，我从他身上学到了很多为人师表和投资的道理。

巴菲特是唯一一个在格雷厄姆手下获得A+成绩的学生，他们彼此惺惺相惜。鲁安（巴菲特在哥伦比亚大学的已故同学）向基尔帕特里克描述了格雷厄姆和他的明星学生之间产生的化学反应。"火花四溅，"鲁安回忆道，"从中你可以看出，他（巴菲特）绝非泛泛之辈。"在格雷厄姆的课堂内外，巴菲特都很积极地把握每个学习机会，不仅包括教授的投资方法，还有教授的为人处事。《本杰明·格雷厄姆论价值投资》一书的作者珍妮特·洛观察到，"巴菲特感兴趣的不只是投资方法，他也对格雷厄姆的个性深深折服"。他得知格雷厄姆是盖可公司董事长后的行动，就是青年巴菲特崇拜这位教授的最佳例证。巴菲特不仅深入研究了盖可（当时盖可并非具有高知名度的企业），更从纽约搭火车直奔这家公司位于华盛顿特区的总部。

与巴菲特交好的萨奈特医生，以轻松愉快的语调，向我讲述了接下来发生的事：

有一个关于巴菲特前往华盛顿特区盖可总部的小故事。那天是星期六，巴菲特在不抱任何希望有人应门的情况下敲了门……终于，有一个清洁工打开门问道："你找谁？"巴菲特回答道："我只想跟这里的人聊聊，随便谁都可以。"清洁工听完后回答道："现在只有戴维森在。"（洛里默·戴维森当时担任公司的财务副总，后来升任为总裁。）巴菲特说："没关系。"然后，他和戴维森进行了一个下午的愉快谈话。

戴维森向洛温斯坦透露，他对这位求知欲强烈的大学生印象深刻："交谈了15分钟后，我就知道我正在跟一个非凡的人谈话。他问的都是颇有深度、绝顶聪明的问题。"（不过，戴维森或许万万没想到的是，他眼前的这个优秀的年轻人，后来竟然会全面接管盖可公司！）

同样地，巴菲特得知格雷厄姆投资马歇尔·韦尔斯公司（空调与通风设备经销商）之后，马上与年轻的"格雷厄姆帮"——弗雷德·贝克（巴菲特的同学）和沃尔特·施洛斯（格雷厄姆–纽曼公司的年轻员工）参加了该公司的年度大会。这几个人加上鲁安、汤姆·纳普、马歇尔·温伯格等，共同形成了一个仰慕格雷厄姆及其高度有效的选股方法的强大社交圈。如洛温斯坦所述，这个新成立的格雷厄姆粉丝团"起初以部落形式存在，以机智、有人缘及领先一步的巴菲特为中心"。在最成功的一批价值投资信徒当中，后来有些人发展出长久的友谊，尽管各人的投资方法各有不同，但他们都一致认为遇到格雷厄姆这位名师是何等幸运。

从哥伦比亚大学毕业时，巴菲特尽全力说服他最喜爱的教授同意他到格雷厄姆–纽曼公司工作，即使不拿薪水也无所谓。以巴菲特顶尖的学业表现及他和格雷厄姆融洽的关系，当恩师最初拒绝他的请求时，他一定感到既泄气又错愕。欧文·卡恩向我解释了个中缘由：

> 巴菲特想为本杰明工作，但是本杰明不愿雇用他，原因并不是巴菲特欠缺经验，而是格雷厄姆更倾向于给犹太青年机会，因为他们经常受到歧视。但是后来，本杰明还是改变了主意，给了巴菲特一次机会。

从 21 世纪的视角看，起初格雷厄姆以巴菲特不是犹太人为由，拒绝雇用这位内布拉斯加州的青年，似乎非常不可思议。毫无疑问，这是公然的歧视行为。不过，在批判格雷厄姆的错误决定之前，了解 20 世纪 50 年代初期华尔街的种族动态是很重要的。在花旗集团总裁桑福德·韦尔的传记《资本之王》中，作者埃米·斯通和迈克·布鲁斯特解释道，韦尔之所以会创立他的第一家公司，主要是因为犹太人（尤其是比德裔犹太人更弱势的东欧犹太人）受到某些有“贵族血统”的华尔街公司的排挤：

> 1955 年，当韦尔大学毕业后进入华尔街找工作时，因循守旧的公司仍紧握权柄，不给外来者机会。即便到了 1961 年，也就是韦尔自己成立公司一年后，年轻的经济学家亨利·考夫曼仍然拒绝了美邦公司的一个人人羡慕的职位，因

为有位老师警告他，由于宗教信仰的缘故，他不可能晋升成为资深管理人员。

虽然格雷厄姆向他的明星学生解释了自己做出这个决定的前因后果，但无论如何巴菲特也很受伤。《滚雪球》作者施罗德的评论称，尽管格雷厄姆的决定“肯定令巴菲特大失所望”，但“即使在数十年后，巴菲特还是说不出任何可能被解读成批评格雷厄姆的话”。而且，巴菲特并没有因此沮丧不已，只将格雷厄姆最初的拒绝视为一时的挫败，并竭尽所能克服它。回到奥马哈之后，这位哥伦比亚大学毕业生持续和格雷厄姆通信，甚至还向格雷厄姆提供了具体的投资建议。长期的书信来往终于收到了预期的效果，1954 年，格雷厄姆被他的学生卓越的分析能力打动（巴菲特的不屈不挠可能也起了作用）。巴菲特再度回到纽约，加入格雷厄姆–纽曼公司成为一名全职员工，后来更成为施罗德口中所说的格雷厄姆–纽曼公司的“金童”。

巴菲特加入格雷厄姆–纽曼公司的时候，已经和苏珊喜结连理，那年年底，这对年轻夫妻生下大儿子霍华德·格雷厄姆·巴菲特。给儿子取名“霍华德”是为了纪念巴菲特的父亲，中间名则是为了向格雷厄姆致敬。巴菲特在 2009 年的一段视频中，回忆起他在格雷厄姆–纽曼公司的日子以及格雷厄姆的慷慨大度，并称自己欠格雷厄姆的恩情“永远也还不清”：

嗯，他一直在为你付出，而且你很难想到什么好办法去回报他。当我的大儿子出生时，他送给我们各式各样的礼物；当他知道我太太爱跳舞，而我却没有什么表示时，隔天我就发现桌上桌上有一张阿瑟·穆雷舞蹈课的邀请券。当他给你某样东西时，无论是知识或是物质上的，他从来不期望得到任何回报。我实在不知道该怎么报答他，所以，我欠本杰明的恩情是永远也还不清的。

萨奈特医生表示，苏珊·巴菲特这个被他评价为“相当招人喜爱的人”，也和格雷厄姆的妻子埃斯蒂建立了友谊。“巴菲特为格雷厄姆工作期间，埃斯蒂热心地帮助那时育有一子的巴菲特夫妇。埃斯蒂是一个乐善好施的人，她对苏珊非常友善。”巴菲特表示，虽然他与格雷厄姆一直相处融洽（如他所说“格雷厄姆对我好到不能再好”），但是他们的个人关系直到几年后巴菲特到加州拜访格雷厄姆一家时，才真正开始热络起来。

## 幸福的日子

20 世纪 40 年代末至 20 世纪 50 年代初，似乎是格雷厄姆一生中最幸福顺遂的时期。在家庭生活方面，他娶了一个温柔贤惠的女人，和她生了一个健康快乐的孩子，他的大女儿和二女儿也有了好的归宿，格雷厄姆很享受同时扮演父亲和祖父的角色。在专业方面，格雷厄姆撰写并出版了他最成功的著作，格雷厄姆–纽曼公司的业务也蒸蒸日上。根据格雷厄姆–纽曼公司当时的股东信，1946 年 1 月 31 日至 1954 年 1 月 31 日，公司的资产净值增长了 75%。要厘清的一点是，这个成长率主要是通过资产管理创造出来的。格雷厄姆在 1955 年说：“公司赚的每一美元的收益几乎都发给股东了，因此在某种意义上，我们的资产现值非常接近于股利支付金额。”

此外，1949 年，应当时的股东及潜在投资者的要求，格雷厄姆及纽曼通过成立一家独立的合伙企业，来达到扩大经营的目的。虽然纽曼及格雷厄姆有限合伙公司需要投入数目不小的 5 万美元作为最低投入资本，但该公司的初始资本竟然冲高至 250 万美元。此外，这两位合作伙伴最成功的一笔投资——买入盖可公司 50% 的股份（细节已在第 6 章讨论过）——也发生在这个时期。上述这些业务发展都让格雷厄姆个人赚到了不少钱：在 1954 年，仅计算格雷厄姆–纽曼公司发放的奖金（不包含来自有限合伙公司的薪酬），他就拿到 87 000 美元（以 2011 年的美元计算，约为 71 万美元）。除此之外，格雷厄姆仍然持续从事专家证人的工作，并且从中赚取可观的收入，来自已出版书籍的版税也日渐增加。

就像一个骄傲的父亲，格雷厄姆享受于见证一个新的职业和认证系统的成长，在此过程中，他扮演了不可或缺的重要角色。最佳的范例就是他在刚成立不久的“国家金融分析师协会发表了一次演讲，名为“证券分析科学化之路”。这篇演说的内容带有十足的格雷厄姆风格，不但有先知的色彩（他几乎可以肯定证券分析最终将会发展成一个成熟的职业），而且非常详尽。他在演讲的最后，满怀希望地总结道：“证券分析可以开始适度并充满希望地，让自己发展成一门学科。”

慈善事业也开始在格雷厄姆的人生当中占据更重要的分量。可以肯定的是，从事慈善事业是格雷厄姆努力追求的人生目标：1926 年 5 月有一篇刊载于《纽约时报》的文章，报道了关于“波兰裔犹太人亟须你的帮忙”的募集资金宣传活动，本杰明 · 格雷厄姆是赞助者之一。此外，1965 年，格雷厄姆和他的两个哥哥一同募集资金，为非洲裔的美国浸信会教徒在康涅狄格州重建曾被大火烧毁的教堂。20 世纪 50 年代初期，格雷厄姆觉得自己事业有成，于是开始投入更多的时间从事慈善事业。1951~1953 年，格雷厄姆身兼犹太盲人公会的会长。格雷厄姆原本打算为这个组织奉献余生，不幸的是，他即将经历一个可怕的悲剧。

## 小牛顿的悲剧人生

在小牛顿的父母离异时，他还只是一个 9 岁大的孩子。他的行为举止有些异常，而且在他的父母离婚前，小牛顿就有精神方面的问题。父母婚姻关系的恶化，似乎进一步加剧了他的精神疾病，与他人越发疏离，他和父母之间的关系也变得更加复杂。在他的父母各自嫁娶（对格雷厄姆来说就是建立一个新家庭）之后，困扰小牛顿的父母关系问题进一步加剧。玛乔丽·格雷厄姆对传记作家珍妮特·洛说道:“本尼与海泽尔离婚之后，小牛顿遇到了很大的麻烦。他搬去同本尼和埃斯蒂一起生活……他们无法留住他，就把他送到了寄宿学校”。同玛乔丽交流了小牛顿的情况之后，洛说道:“玛乔丽认为小牛顿从来没有过真正的家庭生活，尽管本尼和海泽尔试图帮助他，但这个年轻人同父母之间依然存在一条情感鸿沟。”

玛乔丽的观点似乎从她父亲对于小牛顿的回忆中得到印证:“他在家似乎与我们有隔阂，非常难以相处，事实证明他患有严重的精神疾病。”同样地，洛在写到有关小牛顿同格雷厄姆的关系时说道:“小牛顿发现与人交往令他非常痛苦，于是他独自待在阁楼里摆弄大提琴。”然而，对于这件事大家观点各异。夏洛特·赖特是一位退休的护士，对精神疾病颇有研究。她回忆说，当她还是一个小姑娘时，同“牛顿舅舅”打交道非常开心。她不同意她的外公对于小牛顿患有精神疾病的说法：“他或许有些神经质，但有谁不是这样呢？在我看来，小牛顿并没有表现出精神分裂或其他心理疾病的症状。很显然，他受到了打击，精神沮丧，感到绝望，但他在与人交往方面完全没有问题。”

1953 年年初，朝鲜战争后期，小牛顿被征召入伍。1996 年出版的格雷厄姆回忆录后面附加的格雷厄姆生平资料，把他的第二个儿子称为“朝鲜战争老兵”。但是根据其他资料，最有可能的情况就是小牛顿在到法国服役前，先被送到联邦德国的美军基地受训。事实上，军方可能并未考虑“喜欢独处的牛顿”是否有足够健全的身心条件参加战斗，从而将他特别安置在非战斗部门；又或者，即便他本人倾向于远赴朝鲜战场，最有可能的情况是，当他完成军事训练后，朝鲜战争已经结束。不论何种情况，格雷厄姆打从一开始就十分担心儿子服兵役的问题。格雷厄姆充分了解小牛顿周期性的精神病史，不论是否参加战斗，格雷厄姆都担心儿子无法适应集体化以及纪律严明的军队生活。

然而，军令如山，而且小牛顿本人似乎也不反对入伍服兵役，因此，1953 年，为了表达对即将入伍的小牛顿的精神支持，格雷厄姆家人选择在曼哈顿奢华的华尔道夫大饭店为小牛顿举办了一场欢送晚宴。这场宴会的参加者，包括这位新兵的每一位直系亲属（他的父母、姐妹），以及埃斯蒂、海泽尔的第二任丈夫、玛乔丽和伊莱恩的丈夫等。不幸的是，事后看来，那其实更像一次告别晚宴。就像他父亲担忧的一样，小牛顿完全不能适应军旅生活。据传通过信件往来及电话通话，格雷厄姆得知儿子的情绪极度不稳定。那时，他肯定很担心小牛顿会自杀。根据珍妮特·洛的记录:“本杰明开始写信给政府官员，尽其所能帮助小牛顿解除军职。”

悲剧发生了，当格雷厄姆在1954年得知小牛顿自杀的消息后，他立刻动身前往法国。在他整理小牛顿在法国的遗物时，格雷厄姆遇到了玛丽·路易丝——他小儿子生前的爱人，当时40多岁。可能是这次与“玛露”(玛丽·路易丝的昵称)的初次邂逅，让他们二人有了后续的书信往来，并发展出一段令人意想不到的恋爱关系!(至少对格雷厄姆的家人来说如此。)然而，我采访过一位知情人，他说这段关系可能“开始”于格雷厄姆1954年的法国之行。无论是哪种情况，在随后的章节中我们将详细讨论这段关系，以及它对格雷厄姆生活和思想等各个方面产生的影响。

也许是因为第二个儿子自杀所带来的巨大痛苦与难堪，格雷厄姆在他的回忆录中对小牛顿的精神与行为失常表现出异常的保护态度(对于小牛顿自杀的事竟然只字未提)。在提出发生这个悲剧的一连串可能的理由——“偶尔我们会责备自己，给他取跟第一个小孩一模一样的名字，而且刻意认为他是我们的长子重新投胎回来找我们”——之后，格雷厄姆又坚称，“那只是小牛顿与我们夫妻俩的不幸，导致他从出生之日起就注定会变成这个样子。”然而，就像许多其他回忆录一样，我们有时候会产生一种印象，当格雷厄姆在回忆某些特定的人或事情时，他所表达的观点其实是他的良知要求他做的。因此，格雷厄姆对这些事情的反应，不见得都是他内心最真实的想法。

举例来说，格雷厄姆写道:“我觉得自己不需要在感情上对我的犹太同胞付出太多。”即便如此，他自己也坦承，他一开始还是拒绝了那位唯一在他的课堂上拿到A+成绩的学生进入他的公司工作，理由是他必须对他的犹太同胞负责。从格雷厄姆的日常生活可以看出，还有其他一些事例似乎也与他回忆录中的陈述相违背，然而，我并不认为当他在回忆录里写下这些文字的时候，格雷厄姆是在有意撒谎。相反，我认为这些文字反映了一种可能性，就是以前的本尼·格罗斯鲍可能在潜意识里觉得自己的犹太人身份与自我认知产生了冲突。同样，我认为，格雷厄姆对于自己性格弱点的反思——他在小牛顿自杀三年后写的一篇文章——或许至少反映了他的感情，就如同他对小牛顿的评价一样。

格雷厄姆在 1957 年写了一篇名为“自画像”的文章，采用第三人称和过去时的方式（这让人很难看出作者的真情实感）。他哀叹“自己缺乏真正的同情心，无法真正分享他人的快乐与悲伤”，而且“他的本性就是拒人于千里之外。B（这是他在文中对自己的称呼）最终意识到了这一点，他感到自己需要舍弃优越感，具有更多的真情实感”。鉴于这篇文章是在小牛顿去世三年后写的，这个儿子又感到自己被父母所忽视，因此，几乎可以肯定的是，这篇文章中的部分文字表露了格雷厄姆对于这一悲剧的真实感受。然而，由于这些发自肺腑的哀悼之情有悖于他理性的形象，他只能采取“客观”的表达方式。

## 退休生活

第二年，也就是 1955 年，对格雷厄姆来说是变化无常的一年。他的儿子布兹向我讲述了关于全家搬迁至加州的事：“我们计划先搬到那里住几个月，看能否适应。我们先在贝弗利山庄住了一个学期，第二年（1956 年），我们又有了搬家的理由。”可见在 1955 年，格雷厄姆必须在洛杉矶花上至少好几个月（一个完整学年的一半），准备即将在加州开始的半退休生活。那一年，有一件在格雷厄姆的人生当中值得一提的事件，也发生在纽约市以外的地区。3 月 11 日，格雷厄姆受邀前往华盛顿特区，在美国参议院的银行与货币委员会做证。

根据有关这个时期的银行与货币委员会的标签为“1955 年 1 月至 5 月”的官方档案，当时由参议员詹姆斯 · 威廉 · 富布赖特担任委员会主席。关于这次听证会，其目的的相关描述为：“委员会特别关心，随着融资交易、投资、股票经纪人与投资顾问的盛行，大型机构投资者（例如退休基金）以及根据现行法律买卖股票的各种行为。”三年之后，格雷厄姆再次被国会传召，参加有关证券业的专家听证会。事实上，格雷厄姆是国会议员心中可以咨询证券相关事务的专家，这明显反映出他的地位已跃升至很高的水平。那一次，也是他为自己和杰里米 · 纽曼经营的投资事业自起步以来，一直保持职业道德与遵纪守法做证的机会。格雷厄姆成功地在华尔街执业超过 40 年，但他的名字从未与任何不当的职业行为沾上边儿。

到了 1956 年，格雷厄姆觉得自己该从证券行业中退休了，他决定搬到加州居住，那里有他的两位兄长。据说当格雷厄姆及纽曼决定从管理层退出之际，他们首选的管理团队接班人是米基 · 纽曼和沃伦 · 巴菲特。前者将接替他的父亲主管行政工作，后者则接替格雷厄姆成为该公司的首席分析师。然而，巴菲特当年进入格雷厄姆–纽曼工作的主要动机，其实只是获得与格雷厄姆一起工作的机会。随着“本”（巴菲特如此称呼格雷厄姆）的离开，巴菲特也没有留在那里工作的理由了，即便是晋升为管理层。而且，那个时候他已开始怀念故乡奥马哈了。下一章论述的重点是，巴菲特以及格雷厄姆的其他学生，如何应用格雷厄姆的选股准则并将其发扬光大，成为投资界“最耀眼的星星”。

THE EINSTEIN OF MONEY

# 第 12 章 桃李满天下

## 格雷厄姆价值投资哲学的超级拥趸

应用科学在近几个世纪以来取得的巨大进步（例如电力学、航空学），使西方世界的生活水平有了不可估量的提高。在这些卓越的科学进步背后，至少有一部分动力源自英国的伟大思想家及政治家弗朗西斯·培根爵士，以及其他同属那个年代给予我们现代化的科学方法的人。在这些科学方法被采用之前，新想法被接纳的理由，通常是它们有逻辑地追随其他想法，而且其他想法也符合逻辑。培根爵士知道，在这些含糊未定的结论背后有许多主观成分（“人们宁愿相信可信的事情”），因此他坚持认为，判断一个想法是否正确的唯一客观“标准”，就是提出经验主义的证据。这是实验科学的基本前提，自从实验科学这一名词出现后，便成为“现代科学”的同义词。

与一些其他的投资“假说”不同，价值投资法的正确性可以用科学的方法加以证明，并不需要用培根爵士所谓的“大众想要的科学”去证明。虽然投资学本身不算自然科学，但它也不是一门抽象的学科。投资结果可以用具体的指标来测量，而且大多数人都认同，整体收益相对于大盘的表现，是最中肯的测量方法。如同格雷厄姆希望的那样，价值投资学派数十年的“经验主义证据”（即业绩数据），已经证明他的投资方法能够经得起现代科学方法的严苛检验。

布鲁斯·格林沃尔德博士是哥伦比亚大学的金融学教授及“格雷厄姆与多德投资研究中心”的主任，他联合了几位作者，如贾德·卡恩、保罗·松金和迈克尔·范比耶马，在2001年共同写作与出版了《价值投资：从格雷厄姆到巴菲特》。书中写道：“一个理论的最好检验方式就是其结果，过去的业绩证明价值投资策略是有效的。长时间的检验，价值投资法比其他主流的投资方法以及整体大盘，更能创造优异的回报率。”注意，“长时间的检验”这句话很重要，因为我们会发现有好几个时期，即便是某些最成功和最受推崇的价值型基金经理人，其操盘表现皆有可能不尽如人意。

之所以会出现这种现象，是因为一个重要的事实：更多的（包含非价值投资者）投资管理者受到短期业绩的激励，比如管理团队的薪酬奖金以及客户的预期。如同投资顾问、播音员加布里埃尔·威士顿在他的智慧结晶《炒股，一定要懂价值投资》[①]一书中所说的：“过度关注短期业绩，导致投资经理忽略了企业长期的经济表现，而仅在乎短期市场行为。”这样的做法通常可以成功地创造卓越的短期业绩。然而，就像一个短跑选手在整个赛程中的一小段可以轻松地赶超马拉松选手，但这样也会削弱他跑完全程

---

① 《炒股，一定要懂价值投资》，于2011年由中信出版社出版发行。——编者注

的耐力。同样的道理，追求短期业绩的基金经理人，通常会借着短线投资的“浪潮”，牺牲“未来”可能的业绩，以求在当下击败竞争对手。英国伦敦政治经济学院发表了一份研究报告，其结论是“没有耐心等待投资成果，或是没有能力或意愿去完成基本面分析的辛苦工作，以便找出价值被低估股票的经理人，将会利用市场动能来操盘。事实上，就短期表现而言，动能投资法通常会取得最理想的结果”。

当然，市场上还有一种基金经理人，为了应对客户需求与投资理念之间的矛盾与冲突，游走在这两种投资方法之间。这种混合型做法所涉及的一系列“操作”，都被格雷厄姆定义为“投机”，而不能算作投资。就像我们在前面的章节所述，格雷厄姆年轻的时候曾经受到诱惑，放弃了他的谨慎投资原则，买入当时市场上的“热门股”——宾夕法尼亚州萨沃德轮胎公司的股票。尽管身为价值投资之父，也是最坚定的实践者，格雷厄姆晚年发现，他早年那些所谓的“投资活动”，其实属于投机（典型的投机行为会招致灾难性的后果）。对格雷厄姆而言，只有那些例外的失败才能证明他的价值投资准则无误。然而，如果投资经理人更习惯于从事这种所谓的“投资活动”，先前基本面导向的价值投资的好处，很快就会烟消云散。

同样的道理也可在《奥马哈智者如何击败华尔街》一文中得到印证。这篇具有吸引力的文章，1969 年刊载于《福布斯》杂志，向美国读者介绍了格雷厄姆的明星门徒所创造的投资神话。这篇文章评论说，许多人不像巴菲特那样坚定不移，据说其中也不乏价值投资者，他们在 20 世纪 60 年代的科技股泡沫中，背离了价值投资准则而误入歧途（这种情况很明显与互联网泡沫相似——炙手可热但没有获利的初创公司、疯狂的市盈率，以及最后蒙受巨大损失的投资者）：

> 有很多年轻的基金经理人，在20世纪60年代初期和巴菲特信奉相同的投资理念，但后来在疯狂追逐热门股的过程中忘记了这些理念，导致投资表现一塌糊涂。然而，巴菲特始终坚守自己的投资准则，不会随大溜去谈论概念类企业，或是具有话题性的股票。他也不会频繁地进行短线操作，或是买入他一无所知的股票。

## 嫡系门徒

跟巴菲特一样，还有好几位坚定不移的价值投资者，或多或少也算直接受教于格雷厄姆。以下，我们会将格雷厄姆的学生分门别类，包括：曾与格雷厄姆一起共事或是替他工作的（包括沃伦·巴菲特、汤姆·纳普、沃尔特·施洛斯、欧文·凯恩和欧文的儿子托马斯·凯恩）；曾上过格雷厄姆在哥伦比亚大学或是纽约金融协会课程的（比尔·鲁安）；曾由他亲自辅导的（查尔斯·布兰德斯）。第一代投资者中还有一个人是同格雷厄姆有私交（尽管接触相对较少）的埃德·安德森。考虑到安德森及其搭档汤姆·纳普（作为格雷厄姆–纽曼公司的员工，与格雷厄姆有过大量的直接接触）高超的价值投资技巧，特威迪–布朗基金公司业绩辉煌是自然而然的事。

必须澄清的是，虽然这些带有传奇色彩的投资者，都是充满智慧地从“格雷厄姆及多德体系”崛起，不过他们每一个人都发展出了独特的投资方法。举例来说，巴菲特与芒格实践了著名的价值投资大师哈格斯特朗所谓的“聚焦投资”的方法，它专注于巴菲特所说的“少数表现杰出的企业”，并非完全以量化的方式选股。当我向巴菲特询问这种方法与格雷厄姆投资法的显著差异时，巴菲特回应道：

> 本杰明会认为我现在的做法，用于我自身的投资处境是有道理的。这个方法仍旧源自格雷厄姆，但是它的确包含更多质化层面的评估。举例来说，我们管理的资产如此庞大，以至于你没有办法轻易找到相对小的价值错估的股票。相反地，我们必须进行相对大型的资产配置，这会涉及观察更多的指标，并非全部指标都是量化评估的依据。但是，本杰明会说我现在的做法是合理的，不过他也会表示，这种做法对多数投资者而言要困难得多。

如同我们在第 6 章提到的，巴菲特的好友及在格雷厄姆–纽曼的前同事沃尔特·施洛斯，持有规模庞大且风险分散的股票投资组合，与巴菲特的“聚焦投资法”形成鲜明的对比。然而，虽然采用不同的投资技巧，但他们都遵循“格雷厄姆及多德体系”所有嫡系弟子共同信奉的基本选股范式。格林沃尔德及其同事观察到：

> 许多年来，施洛斯及其接班人已管理过不少资金，将它们分散投资在大型股、中型股，以及小型股上；投资在股价出现过暴跌的企业上，也会投资在那些股价缓慢变动但持续下滑的公司上。唯一的选股逻辑，就是他们买入的都是价格被低估的股票。

换句话说，对于施洛斯及从1973年开始继承其衣钵的儿子埃德温·施洛斯而言，基本的选股准则就是找到具有利基性的企业，其股价与合理价值之间必须有差异，而不管这些公司的运营规模、所处产业、经营管理以及其他条件。

如同巴菲特于1984年的观察（当时他在哥伦比亚大学，以“格雷厄姆及多德体系的超级投资人”为题发表演讲）：“他（施洛斯）持有的股票数量远远超过我，而且缺乏对于企业经营本质的兴趣。”事实上，当巴菲特赞扬“超级投资人”施洛斯（在那场演讲中，他是第一个被巴菲特表扬的格雷厄姆门徒）的美德时，施洛斯当时持有超过100只各式各样的股票。

虽然与他的投资方式有所差异，但是巴菲特认为他的这位格雷厄姆–纽曼公司的前同事，属于“格雷厄姆及多德”投资方法的实践者之一。毕竟，这两位投资大师的基本投资准则具有一致性。巴菲特清楚地说明他特别列举出来的9位超级投资人，虽然拥有各自特定的投资观点，但也拥有共同的投资思维，那就是他们都在投资市场上“寻找企业的价值与股票价格存在差异的投资机会”。

在短暂的考虑之后，我也把芒格在加入伯克希尔·哈撒韦之前的投资业绩列入这个群族，因为，通过巴菲特的关系，芒格在这段时期（1962~1975年）的确拥有一些与格雷厄姆的个人互动经历，当时的芒格还在管理自己的投资公司。我将芒格的投资事业也纳入这个范围，原因不只是其业绩（他的业绩足以成为楷模），而是因为芒格事实上受菲尔·费雪的影响更大，而非格雷厄姆。声誉卓著的投资研究机构晨星公司，用以下这句话来概述费雪的投资方法：“构建一个聚焦型的投资组合，买入并长期持有你非常熟悉并具有亮眼成长前景的杰出公司的股票。“虽然芒格的确采用了格雷厄姆的“价值折现”投资方法，但是身为费雪的拥护者，他还会给具有长期竞争优势的股票较大的溢价，这一点和格雷厄姆是有区别的。

然而，巴菲特认为这位伯克希尔的副董事长是“格雷厄姆及多德体系的超级投资人”之一。另外，在芒格的著作《穷查理宝典》[①]中，他评价格雷厄姆是“在查理形成投资思维的过程中，一个举足轻重的人物”。因此，尽管存在上述的资格争议，但将芒格纳入这份名单并非不合理。可能有人会反对，说这份嫡系门徒的名单是经过我“精挑细选”的，只有极少数的投资者与格雷厄姆密切共事或跟着他学习过，后来才成立了自己的投资公司。但是，如同巴菲特在“格雷厄姆及多德体系的超级投资人”演讲中清楚提到的，他“并没有在数千人当中刻意选出这些人”，我也没有。值得注意的是，还有其他成功的投资者曾与格雷厄姆有过直接联系，但他们并未做到持续遵守格雷厄姆的基本选股原则，这样的投资者被排除在这份名单之外。

## 巴菲特合伙企业、巴菲特有限合伙企业，伯克希尔·哈撒韦

1957~1969 年，巴菲特合伙企业的两大事业体（即巴菲特合伙企业本身与巴菲特有限合伙企业），也就是伯克希尔·哈撒韦控股公司的前身，因为投资业绩远超大盘而异军突起。在那段时间，道·琼斯工业平均指数的年平均收益率（以复利计算）为 7.4%，标准普尔 500 指数的年平均收益率是 10.22%，巴菲特合伙企业的年平均收益率是 29.5%，巴菲特有限合伙企业则是 23.8%。1965

① 《穷查理宝典》，于 2016 年 8 月由中信出版社出版发行。——编者注

年，巴菲特在马萨诸塞州买下一家名为伯克希尔·哈撒韦的公司。虽然伯克希尔过去是一家纺织公司，巴菲特却用更宏观的视角来看待这个机会。按照洛温斯坦的说法，他对伯克希尔的定位是“将资金配置在获利最丰厚之处的公司”。因此，伯克希尔开始横跨不同产业买入其他公司的大量股权，这些标的都被巴菲特视为具有吸引力的投资机会。到了20世纪70年代，伯克希尔·哈撒韦永久性地取代了巴菲特有限合伙企业，成为巴菲特（及芒格）的主要投资渠道。这些转变发生在20世纪60年代晚期，跟巴菲特的其他公司有几年并存的时间。

在伯克希尔公司2010年以“伯克希尔对比标准普尔500指数的业绩表现”为标题的董事长公开信中，有一个图展示了这家公司从1965年至2010年对比大盘指数的业绩表现。这份时间跨度接近半个世纪的投资业绩表，从多个角度来看都非常惊人。在统计期间内，标准普尔500指数的平均收益率为9.4%，而伯克希尔为20.2%。虽然两者的业绩表现差距十分明显，但我们可能会误认为伯克希尔的业绩，是大盘的两倍多一点儿。

然而，有了长达46年的复利效果，对于那些伯克希尔的长期投资者来说，他们所享有的投资回报率远远超过上述数据。举例说明，截至2010年年底，选择在1965年投资于标准普尔500指数的2 500美元，已经增值到大约156 550美元。即便考虑到通胀因素，此数据仍让人惊讶。然而，若在1965年把同样一笔钱投入伯克希尔公司，在相同时间内，它会增值到1 226 000美元，是大盘业绩的近8倍！（43年后，《福布斯》杂志有一篇标题为“奥马哈智者如何击败华尔街”的文章，表明伯克希尔公司是动作反应更敏捷的公司，甚至连那本8月号的期刊也猜到会有这样的业绩表现。）伯克希尔公司股票目前的市场总价值超过 1 800 亿美元，公司的总资产规模超过 3 700 亿美元。

## 红杉基金：威廉·鲁安

在价值投资者的族群里，比“比尔·鲁安”更有威望的人，也许只有格雷厄姆与巴菲特了。出生于芝加哥的鲁安，在 20 世纪 40 年代末进入哈佛大学商学院就读之前，曾经短暂地当过电机工程师。进入哈佛大学以后，有一位教授鼓励全班同学阅读《证券分析》这本书。根据《华盛顿邮报》所刊登的鲁安讣告：“虽然当时他对股票投资一无所知，但是他对于作者格雷厄姆及多德在财务分析方面所使用的方法感到印象深刻。”几年之后，鲁安开始在华尔街工作，并决定选修格雷厄姆在哥伦比亚大学开设的课程。我们先前提到过，就是在那个地方，鲁安目睹他的新朋友巴菲特，和他们共同的偶像——格雷厄姆之间思维碰撞的火花。巴菲特后来这样描述鲁安早期的职业生涯发展：“离开哈佛大学商学院后，鲁安跑到了华尔街。不久之后，他便了解到自己需要接受真正的商业教育，于是他选修了本杰明在哥伦比亚大学开设的课程。”

1949~1969 年，鲁安替基德尔·皮博迪公司（当时相当知名的证券公司）工作，之后和理查德·卡尼夫建立合伙公司——鲁安和卡尼夫，再之后创立红杉基金。直到 2005 年过世前，鲁安一直负责管理这一家纽约基金公司的投资活动。相较于大盘，红杉基金从 1970~1984 年（就是巴菲特在哥伦比亚大学发表“格雷厄姆及多德体系的超级投资人”演讲的那一年）的操盘业绩，几乎跟伯克希尔一样优异（部分原因在于鲁安够聪明，投入大笔资金购买伯克希尔的股份），使人赞叹不已。红杉基金的平均年化复合收益率为 17.2%，而标准普尔 500 指数是 10%。该基金在 1984 年之后的业绩仍然不错，但是大体来说，相较于传奇的 1970~1984 年的表现，已经没有那么突出了。

根据一幅红杉基金网站公布的业绩图，在该基金 41 年的历史当中，它的投资者享有 14.25% 的"年均回报率"，远超标准普尔 500 指数的 10.32%。回顾过往，在 2005 年过世的几个月之前，鲁安评价《证券分析》是一本"最伟大的投资研究著作"。我想没人会怀疑，终其漫长及卓越的投资生涯，鲁安一直是格雷厄姆及多德的虔诚信徒。然而，为了彰显格雷厄姆及巴菲特两人对于价值投资法的卓越贡献，鲁安曾经这样总结："格雷厄姆写下被投资者称为"'投资圣经'的著作，巴菲特则写出了'投资新约'。"根据报告统计，巴菲特、鲁安、卡尼夫及戈德法布（罗伯特·戈德法布在 1998 年成为合伙人）管理的资产已超过 140 亿美元。

### 特威迪–布朗基金公司：汤姆·纳普与埃德·安德森

纳普在 1957 年加入这个合伙企业之前，曾经是格雷厄姆–纽曼公司的职员。格雷厄姆与这家现在更名为"特威迪–布朗基金公司"之间的联系，发生在纳普加入这家企业的许多年前。茨威格在《华尔街日报》的专栏中写道："从 20 世纪 30 年代到 20 世纪 50 年代，特威迪–布朗——原名为特威迪——本就是格雷厄姆这位价值投资之父最喜爱的一家证券经纪商。"因此，当纳普（其后还有安德森的加入）帮助这家公司从券商转型成为一家以价值选股为导向的投资公司，格雷厄姆的选股方法对于特威迪的"投资文化"而言并不陌生。如同特威迪–布朗公司在官网上公布的信息："本公司的投资方法源自已故的本杰明·格雷厄姆的研究。"

20 世纪 50 年代末，特威迪企业开始用合伙人的资金进行投资。其后，到了 1968 年，纳普和安德森（此人也是格雷厄姆的信徒，通过纳普和巴菲特，有机会与格雷厄姆接触并向他学习）一同努力创立了一个新的合伙企业。根据该公司网站，特威迪开始“从外部招揽客户并开展资金管理生意”。从这时候开始的业绩记录，就是 1984 年巴菲特在哥伦比亚大学所做的关于“超级投资人”演讲当中强调的数据。特威迪有限合伙公司从 1968 年至 1984 年的年均复合收益率为 16%，而它的整体年均复合收益率（这里是将有限合伙企业和其他投资的业绩合并计算）为 20%；在同一时期内，标准普尔 500 指数仅提供给投资者 7% 的年均收益率。

特威迪近来部分基金的投资业绩已经没有那么杰出了，虽然这家公司价值型基金的业绩表现仍超越标准普尔 500 指数，但是幅度并不大，该价值型基金（由特威迪在 1993 年建立）在它过去 18 年的操作期间内，替投资者带来了 8.04% 的年均收益率。在上述那一段时期之内，标准普尔 500 指数的年均收益率为 7.68%。然而，大师的门徒（纳普和安德森）已不再管理基金。如同一位观察家在 2010 年的评论：“特威迪-布朗近期的基金业绩表现，已经不如当年纳普与安德森管理时那般优异。”截至 2011 年 9 月 30 日，这家纽约的特威迪-布朗基金公司的报告显示，其旗下管理的总资产规模为 115 亿美元。值得注意的是，在特雷恩 1980 年版的经典著作《股市大亨》当中，他提到：“他们（特威迪-布朗）宣称，事实上无论运作何等规模的基金，只有他们是唯一绝对追随格雷厄姆原始教义的操盘者。”但是，这种纯粹的投资理念在近年来似乎有了一些转变。2009 年，担任特威迪-布朗合伙企业董事的小罗伯特·威科夫表示："目前，我们的投资组合混合了高品质的股票、巴菲特偏好的企业股票，以及本杰明·格雷厄姆偏好的价值被低估企业的股票。"

## 沃尔特与埃德温·施洛斯合伙企业

这里所列举的格雷厄姆的嫡系门徒，与格雷厄姆第一次面对面接触的时间，大部分是在20世纪五六十年代（查尔斯·布兰德斯是在20世纪70年代）。施洛斯是众门徒当中两位最具智慧的人之一，他在20世纪30年代便与格雷厄姆之间建立了关系。当施洛斯听闻格雷厄姆在纽约金融学院开设晚间课程时，他正在华尔街担任券商"跑腿"，负责在不同券商之间传递股票凭证以及其他文件。从来没有上过大学的施洛斯，决定去选修格雷厄姆的课程。修习过格雷厄姆教授的两门课程以后，施洛斯花了4年时间参加第二次世界大战，在作战期间他还与格雷厄姆保持通信往来。战后他回到纽约，施洛斯先在格雷厄姆–纽曼公司服务了好几年，然后在1955年年底于纽约创立沃尔特·施洛斯投资公司。

到1973年，他的儿子埃德温加入公司，该公司改名为沃尔特与埃德温·施洛斯合伙企业。公司的投资业绩在1984年之前非常杰出，此后也持续拥有不错的表现（虽然已不像1984年以前那样出类拔萃）。施洛斯是伯克希尔公司董事长巴菲特在1984年的演讲当中，举例说明的第一位超级投资人，他这么做背后是有原因的。1956~1984年，施洛斯管理的一只基金的年均复合收益率为21.3%，他的另一只基金的收益率是16.1%，而标准普尔500指数在那段时间的年均复合收益率只有8.4%。从另一个角度解释，在1956年投资1 000美元于标准普尔500指数，到1984年会增值到 8 872 美元；与此同时，投资给施洛斯基金 1 000 美元，则可以增值到 231 047 美元！沃尔特与埃德温在 2001 年将此基金关闭，然而，这只基金在过去 45 年的业绩表现（年均复合收益率为 15.3%），显著优于同时期标准普尔 500 指数 11.5%的收益率。在那些超级投资人当中，施洛斯是最坚定不移地奉行“用 50 美分买进 1 美元股票”的格雷厄姆投资准则的人。在 1998 年，施洛斯肯定自己已找到帮助他实现巨大成功的投资哲学：“基本上我们喜欢买入的股票，就是其价值被低估的股票，在它们的股价继续下跌时，我们有勇气买入更多股份，这就是本杰明·格雷厄姆的投资哲学。”施洛斯在 2012 年 2 月 19 日与世长辞。

## 查理·芒格

在奥马哈出生长大的芒格，早年在洛杉矶成功地建立了一家律师事务所，在 1962 年创办了一家投资合伙企业，而且一直经营得很成功，直到加入伯克希尔·哈撒韦公司。芒格在成为巴菲特的事业伙伴之前，就与后者建立了亲密的友谊。事实上，在 20 世纪 60 年代初，就是巴菲特鼓励他成立自己的投资合伙企业的。通过巴菲特，芒格除了有机会阅读格雷厄姆的著作外，也在不同场合拥有与格雷厄姆接触的机会，并在有限的范围内接受格雷厄姆的指导。

前文已说过，由于芒格是费雪的信徒，因此他属于“聚焦型投资者”，而非格雷厄姆式的价格投资者。然而，芒格认为格雷厄姆给他的投资方式带来了很大的影响。此外，巴菲特也认为他是“格雷厄姆及多德体系”中的超级投资人之一。因此，就像其他价值投资者一样，芒格聚焦于“找出企业内在价值与市值之间的差异”。1962~1975 年，芒格的合伙企业创造的年均复合收益率达到 19.8%，旗下的有限合伙企业带来了 13.7% 的回报率。而在同一时期，标准普尔 500 指数的收益率仅为 6.65%。

## 2012 年超级投资人

巴菲特在 1984 年介绍的大部分超级投资人的成功投资经验，已经在前文中讨论过。显而易见的是，他们的操盘业绩在 1984 年以后也都持续表现优异。有两个“超级投资人”被排除在此范围以外，因为它们在本质上不能算真正的投资者。它们其实是由格雷厄姆信徒管理的两只基金：《华盛顿邮报》公司退休基金和FMC公司退休基金。前者在 1984 年以后的投资结果已无法取得；关于后者，根据哥伦比亚大学商学院的网站信息：“该退休基金在过去 10 年的业绩表现是 6.77%，同期标准普尔 500 指数却是–0.95%，这个结果让FMC在全美所有基金当中，排名在前 3%。”虽然上述资料并不能代表FMC在 1984 年以后完整的业绩表现，但是这样的结果已足以令人鼓舞。

还有两位个人投资者——斯坦·珀尔米特和里克·格林，在巴菲特 1984 年的演讲中被提及。由于他们两位没有与格雷厄姆本人接触的机会，因此被我从格雷厄姆的嫡系门徒名单中排除。而且，不论珀尔米特还是格林，在被巴菲特提名过后，其投资业绩皆不理想。然而，到了 2012 年，事实上 7 名超级投资人当中的 5 位，在 1984 年以后的业绩表现始终突出，证明巴菲特的“格雷厄姆及多德体系超级投资人”这个中心论点仍然令人信服。该场演讲表明，只要持续运用格雷厄姆“价值折现”的投资方式，其业绩表现便能够以显著的领先幅度，超越市场平均收益率。

这些结果，使得那些提倡有效市场假说者的论点变得不够正确。如同巴菲特所言："这些支持有效市场假说的理论学家认为市场上没有价值被低估的股票，因为聪明的证券分析师会利用所有可得到的资讯，确保每只股票的价位保持在适当水平上。"当然，如果一种特定的投资方法能够以极显著的领先优势打败大盘，就必定会让人们对有效市场假说的正确性产生怀疑，并强化格雷厄姆的价值投资理论。也就是说，只要找到并买入价格相对内在价值被低估的有价证券，市场便会给予优异的长期投资回报作为奖励。一位市场评论家在2010年发表了关于"格雷厄姆及多德体系的超级投资人"的现代版本的观点："整体来说，巴菲特当年的论点是以5∶2的比例，打败法玛的有效市场假说及其信徒。"若用科学化的语言表示，就是数据呈现的结果对"格雷厄姆及多德学派"（此派理论依据是，用股票内在价值与市场价格的高额价差，实现丰厚的获利）有利，而非有效市场学派。

事实上，一个配备强力探测系统的金矿工人，其采矿的业绩一定会持续优于那些随意挖掘的金矿工人。后者有时会因好运而挖到金矿，但是就长期表现来看，前者的成功率更高。持续创造优异的投资业绩所凭借的并非好运，无论1984年之前还是以后的岁月，"格雷厄姆及多德体系"的业绩表现之所以能如此优秀，也绝非仅凭好运。经过计算，巴菲特传奇买入当时濒临倒闭的《华盛顿邮报》公司的多数股份（伯克希尔的《华盛顿邮报》的持股价值在2004年达到最高峰之际，接近20亿美元），所花费的价格仅占该公司内在价值的20%，亦即该笔交易的安全边际高达80%。著名的投资金融学教授及作家坎宁安称："运气在短线交易者的投资组合里扮演极具重要的角色，投资纪律则在伯克希尔公司的投资中扮演关键的角色。”这里所谓的纪律，指的是忠诚地遵守格雷厄姆最基本的投资原则，不论（就短期而言）这种逆向投资法会造成多大的不便以及多么不受市场欢迎。

## 其他嫡系门徒

### 卡恩兄弟集团：欧文及托马斯·卡恩

1931 年，欧文·卡恩成为格雷厄姆的全职助教，并且在未来的 45 年里与格雷厄姆保持亲密的友谊。“在世最年长的投资专家”欧文·卡恩，已经 106 岁了[①]，他一直是格雷厄姆投资理念最坚定的拥护者。值得一提的是，欧文·卡恩目前仍活跃于投资领域并参与卡恩兄弟公司的运作，卡恩兄弟公司是欧文与自己的两个儿子——艾伦与托马斯于 1978 年创立的。目前，托马斯（他也曾与格雷厄姆打过交道），还有欧文的孙子安德鲁，都在努力实践格雷厄姆的价值投资法。在此，我没有办法确切地陈述它的整体操盘业绩相对于大盘的表现，但是这家总部设在纽约的公司，已有良好的知名度，旗下管理资产超过 8 亿美元。我在 2011 年 9 月对托马斯·卡恩进行访谈时，他告诉我卡恩兄弟公司采用“修正后的格雷厄姆与多德投资法”，这说明卡恩比格雷厄姆更关注一家企业的管理及技术水平等细节。

### 布兰德斯投资公司

查尔斯·布兰德斯是匹兹堡人，在 20 世纪 70 年代初期服务

① 本书英文版出版于 2012 年。——编者注

于一家位于圣迭戈的证券经纪商，他遇到退休后的格雷厄姆来到他的公司并想开户购买股票。自从那次与格雷厄姆碰面之后，格雷厄姆与这位年轻门徒之间便展开了智慧的交流。布兰德斯在遇见格雷厄姆之前，并未奉行哪一种特别的投资哲学；他通过几次参加面对面的价值投资研讨会的机会，得以向大师本人讨教，从此成为格雷厄姆忠诚的"信徒"，不久，布兰德斯投资公司成立，如同刊登在该公司网站上的声明："本公司自 1974 年成立以后，一直在采用本杰明·格雷厄姆发明的价值投资法来选股。"在他所撰写的第三版《当代价值投资》一书中，布兰德斯说，"本人受教于我的导师——本杰明·格雷厄姆"，而且他至今依然是格雷厄姆最成功的学生之一。我无法确切地陈述该公司的整体操盘业绩相对于大盘的表现，但是截至 2011 年 9 月 30 日，布兰德斯投资公司旗下管理的资产已超过 340 亿美元，成为全球规模最大的价值型基金之一。

## 其他顶尖的价值投资者

### 马里奥·加贝利/加贝利资产管理公司

马里奥·加贝利在 20 世纪 60 年代中期就读于哥伦比亚大学商学院，当时格雷厄姆早已退休并迁移至加州定居，但是加贝利还是幸运地得以受教于罗杰·默里——一位著名的价值投资派学者，此人之后还得到参与第五版（1988 年版）《证券分析》编修的机会。加贝利在 1977 年成立自己的投资基金，而且，他现在的投资渠道，也就是加贝利资产管理公司，截至 2009 年年底，旗下管理总资产共 214 亿美元。在《价值投资》一书中，格林沃尔德及其同事强调了加贝利对这个专业领域的一些贡献（对一些格雷厄姆原创的估值模型进行修改/更新）。然而，加贝利依然是一位忠诚的格雷厄姆信徒，格林沃尔德及其同事评价加贝利是一位“价值投资者……接受的是本杰明·格雷厄姆学派的传统训练”。事实上，加贝利也设立了年度“格雷厄姆及多德、默里、格林沃尔德奖”，给予取得杰出成就的价值投资者。

## 约翰·博格尔

身为先锋集团（旗下管理的总资产规模超过1.7万亿美元）的知名创始人，现在已经退休的博格尔，在投资金融界的事业长踞巅峰达数十年之久。在职业生涯中，他也以自己能够成为格雷厄姆的信徒而自豪。在他的经典著作《博格谈共同基金》的致谢中，他写道：“200年前，有句谚语：‘我们站在巨人的肩膀上，就可以比巨人看得更远。’我在撰写这本书的时候，倚仗的最主要的巨人之一，就是本杰明·格雷厄姆。”

## 让–马里·埃韦亚尔/第一老鹰基金

身为一名土生土长的法国人，埃韦亚尔在20世纪70年代初期移民至美国定居，一度被《财富》杂志誉为“价值投资大师”。据该杂志介绍，在负责管理全球价值型基金的26年内，埃韦亚尔交出了年度收益率为15.8%的成绩单，同期的标准普尔500指数的年度收益率为13.7%。埃韦亚尔遵从格雷厄姆的投资理念，他的投资偏好一直以来被描述为“选择内在价值和长期的成长潜力超过市场价格变动风险的有价证券”。这清楚地显示出他是格雷厄姆价值投资理念的实践者。埃韦亚尔是第一老鹰基金的首席投资顾问，根据报道，第一老鹰基金旗下管理的总资产规模超过 227 亿美元。

### 其他值得尊敬的人与公司

其他值得一提的美国本土投资者与基金包括：长叶合伙人基金，查尔斯·罗伊斯/罗伊斯基金，克里斯·戴维斯/戴维斯基金，李录/喜马拉雅资本，比尔·尼格伦/奥克马克基金，格伦·格林伯格/酋长资本公司/勇士资本公司，霍华德·马克斯/橡树资本管理公司，塞思·克拉尔曼/鲍波斯特集团，迈克尔·普赖斯/富兰克林邓普顿/普赖斯投资公司，罗伯特·哈格斯特朗/美盛资本管理公司，帕特·多尔西/萨尼贝尔·卡普蒂瓦，莫尼什·帕伯莱/帕伯莱投资基金公司，谢弗·卡伦资产管理公司。

## 遍布全球的格雷厄姆信徒

### 北方的“巴菲特”：彼得·康迪尔/康迪尔价值型基金

被世人视为“加拿大巴菲特”的康迪尔在 1973 年搭飞机的途中，首次在“亚当·斯密”（此人当然不是那位 18 世纪著名的英国经济学家，而是财经作家乔治·古德曼的笔名）的《超级金钱》这本书中得知格雷厄姆这个人及其投资方法。康迪尔对格雷厄姆的投资理念有如此深刻的印象，以至于在结束那一段旅程后，这位住在温哥华的会计师便知道自己在余生中该选择何种职业。比起大部分的超级投资人，康迪尔属于纯粹的格雷厄姆信奉者，倾向于利用他的会计背景找出好的投资机会。根据财经作家罗伯特·阿尔法所著的《财务规划分析专家：跟着赢家学习投资策略》，康迪尔对有价证券的关注点，“根据格雷厄姆的投资原则，在于资产负债表的健康度及净流动资产的价值”。康迪尔先生于2011 年 1 月告别人世。

## 日本的价值投资者：野村证券

总部设在东京、以价值投资为导向的野村证券公司，在 31 个国家设有分部，全球雇员人数超过 2.7 万人。它的经营规模与全球布局，就是将格雷厄姆的价值投资方法在全球应用与传播的例证。我曾有机会与两位野村证券的资深投资经理面谈。在 2011 年于奥马哈市举办的价值投资者大会上，我见到了鹤雄光信、青木秀幸。青木先生向我讲述了当年他在日本第一次接触价值投资学派的情形：“当我还是个大学生的时候，读过特雷恩写的《股市大亨》日文翻译版，那本书中有一部分介绍了格雷厄姆的投资哲学。那本书对我的职业生涯发展产生了重大影响。”截至 2011 年 3 月，野村证券旗下的总资产规模已达 24.7 万亿日元（约为 3 210 亿美元）。

## 巴黎的格雷厄姆信徒：阿米拉尔资产管理公司

这一家位于法国的投资公司的最引人注目之处，就是它的成立时间非常晚。2003 年刚成立时，总部位于巴黎的阿米拉尔，将其宗旨明确呈现在企业网站上：“通过寻找有品质的公司，且其股价明显被市场低估，以实现稳定的长期业绩表现。”在 2011 年于奥马哈市举办的价值投资者大会上，我曾与来自该公司的两位分析师碰面，他们是戴维 · 普莱与拉斐尔 · 莫罗。我从他们那里得知，阿米拉尔公司的投资哲学主要来自格雷厄姆的著作，以及巴菲特的投资智慧。莫罗先生告诉我：“当我还是个实习生的时候，我的老板送给我一本《聪明的投资者》，要求我阅读其中几个章节，并在两天内向他汇报！”一家成立于 2003 年的法国投资公司，将自己定位成格雷厄姆投资哲学的追随者，这个事实说明，格雷厄姆的投资准则存在着永恒及普遍性的特质。

## 将价值投资法应用于海外选股：
## 汤姆·拉索/加德纳、拉索与加德纳公司

加德纳、拉索与加德纳公司的投资组合经理汤姆·拉索，是一名高度成功的价值投资者。虽然拉索在美国，他却擅长寻找全世界发展中国家快速崛起的投资机会并借此获利。举例来说，拉索喜欢投资某些欧洲的消费品公司，这些公司的特质是，它们在撒哈拉沙漠以南的非洲经济快速发展的地区，拥有庞大的业务量。通过这样的投资方法，“加德纳、拉索与加德纳公司的投资者可以享有这些经济快速成长的地区带来的好处。当然，扩大在全世界的投资范围，只是他们应用格雷厄姆投资方法的极佳范例之一。通过他们的有限合伙企业桑佩·维克有限合伙公司加德纳、拉索与加德纳公司自 1992 年之后，每年的投资业绩皆稳定超过大盘。目前桑佩·维克旗下管理的总资产规模超过 4 亿美元。

格雷厄姆投资方法的实践者，都是有头有脸的知名人士。世界上还有成千上万默默无闻但成功的投资者及投资公司，他们至少有部分业绩可以归因于秉持与上述投资者同样谨慎却善于寻找获利机会的价值投资准则。毕竟，除了成为伟大的投资者之外，格雷厄姆也是一位多产的作家。不像许多投资者都喜欢“私藏绝学”，格雷厄姆非常热切地向世人介绍他的投资方法及细节。数十

年来，他兼任学校讲师，撰写了数十篇学术报告及文章，还进行了为数不少的演讲，这些都是留给后代子孙的宝藏。

价值投资法的持续成功，为巴菲特的一句经常被引用的名言，提供了更进一步的支持："如果一个原则会因时间的流逝而显得陈腐过时，那么它并不是真正的原则。"格雷厄姆的基本理念经过时间检验而历久弥新，既然目前已经有数十年的后见之明可以作为依据，我请巴菲特评估在格雷厄姆的思想当中，是否有哪些"盲点"。他的回答还是如过去那般，可以带给人们启示："我真的没有看到任何盲点，我以前就强调过，如果格雷厄姆的三个主要投资理念——企业主心态、市场先生、安全边际——变成你投资行为的'基因'，结果就不会出现什么大问题。"上述这段话是巴菲特的观点，公信力十足。然而，即便是弗朗西斯·培根爵士（他曾写道："毫无疑问，经验就是最好的证明。"）也必须承认，格雷厄姆的门徒及其追随者所创下的那些令人惊叹的投资业绩纪录，已经成为价值投资理论有效性最强有力的证明。

通过数十年应用他那些经过时间检验的投资理念，格雷厄姆即便已赚得为数可观的财富，他在搬迁至加州后还是不甘寂寞，不想就此完全退休。事实上，他很快就在加州大学洛杉矶分校找到一份教授证券分析课的工作，另外他还全心投入写作及其他有创意的计划，其中有许多甚至与投资金融学或宏观经济学完全无关。更值得一提的是，即便住在相当舒适的贝弗利山庄，过着表面上看来如田园般的悠闲生活，格雷厄姆还在准备为他那充满传奇色彩的人生，继续谱写出更精彩的乐章。

THE EINSTEIN OF MONEY

# 第13章 堪比小说的人生

## 退休后的事业、情感与生活

> 格雷厄姆-纽曼公司将于1956年8月20日星期一上午10点半，于纽约州纽约市东42街122号的办公大楼召开特别股东大会，研究公司清算及解散之议案。特此通知。
>
> ——“特别股东大会通知”，
>
> 格雷厄姆-纽曼公司，1956年7月30日

于是，一家传奇性的投资机构及其共同创始人暨首席分析师本杰明·格雷厄姆的显赫的投资生涯就此终结。在1956年8月的股东大会上，格雷厄姆-纽曼公司的股东决议执行清算方案，1957年9月30日，格雷厄姆-纽曼公司解散。在投资表现方面，就像我们在第9章强调的，1936~1946年，格雷厄姆-纽曼公司的业绩跑赢大盘，幅度超过85%。欧文·卡恩及罗伯特·米尔恩搜集该公司从1945年至1956年的“股东信”（实际上是相当详尽的公司年报），并进行业绩数字的分析，结果显示年均收益率为

17.4%，表现不错但并不杰出。事实上，这个数字略逊色于标准普尔 500 指数在相同时间内的 18.3%的年均收益率。但是在质疑格雷厄姆担任投资经理人的能力之前，让我们依次考虑三个重要条件。

首先，当我们合并计算两组业绩资料（“1936~1946 年”及“1945~1956 年”），并调整重叠两年（1945 年和 1946 年）的数字时，格雷厄姆–纽曼公司在 1936~1956 年这 21 年来的年均收益率约为 17.5%，而标准普尔同期的数字为 14.3%。显然，格雷厄姆的操盘业绩显著超过大盘（22.4%）。

更重要的是，格雷厄姆–纽曼公司于 1956 年解散后，股东仍继续持有按比例分配的盖可公司股票，其获得的收益都很亮眼，并大幅超过大盘。就像第 6 章讨论的那样，格雷厄姆早有先知之明，于 1948 年建议格雷厄姆–纽曼公司以 736 109.95 美元——相当于现在的 700 万美元，买入盖可公司 50%的股权。到 1995 年 8 月，盖可成为美国第六大汽车保险公司。同年 8 月底，已经拥有盖可公司 51%股权的伯克希尔 · 哈撒韦公司，再次以 23 亿美元——相当于现在的 33.7 亿美元，买入其余 49%的股份，购得整个盖可公司。（当然，自格雷厄姆收购股权以来，盖可的组织构架已大不相同，因此不能拿“此苹果与彼苹果”做比较。不过，这个例子确实可以说明盖可的价值自 1948 年以来实现了大幅增长。）此外，珍妮特 · 洛曾于 20 世纪 90 年代中期写道：“1993 年，格雷厄姆的孙子卖掉祖父持有的一部分盖可股票，来筹措医学院的学费。”

其次，即便是 1945~1956 年的这段时间，从某些指标来看，格雷厄姆–纽曼公司的业绩表现也很出色：0.39 的低$\beta$系数（贝塔系数，即个股对整体市场风险的敏感度），$\alpha$ 系数达到 0.77，代表格雷厄姆–纽曼公司的投资收益率，比同类型的低风险投资组合的预计收益率高出 7.7%。经历过大萧条时代锥心刺骨的亏损后，对格雷厄姆来说，降低风险比什么都重要。当然，他也追求收益最大化，但是他不会为了提高获利而放弃低风险原则。就像洛的评论："格雷厄姆的员工有时会抱怨他过度保守。"因此，1945~1956 年这段时间，格雷厄姆公司的业绩或许并不亮眼，但相对于大盘，他们有着极低的风险和收益波动。卡恩及米尔恩写道："然而令人怀疑的是，格雷厄姆–纽曼公司是否有这么多投资人，会用这个方法来衡量他们的投资回报。投资盖可的惊人获利，使一切都黯然失色。"确实，格雷厄姆在 1945~1956 年这段时间，似乎犯了过分追求低风险而导致报酬过低的错误。不过，受惠于 1948 年买入盖可股权所产生的巨大获利，格雷厄姆的低风险投资决策，最后还是创造了非凡的高回报。

## 黄金之州的黄金年代

20 世纪 50 年代中期，格雷厄姆做了许多决定，影响了他后半辈子的人生。也许最重要的是，过了 40 多年"华尔街拼命三郎"的日子后，格雷厄姆觉得自己应该退休了。自幼家道中落时便一直努力奋斗而终获财务自由的格雷厄姆，看不出有什么继续倾注全部心力于投资的理由。不过，在学术层面，他继续做演讲和撰写金融投资方面的著作。其中最主要的是致力于《证券分析》第四版（1962 年），《聪明的投资者》第二版（1959 年）、第三版（1965 年）和第四版（1973 年）的修订，并且在《巴伦周刊》

《金融分析师期刊》及其他声誉卓越的财经期刊上发表数篇文章。1964 年 1 月出版的一本生平概述，在介绍格雷厄姆执笔的一篇论文时，贴切地归纳出格雷厄姆在这段时间的专业活动：

> 本杰明·格雷厄姆集丰富的商业与学术经验于一身。他目前是加州大学洛杉矶分校的驻校教授及华盛顿特区“政府雇员保险公司”（盖可公司）的副主席，写过许多关于证券分析和各种一般经济主体的文章。

在投资方面，布兰德斯告诉我：“（格雷厄姆）退休后，把资金转入市政债券，并没有从事太多的投资活动。”就像前面的讨论，虽然投资是格雷厄姆真正的兴趣，但那只是他众多的爱好之一。格雷厄姆的儿子布兹，回忆一家人在斯卡斯代尔时期［“我记得他（格雷厄姆）每天都去公司”］和他们在贝弗利山庄那段日子的差异，证实了布兰德斯的看法：

> 我父亲想赚足够多的钱过好日子，但是他对于赚更多的钱缺乏兴趣，因此在某个时间点，他退出了股票市场。我认为后来点燃他的热情的，纯粹是思考关于市场和沟通等问题的智力挑战。不过除了股市之外，他还有很多其他兴趣。

摆脱全职工作的枷锁并卸下管理别人财产的重大责任后，格雷厄姆终于可以在自己的“黄金年代”尽情探索其他兴趣。在各项兴趣中，布兹记得他父亲通过一项新发明，重新燃起了对数学的热爱：

> 他花了很多时间研究一种计算尺，它没有用到对数，而

是用相似三角形来计算。他找人把尺做成模型并取得专利，可是等他终于准备好投产时，第一台计算器问世了，所以他就放弃了。不过，他并不是真的那么在意它，那只是他的智力探索。

事实上，格雷厄姆多出来的空闲时间，反而令他忙得不可开交，因为他的大脑似乎需要应对一系列的新挑战。布兹回想起父亲与生俱来的创造力，如何以妙趣横生的方式表现出来。格雷厄姆的莫尔斯电码记忆系统就特别有意思：

> 在美国童子军军营中，我必须学习莫尔斯电码，于是父亲想出用文字的音节来背诵莫尔斯电码这个聪明的办法。比如字母r是“·–·”，他就用“revolver”（左轮手枪）这个三音节的词来代表，每个字母都对应某个长音节或短音节的词来记忆。他一直在做这样的事情，同时兼顾各式各样的兴趣。当然，他也读了很多书。

南加州的宜人气候和天然美景，似乎是培养这些兴趣的理想环境。母亲过世，三个女儿嫁了两个，最大的两个儿子也已不在人世，格雷厄姆的哥哥利昂和维克托及他们的家人都定居在洛杉矶，这些都是格雷厄姆决定搬到西海岸的重要考量因素。在格雷厄姆的回忆录中，有一段真情流露的文字，提到了他的两个哥哥：“他们对我疼爱有加，我们注定要做超过 60 年的好兄弟。”第二次痛失爱子后，与哥哥们“再度团圆”，或许能带给他极度需要的感情慰藉与家庭支持。

格雷厄姆举家搬迁到加州是经过周详计划的。前面提过，在

1955年的那段时间（为期半学年），他、埃斯蒂和布兹有很多机会可以尽情体验西海岸的生活。他们在加州短暂停留的日子想必非常开心，以至于三人皆欣然同意搬到这个黄金之州定居。像格雷厄姆这种闲不下来的人，早就充分认知到自己不可能满足于整天“享受生活”，从事一些学术活动对他是有益的。因此，格雷厄姆告别了在哥伦比亚大学26年的辉煌时光，接受了加州大学洛杉矶分校商学院院长的热情邀请，在这个声誉卓著的学术机构教授证券分析课程。

虽然格雷厄姆很开心能和哥哥们比邻而居，不过对他们一家搬到西海岸开始新生活的决定产生更重大影响的，其实是其他亲戚。2011年8月，萨奈特医生告诉我：

> 我们搬到加州之前，曾拿出一小笔钱投资格雷厄姆-纽曼公司，直到我在加州的生活稳定下来，全家人都靠那笔资金过活。后来，令我大吃一惊的是，本杰明·格雷厄姆退休了，而且搬来了加州（哈哈）。

萨奈特医生之妻罗达，是格雷厄姆的大表妹，但因为罗达是莫里斯与他的第二任妻子生的孩子，所以她的年龄和格雷厄姆家的那几个年龄大的孩子相仿，拥有一段和本杰明、海泽尔及他们家的小孩在一起玩耍的美好回忆。虽然萨奈特夫妇是格雷厄姆-纽曼公司的投资人，但是在20世纪50年代，萨奈特一家和格雷厄姆一家似乎并没有什么密切往来。两家人几乎同时搬到洛杉矶的决定互不相干，但这种同步本身就已令人啧啧称奇了，没过多久又出现了一个几乎可以说是诡异的巧合，对此萨奈特医生说：

我有个和本杰明·格雷厄姆没有任何关系，和罗达也不太熟的表弟。有天晚上，他无意中打电话给我，说他有个寡妇朋友，在贝弗利山庄有栋房子要出售："我想你应该来看看这所房子。"那时候，罗达已经花了一个礼拜的时间找房子，她看到三栋喜欢的，但我一栋也没有看中。房地产经纪人带着我四处看房子，最后我终于找到一所满意的房子（位于枫叶大道616号）。哎呀，太巧了！这所房子就在格雷厄姆家（位于枫叶大道611号）的正对面。

格雷厄姆全家入住贝弗利山庄的枫叶大道才不过几个月，萨奈特医生、罗达和儿子格里就搬到了他们家对面。虽然格雷厄姆和萨奈特医生彼此互不讨厌，但也没有到"投缘"的程度。当我询问萨奈特医生，在他们两家人的频繁互动中，他们都和本杰明聊些什么时，他说："跟本杰明？我们很少交谈。"不过，埃斯蒂和罗达倒是成了形影不离的好朋友，布兹和格里也是。"罗达与伯尼[①]的儿子和我同岁，"布兹说，"所以，我们从小到大的感情一直很好。"布兹和格里就像童子军队长格伦·福特手下的童子军！福特先生是当时最知名的影星之一，主演过《潜艇驱逐战》《锦囊妙计》等好莱坞影片。

确实，住进全美最高级的住宅区之一，格雷厄姆和萨奈特一家开始在20世纪50年代末和60年代初结交上流社会人物。除加州大学洛杉矶分校商学院院长和该校校长之外，经常出现在格雷厄姆晚宴的座上宾还包括名作家威尔·杜兰特（代表作是《世界文明史》）、欧文·斯通（代表作是《痛苦与狂喜》），以及诸多政

① 萨奈特医生的昵称。——编者注

商名流。洛温斯坦观察到，比起她的知识分子丈夫，埃斯蒂似乎更沉醉于西岸生活的魅力。“一个来自布鲁克林的穷女孩，自学出身的埃斯蒂，迷恋洛杉矶的上流社会生活。她和格雷厄姆在‘好莱坞露天剧场’有一个私人包厢，并经常举办奢华阔气的晚宴。”格雷厄姆本人对于笼络洛杉矶的豪门权贵不感兴趣，反倒是埃斯蒂更热衷于扮演东道主的角色。

在格雷厄姆的宾客名单中最有名的人并非“洛城人”，而是一个温文尔雅的中西部人，一个当时出了奥马哈市就几乎无人认识的人。巴菲特提到他与妻子苏珊那段时间参加格雷厄姆晚宴的情形：“我认识了很多朋友，包括史格博博物馆的杰克·史格博，后来他变得非常有名。在这些宾客中，有很多人通过本杰明和埃斯蒂的引荐成为我的合伙伙伴，埃斯蒂自己也是其中一员。”事实上，巴菲特与格雷厄姆的关系，就是在这个时候从融洽的学术/工作伙伴关系，发展成为真正的友谊的。巴菲特回忆道：

> 我们夫妇二人不仅和本杰明成为朋友，还和他的妻子埃斯蒂成为非常好的朋友。他搬到加州、我搬回奥马哈之后，我和太太经常去往加州，与格雷厄姆一家联络感情。我们住在离他家只有半英里（或许不到）的“贝弗利山庄酒店”，然后专程去拜访他们。后来，我们不仅与格雷厄姆一家成为更好的朋友（在我离开格雷厄姆–纽曼公司之后），还跟他们的朋友成为朋友……因此，我们的友谊是从我们去加州拜访他们一家后才开始的，当然这是我离职后和他退休后的事。我的意思是，我在格雷厄姆–纽曼公司工作时，格雷厄姆对我好得不得了，但直到他退休并搬到加州之后，我们才有了真正的私交。

格雷厄姆的确退休了，但是就跟他的许多想法一样，他对退休的定义也与众不同。格雷厄姆对高尔夫、在泳池畔啜饮马丁尼，或是连续几个小时坐在电视机前毫无兴趣。相反，他投入许多学术和智力活动，其中最重要的一项就是他在加州大学洛杉矶分校备受赞誉的商学院，担任了 15 年的杰出教授。我曾有幸对已故的弗雷德·韦斯顿博士（当时已 94 岁的金融系荣誉退休教授）进行了简短的电话沟通。韦斯顿博士是格雷厄姆在那段时期的同事及朋友，他告诉我，格雷厄姆形形色色的兴趣和永不止步的求知欲，总是令他惊讶不已。他也盛赞格雷厄姆丰富的跨学科知识，令人肃然起敬。

“他出色的地方太多了。”韦斯顿真诚地表示。跟格雷厄姆的许多同事一样，韦斯顿似乎对他这个朋友的智力和个性充满敬佩之情。韦斯顿用肯定的语气说：“格雷厄姆是我认识的最聪明的人之一，我相当敬重他。”格雷厄姆之所以赢得这些尊敬，原因之一或许是他在加州大学洛杉矶分校执教竟然分文不取。格雷厄姆热爱教学，而且不缺钱，这反映了他晚年对于金钱的态度。62 岁搬到加州，财务自由，因此他选择做最能满足他的内心求知欲的事情，并放弃自己不感兴趣的事情。格雷厄姆仍旧在一些公司担任董事（最主要的就是盖可公司），甚至偶尔从事顾问工作，不过他在加州（以及后格雷厄姆–纽曼公司时代）的大部分时光，都在从事与商业无关的活动。

诚如布兹所述：“我们住在贝弗利山庄时，他几乎整天都待在书房。我们家后花园有一间工作室，他大部分时间都在那里打发时间。”布兹还讲述了一件令人莞尔的事：“我会溜进他的书房，问他某件需要花时间思考的问题，他会忽然回过神儿来解答我的疑问。他就像梦游的人一样，永远都在思考某件事情。”亨利·福特曾说：“思考是世上最困难的工作，或许这就是少有人做这件事的原因。”但是，对于格雷厄姆来说，福特的这句话似乎完全被颠覆了——不必思考的事情，才是最沉闷累人的。

萨奈特医生回忆起格雷厄姆在他妻子主办的豪华晚宴上，偶尔出现的古怪行径：

> 他是个桀骜不驯的人，有不折不扣的知识分子性格。因此，当埃斯蒂请来满屋子的宾客，甚至还有几位位高权重的人在场时，本杰明显然找不到什么话题和他们交谈。丢下12个还是14个客人，本杰明就这样消失不见了。埃斯蒂到处找他，结果发现他正在自己的书房里解决某个数学难题或令人费解的问题。

萨奈特医生将格雷厄姆形容为“不折不扣的知识分子”，几乎不与人亲近，我发现这个看法最有意思的地方，就是它和汉堡医师及其夫人索尼娅记忆中亲切健谈的格雷厄姆，形成了鲜明的对比：“我们和格雷厄姆无所不谈。”汉堡夫妇是圣迭戈人，和欧文及玛乔丽·贾尼斯（格雷厄姆的女婿及大女儿）是亲密好友，跟几年后搬到圣迭戈的格雷厄姆来往密切。一般认为，“两个格雷厄姆”性格上的反差，与玛丽·路易丝有某种程度的关系。

## 命中注定的爱情

西摩·查特曼（加州大学伯克利分校退休教授）为1996年出版的格雷厄姆回忆录撰写了一篇颇有见地的序言。他对格雷厄姆晚年的生活有过如下评述："他在人生晚年的岁月中开始寻求情感方面的智慧，以匹配他对金融界的理解。"在富有诗意的奇特命运转折处，他的生活就好像他喜欢的希腊古典故事情节那样，在家庭悲剧中找到了情感智慧。然而，在探讨格雷厄姆与小牛顿的情人之间的关系之前，回忆录中还有一些重要"线索"，涉及他第三次婚姻中那些不太满意的问题。

格雷厄姆曾多次批评他的第一任妻子，对第二任妻子也多有蔑视。与此不同的是，格雷厄姆在回忆录中对埃斯蒂少有评论，但读者依然可以从字里行间中明确地感受到他对第三任妻子的不满。曾有人指责他的驾驶记录不佳（这些人"在血缘或婚姻方面都是至亲"），他在为自己辩护的时候表露出对埃斯蒂的嘲讽："埃斯蒂，你可是司机中的楷模啊，也是最常批评我的人！难道不是你驾车在帕克大街上没心没肺地走错了方向？"尽管格雷厄姆的说话语气幽默，但是指责埃斯蒂是"最常批评我的人"，这一点在他所列举的事例中表现得非常明显。

还有一段文字来自格雷厄姆在 1957 年写的《自画像》文章（用过去时和第三人称写作），当时他们刚搬到加利福尼亚一年，也是他第一次见到玛露后的第三年。"部分来自亲身体验，部分来自想象，他认为几乎所有女人都不可理喻、专横跋扈，无法体会他的善意和耐心，一心只想闯入他私生活的禁地。"格雷厄姆所写的以下文字让人一眼就能看出这些贬义的评价是说谁的：

> B晚年遇到了一位女性，她才是他的精神和灵魂伴侣，性格温和、品行端庄。然而，这些优点他在其他女人身上从未发现。为了她，他愿意排除他在自己与他人之间竖起的那

些障碍……60岁以后，他重新开始了自己的感情生活，开始享受爱情，不是将其视为生活中的一种体验，而是生活的全部体验。

“60岁”这几个字明确表明，重启他情感生活的女人就是玛露。他们第一次相遇是在1954年（当时他刚好60岁）。至于埃斯蒂，他们从1940年开始约会，1944年结婚。从各个方面来说，埃斯蒂没有海泽尔那么强势，也比后者更体贴。然而，仿佛总有一些事情让格雷厄姆对她心生怨念。上面那段文字足以说明这一点，这段文字写于他与玛露一起生活之前。父亲与命运多舛的儿子的情人之间的深深爱恋之情，要么是在格雷厄姆1954年法国之行期间产生（他那次待在法国几个星期，完全有可能），要么是在他们鸿雁传书期间产生。

## 谜一样的女子

玛露的姓氏一直被说成是“艾敏格斯”，这既不是法语，也不是巴斯克语。同许多以“斯”结尾的姓氏一样，它应当是葡萄牙语。然而，她一直被视为巴斯克人（来自法国讲西班牙语的地区），因为她能说一口流利的西班牙语和法语（以及英语）。此外，她和格雷厄姆在葡萄牙的各个岛屿上生活了相当长一段时间，她可能在马德拉群岛的丰沙尔还有一处房产（这或许表明她同葡萄牙也有着某种联系）。当然，即使她的家族同葡萄牙有某种联系，也无法排除她同巴斯克的联系，或者否认有人认为她在巴斯克出生长大的观点。

格雷厄姆的外孙女夏洛特·赖特向我提供了一条有意思的信息。赖特夫人手里有一张 1955 年的信笺，上面把玛露的姓氏写成“埃米格斯”。显然，这种拼写表明她同另外一个地区有联系，即伊比利亚半岛东北部的加泰罗尼亚（它是西班牙的一个自治区，当地人讲西班牙语和加泰罗尼亚语）。我认为这一证据十分重要，但尚不足以确认她的姓氏并不是“艾敏格斯”。不管怎么说，有一点可以确认，玛露不是纯粹的法国人。的确，从玛露 60 多岁时的照片来看，这位有着橄榄色皮肤的女子具有明显的地中海人特征。法国经济相对发达，一直是来自西班牙和葡萄牙（以及意大利）移民（或者移民后裔）的向往之地。因此，具有地中海特征的姓氏在法国并不少见，即使对那些在法国生活多年的家庭来说也是如此。

玛露的出身背景很难确认，但她绝对是法国公民。根据汉堡夫妇的说法，跟许多同时代的法国公民一样，玛露“对美国人是极为鄙视的”。不过，她能说一口流利的英文，这绝对是她和小牛顿发生恋情的主要因素。玛露究竟如何成为小牛顿这位美国大兵的情人，是另一个谜。比玛露大约小 20 岁的小牛顿，可能和她的孩子差不多大（据说她有一个儿子）。在 20 世纪 50 年代初笃信天主教的法国乡下，这种行为是不寻常的。然而，玛露的小情人自杀后所发生的事情，才是最令人匪夷所思的：跟刚过世的情人的已婚父亲谈情说爱。虽然格雷厄姆完全抛弃了宗教信仰，但汉堡夫妇告诉我，几年后玛露和格雷厄姆在圣迭戈地区时，仍会不时参加天主教的弥撒仪式。

为这个女子增添神秘的是，珍妮特·洛在 1994 年写道：“据认识玛露的人说，她在第二次世界大战期间曾活跃在法国的地下游击队中，并拥有过人的聪明才智。”当然，玛露参与“二战”期间的反纳粹活动，让格雷厄姆对她产生了仰慕之情；但她“过人的聪明才智”或格雷厄姆笔下的“智力素质”，才是真正让他拜倒在这个欧洲女子石榴裙下的关键因素。例如，两人都能说多国语言，至少精通西班牙语、英语和法语三种语言。汉堡医师和布兹提到格雷厄姆讲法语时有很重的美国口音，“他的法语说得很流利，但是带着浓重的美国腔，听上去很搞笑。”布兹笑着说。

而且，他们俩好像都喜欢各国的文学作品。值得一提的是，格雷厄姆生前的最后一部完整作品（不包括以前出版作品的修订版）是他为一部西班牙小说《劫后余生》所做的英译本，这本小说的作者是乌拉圭作家马里奥·贝内德蒂，内容是关于马丁·桑托梅的故事，这位中年男子与自己的孩子关系恶劣，因为爱上一名年轻女子得到解脱（浪漫的爱情让他“劫后余生”，否则他的生活将会充满对立和紧张氛围），但这位女子却不幸离世。很显然，从某种程度上说，格雷厄姆就是贝内德蒂笔下的主人公。格雷厄姆的译作《劫后余生》于 1969 年出版。

关于玛露的“灵魂素质”，似乎就更难解释了，她本身的情感表现似乎不太开放。布兹记得她“有点儿冷漠”；索尼娅觉得玛露“为人孤僻，疏离冷淡，她要花很长时间才会敞开心扉。在她准备好之前，你休想走近她半步”。关于他妻子和玛露的关系，汉堡医师表示：“索尼娅是少数几个能让玛露友善以待及敞开心扉的人。”但是，就像汉堡指出的那样，法国人向来不像美国人那样容易对他人掏心掏肺。因此，玛露这种性格，至少部分可能由文化差异所致。此外，她显然不愿和他人打交道的态度，或许会令某些人反感，不过与格雷厄姆却一拍即合。

在情感方面，布兹与汉堡夫妇对玛露的记忆，都未反映出她有何特别之处。“她对父亲的关心和照顾是很传统的，”布兹回忆道，“但我母亲对我父亲也是照顾得无微不至，至少据我所知是这样。”曾陪伴外祖父共度人生最后几年的多个节日的赫塞尔廷（格雷厄姆与海泽尔的第五个孩子维妮的女儿），对玛露留下了美好的印象：“她是个很棒的人，他们的感情似乎很甜蜜。”虽然认识玛露的人对她的评价莫衷一是，但众人一致认同她对格雷厄姆的情绪稳定有积极的影响。

汉堡夫妇记得，“格雷厄姆在认识她之前，似乎非常害羞内向，和玛露交往后，他变得比较容易沟通，整个人也放松了。玛露真的打开了他的心，我的天呀！这种改变简直是在一夕之间发生的。”说来也奇怪，虽然她本身的个性并不温暖（至少对某些人而言），却有办法攻破格雷厄姆的情感“堡垒”。就连对这段感情感到五味杂陈的布兹，也对玛露对他父亲的影响力留下了深刻印象：“他们（格雷厄姆和埃斯蒂）分开让我很不开心，但是看到父亲那么快乐，玛露那么在乎和照顾他，我又动容不已。所以，从这个角度看，我对整件事的看法是很积极的。”

## 第三次婚姻破裂

曾经爱戴及敬仰格雷厄姆的罗达，对于格雷厄姆未能善待她亲密的朋友埃斯蒂颇有微词。20 世纪 90 年代中期，罗达告诉巴菲特的传记作家洛温斯坦：“和本杰明在一起生活，并非总是开心的。他是个天才，这并不表示他也是世界上最贴心的人。”格雷厄姆刚开始和玛露谈恋爱时，他的妻子认为玛露只不过是丈夫一时心血来潮找的一个情人，最后一定会以分手收场。但她完全没想到，格雷厄姆和玛露的这段恋情，竟然会“驯服”她的丈夫。出人意料的是，这对恋人培养出全方位的深厚情感：从知识、感情到身体方面都很契合。确实，根据各方说法，格雷厄姆与玛露之恋，是他最快乐也最顺利的一段感情。

罗达的丈夫萨奈特医生向我讲述了格雷厄姆于20世纪60年代初和玛露开始四外游历的事情：“他们待在欧洲沿海附近的几个小岛上。他带她到不同的地方，最后来到圣迭戈。”在回忆录中，格雷厄姆曾大概提及他去过亚速尔群岛（位于北大西洋中部的葡萄牙属群岛），布兹也记得自己曾到玛露位于马德拉群岛的家拜访他们。不过，格雷厄姆仍然在乎埃斯蒂，并用他一贯独特的方式来表达他的感情。他告诉埃斯蒂，他希望半年时间跟她住，另外半年时间跟玛露住。像埃斯蒂这样的传统女性，不可能同意这样的安排。这种无情的行为激怒了埃斯蒂，她要求离婚和一笔赡养费。萨奈特医生表示：“大约1965年的时候，埃斯蒂拿到了本杰明给她的100万美元，但她并没有真正提出离婚。”也许是受到和埃斯蒂不欢而散的打击，同一年，格雷厄姆和布兹去猛马山滑雪时，生平第一次心脏病发作。

早在1965年之前，玛露就代替埃斯蒂成为格雷厄姆生活中的主要伴侣。在欧洲待了一段时间之后，格雷厄姆和玛露每年都会在加州拉由拉的公寓中住上一段时间，其他时间则主要住在法国普罗旺斯的一处房屋中。格雷厄姆的外孙女夏洛特·赖特在给我的信中写道：“我父亲（欧文·贾尼斯，玛乔丽的第一任丈夫）曾在拉由拉休假一年，我则于1966~1967年在拉由拉上中学。本尼当时还没有搬来拉由拉。”赖特夫人也回忆起在1967年同外祖父一起到欧洲旅行的情景。然而，在 1968 年五六月份，巴菲特、鲁安、芒格、纳普以及其他重要投资人到圣迭戈看望格雷厄姆，汉堡医师也回忆起 1969 年格雷厄姆遭遇的一次严重的医疗事故。由此可见，格雷厄姆在 1967 年秋天至 1968 年春天间搬至拉由拉居住。

从那时起，格雷厄姆和玛露就在这两个世界上最美丽的地方生活。然而，值得注意的是，他们的这两处房屋都不大，也不奢华。

尽管格雷厄姆和埃斯蒂并未正式离婚，但是在格雷厄姆人生的最后 10 年里，他们一直处于分居状态。格雷厄姆的第三任妻子虽然获得了高额的赡养费，但她终其一生自艾自怜，无法从伤痛中走出来。布兹告诉我，他父母分居后几乎没再见过面，他的母亲终日郁郁寡欢："我想我妈妈整日愁容满面是可以理解的，也是非常不幸的。"巴菲特的传记作家艾丽斯·施罗德说，埃斯蒂在与格雷厄姆分手后的相当长一段时间内，所有信件的署名都是"本杰明·格雷厄姆夫人"（可以想象，这表明她反对丈夫与玛露在一起生活）。

格雷厄姆确实与布兹维持着相当紧密的关系，不过，格雷厄姆在儿子青少年初期突然离开贝弗利山庄，似乎给布兹留下了不可挽回的伤害。与萨奈特夫妇明确表达不认同格雷厄姆对埃斯蒂的负心薄幸不同，布兹并未直接表达对父亲的任何不满。然而，当我问到他母亲和父亲教养风格的差异时，他回应的措辞和口气非常耐人寻味："我父亲中途就离开了这个家，高中阶段我是和母亲一起度过的。既然我成长的过程中和母亲相处的时间更多，当然我跟母亲的关系更亲近。"

布兹继续回答我提出的关于他父母的教养方式问题。但是，由于我没有问他同父亲还是母亲更亲近，他的回答似乎有意无意地暗示，在他的成长过程中，他的父亲没有尽到父亲应尽的责任。

然而，从格雷厄姆单方面的辩解来看，他一年中有一半的时间住在拉由拉（距离贝弗利山庄只有两个小时的车程），目的之一就是维持同儿子的关系。的确，布兹当时经常去拉由拉看望格雷厄姆，并同他在欧洲待过相当长一段时间。高中毕业后，布兹积极投身民权运动。事实上，1964~1965 年，他前往密西西比州并三次入狱。格雷厄姆认识也很喜欢的安德鲁·古德曼——罗伯特·古德曼之子——在布兹抵达前在密西西比州失踪（后来被发现死于非命），所以从各方面来说，那都是一段黑暗的时期。格雷厄姆绝对认同他儿子对于种族平等的观点，但可以理解的是，他对这种活动的风险忧心忡忡。所幸，布兹后来安全返家，最后在加州门多西诺的乡村地区开设了一间双语医疗诊所。

据说，就连欧文·卡恩这位格雷厄姆的头号拥护者，也是主张格雷厄姆的重要性仍然“被低估”的人，都认为格雷厄姆是婚姻失败者。他在 1977 年的一篇标题为“本杰明·格雷厄姆性格之我见”的文章中写道：“虽然本杰明是一个尽心尽力的父亲，但是比起一般的丈夫，他其实投入了更多心力在自己的事业和文化兴趣上。”确实，尽管发生了小牛顿之死的悲剧，但格雷厄姆身为人父的表现，整体来说似乎相当称职。然而，他很难为身为丈夫的自己开脱，尤其是第三段婚姻的失败。格雷厄姆尚未与埃斯蒂分居时，他除了和玛露有染之外，还经常招惹别的女人。和海泽尔不同，埃斯蒂是全心全意为家庭奉献及对丈夫忠贞的妻子，从这一点来看，格雷厄姆很难让自己的行为合理化。

格雷厄姆的婚姻虽然失败，但是世人更敬仰他在金钱方面堪为表率、几乎毫无瑕疵的道德操守。下一章我们将探讨格雷厄姆留给世人的这一重要遗产。

THE EINSTEIN OF MONEY

# 第 14 章 金钱观与道德观

## 让这个世界变得更美好

虽然格雷厄姆的感情生活放荡不羁，不过他在纵横华尔街长达 42 年的时光里，职业操守值得称道。有别于金融服务业的某些知名人士，格雷厄姆退休时，个人信誉和操守都未留下污点。更令人敬重的是，格雷厄姆在职业上的步步为营，并非受到世俗眼光的约束，而是内心有一套道德准则。道德观的通用性或客观性是个复杂的问题，不在本书的讨论范围之内。不过，也许获得最广泛认同的定义是：道德是放诸四海皆准的跨越多元文化或传统，以各种形态和语言表现出来的伦理标准。对西方文明来说，它就是鼎鼎大名的“黄金法则”，或是经过德国启蒙哲学家康德重新诠释的“绝对命令”。它要求人们遵守某些行为方式，如果所有人都遵守这些方式，就能够保证社会制度对每个人来说都是最好的。

比方说，某家投资机构决定执行某项惯例，该惯例虽然合法，但显然对客户不利。很明显，这家机构的经理人不会选择以这种方式来处理他们的个人资产。但是，如果他们管理客户资金的方式成为“通则”，他们就不得不“喝下放在餐桌上的同一瓶水”。因此他们的行为虽然合法，却违反了康德的绝对命令。毕竟这些经理人不希望这项惯例得到普遍实施，以致损害自己的利益。相反，格雷厄姆不只将他的客户当作客户，更将保护他们的资产安全视为自己的神圣使命。受到外在不利环境和始料未及的坏运气影响（当然谈不上任何道德疏忽），他的一个客户（1917 年的塔辛教授）损失惨重，他因此第一次认真想过自杀这件事。由此可见，格雷厄姆无法忍受自己以任何形式“欺骗”客户，不管那种做法如何有理有据或司空见惯。

因此，从他的行为、著作及演讲来看，格雷厄姆在担任投资经理人期间，一直坚定地遵守康德的绝对命令，他的表现可谓无比出色。除了涉及金钱的事务，格雷厄姆对于员工升迁、学生成绩，以及各种工作和学术活动，都是以这样的道德准则在规范自己的一言一行。欧文·卡恩在 1977 年的文章《本杰明·格雷厄姆性格之我见》中写道，他最近痛失的朋友、老板和导师格雷厄姆“拥有一个公正的大脑，能够完全客观地区分公平和自私的行为。”（当然，以客观的态度和公平的原则行事，是绝对命令的本质。）

这种公正与客观的操守，从格雷厄姆在他的回忆录中以“私吞公款”来定义自己的金融罪行可见一斑。他写道：“这些事回想起来有点儿伤自尊。”不过，格雷厄姆接下来讲述的事情，根本不像有些名人在死后出版的回忆录中所做的“震撼性自白”。相反，深受良心谴责的格雷厄姆，按照时间顺序讲述了他人生当中最十恶不赦的三大罪行。他回忆自己还是“小男孩”的时候，为了吃到更多糖果，“时常从母亲的钱包里偷走一美分，去自动贩卖机买糖果吃”。不过，在意外“偷走”5 美元的硬币而不是一美分后，格雷厄姆感到心神不宁，从此再也不敢偷钱了”。

大约 10 年后——1910 年的夏天，那时格雷厄姆在一家轻歌舞剧院做带位员，他接受了“一些小贿赂，让有的观众坐在比他们所购票更好的座位上”。也许更严重的是，格雷厄姆“发现了一种凭 10 张票放 11 个人进场的方法。在经济拮据的几个星期里，我用这种方法私吞了几美元。但是，这件事令我寝食难安，我就罢手了。”最后，格雷厄姆还讲述了一件事，它并非发生在他爱吃糖的幼年时期，也不是在他尚未定性的青少年时期。用格雷厄姆自己的话来说：“这是我坦荡的职业生涯中唯一一次令我深受良心谴责的行为。”

格雷厄姆-纽曼公司投资的一家公司，卖了一些土地给需要修建新马路的州政府。格雷厄姆表示，身为公司的股东，格雷厄姆-纽曼公司的合伙人“有权获得合理的赔偿金”（卖土地）。但是，购地的机构是由“政府管理”的，他们告诉格雷厄姆和杰里米·纽曼，为了促成这笔交易“快速取得满意的结果”，他们强烈建议格雷厄姆-纽曼公司“花巨资聘请‘适当’的律师事务所”帮忙。两个合伙人默许了这件事，这成为格雷厄姆长久在华尔街的唯一一次道德缺失的行为：

> 在这种情况下，我们跟多数企业一样，采纳了（州政府）实用的建议。我的合伙人有律师身份，他因扮演“代理人”的角色而收到部分律师费。由于我们签订了获利平分的协议，因此他分给我一半的报酬。我本不应该接受那笔钱，但是我收下了，后来我一直懊悔不已。

当然，这三件事全都是不道德行为。从法律角度看，第一个案例属于偷盗，不过，考虑到格雷厄姆当时年纪尚小，这个行为显得微不足道；第二个案例，把原本属于剧院的钱放入自己口袋，绝对是一种小偷行为；至于第三个案例，虽然赚钱手段不高尚，但仍在法律允许的范围内。格雷厄姆明白，总的来说，他的信誉是靠自己“行得端，坐得正”获得的。然而，他因为少数几次不道德行为而受到良心的谴责，清楚地显示出格雷厄姆和毫无悔意的罪犯之间的不同。身为一个谨守比法律法规更严格的职业道德的人，格雷厄姆的悔意似乎比许多罪犯多得多！

格雷厄姆不仅严于律己，而且和许多金融从业者不同，他还有一个神奇的窍门，能够以无比精准的洞察力看出别人的品格。因此，至少在专业领域，几乎格雷厄姆的所有同事，都具有高尚的品格。不过，他的回忆录提到早年有个员工盗窃公司财产，还有至少一名专业人员有不法行为。1971 年（格雷厄姆退休后 6 年），杰里米向盖可公司董事会提出辞呈，盖可公司董事长戴维·克里格就巴菲特接替纽曼的董事职务一事，询问格雷厄姆的意见。格雷厄姆给戴维·克里格的信函内容，清楚地表明他对于操守和能力的重视：“我百分之百支持这个想法。我与巴菲特往来多年，我必须说，我从来没遇到像他这样兼具高尚的品格和卓越的经营能力的人才。”

虽然在同一封信中，格雷厄姆提到巴菲特“担任基金经理人的投资业绩无与伦比”，但值得注意的是，在这封赞誉有加的推荐信中，格雷厄姆先赞扬了巴菲特的“高尚品格”，其次才是“卓越的经营能力”。显然，格雷厄姆对巴菲特的投资能力给予最大的肯定，但他似乎更敬重巴菲特正直的人格。格雷厄姆认为，对负有保护投资者财产安全责任的投资经理人而言，人品和能力同样重要。在回忆录中，格雷厄姆表明他“鄙视滥用信用和名誉的小人。例如，在我眼中，吉米·沃克1925~1932年担任纽约市市长时的行为是不光彩的。他垮台后获得的高支持度，和他死后被追封为圣者，让我对我的同胞失望透顶”。对格雷厄姆来说，“滥用信用”的投资经理人，只不过是“吉米·沃克”的翻版。

在格雷厄姆任职于华尔街的大部分时间里，选择律师杰里米·纽曼为自己的投资管理公司的合伙人，是极其明智的。格雷厄姆知道他可以秉持操守处理所有的财务问题，邀请哥伦比亚大学法学院毕业生及纽约州律师加入公司，担任合伙人，则有助于确保公司的运营活动符合法律法规与道德标准。精明干练的格雷厄姆一眼就看出，普遍认可的道德标准和法律条文之间，具有不完全的正相关关系。如同我们在前一章强调的，格雷厄姆–纽曼公司不仅是一家备受推崇、拥有责任感的华尔街公司，更以很高的诚信度和透明度来对待客户。

格雷厄姆–纽曼公司的敏感性比较高的业务，例如资金配置、支付股息给股东等，均由格雷厄姆负责，他的道德良知和诚信度整个投资界有目共睹。当然这家公司堪称表率的道德操守，在很大程度上反映了格雷厄姆本身的行为。确实，如果他一生寥寥无几又“微不足道”的不当行为，成为华尔街从业人员的操守标准，那么好几千名证券监管机构的工作人员和律师几乎就没有存在的必要了。这就是格雷厄姆目睹金融行业严重的道德缺失问题——投资经理人和许多上市公司损害客户或股东的利益时感到痛心疾首的原因。此外，格雷厄姆还将保护格雷厄姆–纽曼公司投资者以及广泛的大众投资者得利益，当作自己的责任。

## 大众投资者的正义使者

“当股东们心急如焚时，公司的财务人员却在呼呼大睡。”38岁的格雷厄姆如是说，他在自己高度认可的杂志上发表了三篇系列文章，并在第一篇中写道:“《福布斯》专门报道股市及企业界的不公正和不道德现象，用无所畏惧、直言不讳和趣味横生的系列报道来披露这些秘密。”身为一个成功谨慎的投资人，又有能力以散户看得懂的风格写作，格雷厄姆把帮助大众认识各种投资风险视为己任。除了提供低风险但具有获利保障的投资架构外，格雷厄姆在保护投资者权益受到公平对待方面的努力，也令人印象深刻。像格雷厄姆这样公正无私的人，或许不论他在哪个领域任职，他都会以自己富有智慧的洞察力，竭尽所能地发现任何不公平的待遇。格雷厄姆在华尔街任职时，弱势群体（股东）的利益受到损害的概率，高到令人担忧的程度。

其中尤其令人感到愤怒的是，格雷厄姆1932年在《福布斯》的系列文章引发关注，让投资者发现美国很多公司的股价远低于“公司按股权比例折算的现金”（也就是，一家公司所持有现金按股权比例分摊）。但是，对这么重要的事情熟视无睹的股东，竟然允许这些公司“将现金卷走”。怒不可遏的格雷厄姆感到大惑不解，为什么股东不把自己当成是这些企业的所有者，而放任公司“在（股东）急需资金时，处于现金余额过高的无效率状态”。格雷厄姆强烈主张，假如投资者抱持企业主心态，“就不会眼看着公司财务人员握着大笔现金，而放弃自己应得的利益”。换言之，在企业所有者发现公司持有过多的现金时，一般都会希望公司将部分现金以股利的形式发给他们。因此，某些上市公司未派发现金红利的做法，并不符合企业主或股东的最佳利益。

从格雷厄姆在《华尔街杂志》上刊载的一篇文章研判，为股东争取获得公平对待的权利，最早从 1952 年 1 月开始便成为他的目标。“企业搬出一大堆借口，解释它们为什么没有按约定经常发布财报。”确实，各种形式的管理渎职，是格雷厄姆针砭金融圈的核心主题。除了卓越的智慧之外，格雷厄姆理性的怀疑态度，或许是他身处尔虞我诈的华尔街的最大优势。他拥有绝佳的能力看穿种种伎俩，揭发管理层看似良善的策略背后的真正企图。如同他在《证券分析》一书中所述：“现代的金融手段和魔术师的戏法没什么区别，两者都是用诈术，在众目睽睽下进行欺骗。”格雷厄姆认为认股权证是其中最过分的诈术。认股权证是一种金融工具，当持有人（通常是“利益团体”的成员，也就是该公司的管理团队）行使这项权利时，可以将本来要分配给公司股东的股利留给自己。格雷厄姆和多德写道：

> 认股权证从根本上来说是一种危险和有争议性的工具，因为它会间接影响且不知不觉地稀释普通股的价值……如果大众投资者不了解认股权证的价值是靠牺牲普通股的价值而来，业界就会出现算不上恶劣但荒谬至极的惯例……一家管理完善的企业，只在需要筹集新资本时，才会销售新的股票。

例如，在分析“第一美国及外国电力公司”这家公共事业公司时，《证券分析》举了一个最生动的例子，说明不当运用这种认股权证（及华尔街算术）有多么可恶。“在华尔街疯狂的操作下，650 万美元的盈余，变成了市值 3.2 亿美元的普通股，和 12.4 亿美元的认股权证，总价值是惊人的 15.6 亿美元。”当考虑到这些数字是引自第一版（1934 年）的《证券分析》时，就更触目惊心了。显然，华尔街的销售人员对“市场先生”施了魔法，让公司股价涨到超过合理范围的水平。

当时，认股权证的涨幅几乎是普通股的 4 倍（普通股当然也会上涨很多），但这骗不了格雷厄姆。确实，他注意到华尔街的“不理性行为”并非全然杂乱无章。事实上，华尔街向来有慷股东之慨为公司管理层牟利的特殊倾向。因此，从管理层的观点来看，这样的做法不见得“不理性”，但对雇主（股东）而言，它绝对严重违反了信托责任。

同样，关于优先股股东的地位（即在股息派发频率与金额及对公司资产和收益的所有权方面，优先股股东的地位优于普通股股东），格雷厄姆和多德澄清，事实上，管理层给予这些投资人的待遇，并不是那么“优先”：

> 他们认定，牺牲优先股股东的目前收入来交换未来福利，即保留公司应用于支付股息的现金，来应对未来的资金紧张状况或满足未来业务扩张的需要，是经过股东同意的财务政策……值得一提的是，本来企业应该派发股息，却以“为了股东未来利益考虑”的由头而宣布不派发股息时，股价将会应声下挫，表示投资市场对于真正对优先股股东有利的做法，与管理层的意见不一致。

换句话说，尽管优先股股东对于定期获得股息抱有合理的期待，但即便是最“尊贵”的股东，管理层也经常罔顾对他们的信托责任。

当然，管理团队与股东的利益冲突，以及采用有问题的会计方法，至今仍是一个令人头痛的问题。著名经济学家约翰·肯尼斯·加尔布雷斯于 2006 年过世前两年，出版了他的倒数第二本长篇著作。在《揭开皇后的面纱：造成当代乱象的经济迷思》一书中，加尔布雷斯指出，许多美国企业表面上是为了股东的利益在运作，实际上是由一心谋取私利的管理团队在经营。这位赫赫有名的经济学家暨公共政策权威人物，在书中探讨了从股东到管理层不健全的“权力过渡”（又称“权力增生”）现象。

加尔布雷斯着手撰写这本书的时候，美国发生了史上最令人发指的一系列企业会计丑闻案件。加尔布雷斯写道：“一个作者对于自己的著作，很少如此坚定不移。”的确，从 2001 年到 2004 年，安然（隐匿巨额亏损）、世通（私下贷款给首席执行官）、泰科（首席执行官及首席财务官盗用公司大笔资金）和南方保健（虚报获利）占据了报纸的版面。2004 年开始，企业丑闻不断，陆续爆发美国国际集团（将 17 亿美元的贷款记录为“营收”）、伯纳德·麦道夫（庞氏骗局）、雷曼兄弟（在公司破产前隐匿亏损）等丑闻。当然，这些是最恶名昭著而轰动一时的例子。格雷厄姆如果看到坎宁安形容的“真正以股东利益为先的美国经理人仅占少数”，而且因为这种系统性缺陷而滋生的各种形式的企业舞弊案仍层出不穷，他一定会感到痛心疾首。

从格雷厄姆的著作及他在职业生涯中为股东挺身而出的事例（例如，在第 7 章提到的北方输油管道公司事件中，格雷厄姆为了替股东争取合理的利益而四处奔走），足以证明他对于管理层的欺诈行径丝毫不能容忍。格雷厄姆对华尔街的欺骗行径更是忍无可忍，比如以下这段节选自《证券分析》的文字，贴切地表现出格雷厄姆对泯灭良心的证券承销商（即募集或发行新股的机构）的嘲讽:“他们肆意高估股价，然后大摇大摆地卖股票。1933 年发行的新股，其股价被高估的程度，完全取决于销售机构的良心。”格雷厄姆于 20 世纪 70 年代初写下这段话，在将近 40 年后，他会沮丧（但几乎毫不惊讶）地发现，华尔街以投资人的长期成本（股市会修正一开始的错误，股价也会回归与公司内在价值更匹配的水平），肆无忌惮地追求短线获利的风气丝毫未减。对于那些负责发行及推销价格高、品质低的证券承销商，格雷厄姆在 1973 年版的《聪明的投资者》中写道:

> 1960~1961 年，以及 1968~1969 年这段时间，市场前所未有地大量发行劣质的新股，以荒诞的高价卖给大众投资者，其中很多股票受到漫天炒作和部分人为因素的影响，股价高得离谱儿。有些颇具分量的华尔街机构，或多或少地也参与了这些不光彩的活动，表明司空见惯的贪婪、愚昧和不负责任，还存在于金融业内。

欧文·卡恩告诉我，那就是为什么“为证券安全建立某种标准”，成为格雷厄姆对金融投资界最重要的贡献之一。格雷厄姆通过与投资相关的写作、演讲，以及建立认证机制中不可或缺的作用，来达成这个目标。格雷厄姆对他那个年代许多华尔街专业人士普遍低水平的能力与诚信度极度不满。的确，关于券商给客户的建议，格雷厄姆在《聪明的投资者》一书中指出，一般的华尔街公司倾注最大的心力，“协助客户在他们多半会受到数学原理的惩罚而终致亏损的领域（短线交易）中投资”。这种“短线交易”和格雷厄姆的系统性方法——以长线投资和“安全边际”为核心的投资概念形成鲜明对比。

1973 年，格雷厄姆和年轻一代的基金经理人代表，曾就此事交换意见。约翰·奎尔特在《机构投资者》杂志上发表的一篇文章中说：

> 格雷厄姆询问某个基金经理人，假如他认为股市即将重挫，对他操盘会有什么影响。"没有影响，"对方回答，"我只看相对业绩。如果股市大跌，而我的基金跌幅比大盘小，就算过关，我已尽责。"格雷厄姆责备他："我会寝食难安，难道你不会吗？"还有一次，一位与会的基金经理人辩称，他真的分不出投资者和投机者的差别。格雷厄姆声如蚊蚋地嘀咕道："这就是问题所在。"

## 公民意识和社会良知

值得一提的是，格雷厄姆不只关心大众投资者的财产安全，就像他的原材料储备货币计划（请参考第 10 章），他也很在意宏观经济状况，尤其是比较脆弱的部分。格雷厄姆的经济哲学，大约介于卡尔·马克思和艾恩·兰德这两派之间。格雷厄姆不认同马克思的"追求利润代表不公正和剥削行为"的主张，同样，他也反对兰德的"资本家不必为别人的福利负责，只需为自己谋福祉"的概念。事实上，格雷厄姆认为 1929 年的社会动荡，是数十年来自由放任资本主义毫无节制的后果。当然，就像他在个人事业上所展现的创业精神以及他对"赚大钱、花大钱"的企图心（至少在他年少轻狂的时期），格雷厄姆绝对是一个积极的资本主义者，他相信美国的自由企业制度整体来说是有价值的。

不过，格雷厄姆也对“自由放纵的资本主义对社会绝对有利”的观点抱持怀疑态度。从格雷厄姆–纽曼公司退休后才过了几个月，格雷厄姆就在一场演说中，针对亚当·斯密的“看不见的手”理论——在资本主义经济里，每个市场参与者都会本着对自己最有利的动机做出交易决策——做出如下评论：

> （斯密的“看不见的手”）这个观点仍然有效，但不是放任主义者所提倡的那种过度放纵的方式。彼得·德鲁克的一个观点，已经可以与之抗衡……“一个政策除非对社会有益，才有可能对企业本身有益。”

确实，在社会经济政策领域中，格雷厄姆是开明利己主义道德哲学的热情信徒。作为一个历史类书籍的忠实读者（尤其是欧洲史），当社会大众的情况恶化到一定程度时，格雷厄姆或许会洞见到发生了什么事。更明确地说，他认为失业者、未充分就业或陷入困境的人，绝非企业之福。格雷厄姆在同一场演讲中表示：“我想我们已经发现，政府的基本社会福利制度——以各种形式的社会保障为中心，包括失业保险——对企业的价值多过它们需要负担的税金。”有别于同时期的许多美国企业界人士，他对富兰克林·罗斯福总统提倡更有力的政府规范及干预政策，并且后来几任总统延续或扩大这项政策，感到欢欣鼓舞。

如同他在1962年版的《证券分析》一书中所述，格雷厄姆很欣慰看到，在“第二次世界大战后，美国政府承担起防止大规模失业的责任。联邦政府的干预是新的因素，我们认为它对经济周期和公司价值都有重要的影响”。关于如何确保一定程度的社会福祉（尤其是就业），格雷厄姆绝对是政府行动主义的坚定信仰者。

哈耶克可能比凯恩斯更欣赏格雷厄姆的货币主张，但格雷厄姆对宏观经济的一般观点与凯恩斯更为接近。格雷厄姆曾在 1956 年发表声明："没有什么比提升人们的生活水平和贫穷人口的购买力，对整体经济活动更有利的了。"

关于格雷厄姆对这些问题的看法，1964 年有一份几乎被世人遗忘的资料，具有莫大的启发意义。这份标题为"本杰明·格雷厄姆对弹性工作的观点：失业问题的解决对策"的资料，由一个自称为"民主机构研究中心"的美国智库机构出版，文中断言只要稍微减少每年的工作时数，就能获得大幅降低失业率的重大成果。格雷厄姆以他一贯的条理性和详尽的风格，对这项假设进行了强有力的证明："每年缩短 50 个小时的工时——相当于每周减少一个小时的工作时间——可让 1962 年的失业人数减少一半。"他还总结说："假如缩短工时的做法兼具想象力和实用性，并且应用得宜，弹性工作制度应该能赋予我们控制失业率的力量，而不是受到失业问题的威胁。"换句话说，通过缩短付薪的工作时数，雇主将有能力留下更多员工，从而把失业率降至最低。格雷厄姆退休后，只有一小部分资金仍然投资于其他事业，并且分文不取地长期投身于解决诸如失业率及其对社会弱势群体带来的影响等问题，这足以证明格雷厄姆对社会大众的诚挚关心。关于这个话题，从格雷厄姆发表的另一篇有关弹性工作制度的文章，便可窥见他强烈的社会良知（这个特质同样影响了他的儿子布兹的人生和事业，他的得意门生巴菲特当然也深受影响）：

1947~1962 年这 15 年来，失业率并没有什么大的改变。

极其不幸的例外是黑人，他们的失业率从 5.2% 上升至 11%，而白人的失业率仅从 3.2% 上升到 4.9%。

## 慷慨的慈善家

1844 年，查尔斯·狄更斯写道："慈善从家庭做起，正义从邻里开始。"换句话说，大声倡议乐善好施、公平正义的人们，应该带头奉行这些高尚的价值观念。显然，小说家狄更斯非常痛恨那些大肆吹嘘"社会良知"，私下里却丝毫没有表现出慈善与仁爱的伪善行为。格雷厄姆固然有其个人缺点，但任何形式的伪善行为绝非他的天性。因此，格雷厄姆对社会问题发表的那些热情激昂的言语，不仅反映出他在财务方面的个人操守，也表现了他异于常人的慷慨大方。

夏洛特·赖特在写给我的信中曾提到他祖父为人慷慨的事例："本杰明每年都会赠予我父母 3 000~6 000 美元。我们一家人会用这笔钱，趁我父亲任职的耶鲁大学放暑假时去旅行，足够我们玩上 10 周！据我所知，本杰明是公平可敬的人，他也会给其他孩子相同数目的钱。"当然，格雷厄姆对孙辈也很慷慨，不只是在物质方面。Pi（π的发音）·赫塞尔廷（她妈妈用数学符号作为她的名字）印象中的外祖父温和可亲，她记得和他玩过好几个小时有趣的数学游戏。但是，1964 年出生的赫塞尔廷，只见过晚年的格雷厄姆。格雷厄姆的长女（比赫塞尔廷的母亲维妮大 16 岁）的女儿夏洛特表示，虽然外公本杰明一直对她很好，但是他待人热诚的程度与日俱增："随着我的年龄越来越大，他对我越发热情和慷慨。"

格雷厄姆对朋友也很慷慨。我在迷人的加州拉由拉家中访问汉堡医师和他太太索尼娅时，他告诉我 1961 年的春天，格雷厄姆如何帮他们夫妇买下了那栋房子：

> 我有一笔房贷、一笔次级房贷和一笔 5 000 美元的游泳池贷款，本杰明那时住在贝弗利山庄，不过他经常来拜访我们。在我身陷经济困境时，他向我伸出援手。我的意思是，在我遇到财务困难时，他借给我一大笔钱。后来，我缴清了房屋贷款，并把那笔钱还给了他。不过，他似乎并不指望我会还钱给他，他一点儿都不在意。他为人非常慷慨，可是态度一点儿也不傲慢。他是一位非常严肃的投资专家，他认为我的财务行为荒诞可笑！

我询问欧文·卡恩关于格雷厄姆性格中博爱的一面，卡恩详述了格雷厄姆参与的种种慈善活动（在康涅狄格州出资为非裔美国人建造教堂，担任“犹太盲人公会”的主席等），并且表示“他做了很多慈善工作，捐钱时不分种族”。或许因为他经历过贫穷的痛苦，对格雷厄姆来说，除了为自己和家人提供一定程度的舒适生活外，金钱并非用来炫耀之物，相反，它提供了一个帮助别人的机会。诚如洛温斯坦所述：“（格雷厄姆）把很多钱都捐给了慈善机构，并且表示死后名下还有超过 100 万美元财产的人都是笨蛋。”值得注意的是，生前就已经决定将几乎所有财产全部捐给慈善机构的巴菲特，也抱持类似的观点。

巴菲特对格雷厄姆的聪明才智推崇备至，不过，他在 1977 年为《金融分析师期刊》写作的一篇感谢辞中表示，他更钦佩格雷厄姆的慷慨大度：

我所认识的本杰明，他是我的导师、老板和朋友。不管是哪一种关系——我身为他的学生、员工和朋友——他都毫不保留地分享他的看法、时间与精力。如果你需要厘清思路，格雷厄姆就是你最好的向导；如果你需要鼓励或建议，本杰明随时会帮你。

直到今天，巴菲特仍然惊讶于他的这位导师、老板和朋友的慷慨无私。除此之外，他也对格雷厄姆热切地与他分享“知识宝藏”感到无比震惊：

你可以说，本杰明正在制造自己的竞争对手。当他在纽约金融协会开课时，华尔街人士常去上他的课，就为了从他的案例中获得选股方法。当然，这么做会损及自己的收入，但是他毫不在乎……他从来不认为我欠他什么，但是，我欠他的真是太多了。格雷厄姆吸引人的地方就在于，他是一个出类拔萃的奇才，独一无二。

的确，格雷厄姆的慷慨不仅限于金钱，他对遭遇困难的人会自然而然地表现出同理心。有时，人们最需要的不是他的钱，而是他的时间和建议。例如，在纽约市颠沛流离的“二战”德国难民，拥有了格雷厄姆这么一位热心助人、富有同理心、慷慨解囊的朋友。同样，卡恩回忆说：“格雷厄姆总是向生活困苦的同事伸出援手，而且永远是匿名的。”这表明，对格雷厄姆来说，帮助别人是目的，而不是讨好同僚的手段。在他 80 岁生日的家庭聚会上，格雷厄姆发表了简短但令人难忘的演说，其中有一段向他的偶像本杰明·富兰克林致敬的内容：“（富兰克林）拥有我所渴望的一切特质——智力卓越、勤奋上进、富有创造力、幽默、和蔼可亲、宽容。或许我也有和富兰克林相同的弱点，尤其是在私生活方面。”

## 蒙尘的圣人

相较于格雷厄姆一生在各方面的高尚行为，他在私生活方面的弱点，明显无可否认。不过我相信，任何客观的人，只要检视过所有证据，就很难得出格雷厄姆是“坏人”的结论。即便是罗达——曾明确表示自己鄙视格雷厄姆对埃斯蒂的所作所为——也认同她这位已故表哥的职业道德实在无可挑剔。罗达曾经提到，只要谈到和金钱有关的事情（或涉及经营方面的事务），“他对于正直诚信绝不容有半点儿妥协”。本杰明·富兰克林的自传（格雷厄姆最喜欢的书之一）中有一段关于正直的名言，和格雷厄姆的主要人生观不谋而合：“我越来越相信，人与人之间的交往，坦率、真诚与正直是最重要的东西。”除了比较激烈的北方输油管道公司事件之外，大家都很好奇，格雷厄姆是否和其他人也有过如此激烈的唇枪舌剑（女人，尤其是他的历任妻子们，则另当别论）。

巴菲特 1976 年在《财务分析师期刊》上写给格雷厄姆的感谢辞中，特别提到格雷厄姆在去世前不久，说过一段发人深省的话：“几年前，当时将近 80 岁的本杰明·格雷厄姆，向朋友们表示，希望自己每天都能做一些傻事，一些有创意的事，一些慷慨的事。”《财富》杂志的一位作者引述格雷厄姆关于傻事、创意和慷慨之说，并轻描淡写地提到格雷厄姆的风流成性：“发明证券分析和价值投资法，是格雷厄姆展现他的创意和慷慨的最有力证据。

那么，傻事呢？格雷厄姆通常起床前就把傻事办完了。”这番话虽然幽默，但它暗讽格雷厄姆具有双重性格，便有失公正了。

事实上，认为格雷厄姆具有“双重人格”——当他离开办公室（或教室）时，他的善念便会消失不见，呈现出邪恶和罪恶的一面，这种观点是非常不公平的。真正的事实远比这种英雄/坏蛋的二分法具体得多。在人际关系方面，格雷厄姆也许表现得有点儿冷淡。此外，在与埃蒂斯的相处中，他显然极度漠视妻子的感受和她比较保守的婚姻观；和海泽尔的那段婚姻，可能是妻子先出轨，从道德的角度看，情况比较复杂。然而据我所知，纵使和海泽尔有过口角，但格雷厄姆从未对他的儿女或配偶实施过任何言语或肢体暴力。此外，虽然格雷厄姆不是那种善于表达情感的人，但是他努力付出真心，和所有子女保持着亲密的关系。

因此，即便格雷厄姆扮演的一家之主的角色较为失败，他也绝对不是坏蛋。在我看来，格雷厄姆一生中最明确的道德瑕疵就是他试图诱奸伊迪萨·萨弗隆，当时格雷厄姆明知对方已经结婚。他很难为自己的这种行为辩护，这种行为也必然成为格雷厄姆身上的道德污点。当然，作为已婚男人，格雷厄姆诱奸未婚女性的行为从本质上来说也是不道德的。然而，在他的第一段婚姻中（格雷厄姆和他的配偶都出过轨），人们虽然可能不会同情他，但至少可以理解他的这种行为。正如我们之前所讨论的，他在第三段婚姻期间发生的婚外情没有什么可辩解的理由，体现了他对埃斯蒂的冷漠无情。

总的来说，格雷厄姆既非“天使”，也不是“魔鬼”。但是，客观而论，他的行为中值得赞扬的部分，远远多于该被谴责的部分。诚如玛乔丽告诉我的关于她父母的事：

> 我现在对我父母的看法比以前正面多了。小时候，父母不和让我很不开心，但现在回过头看，我想他们两个都是了不起的人。他们在这个世界上各司其职，以各自的方式奉献，努力让这个世界变得更美好，不只是为了他们自己，也为了身边的人、与他们共事的人，还有那些得到他们帮助的人。

当然，格雷厄姆在许多领域留下的专业遗产，其持续产生的“红利”，是格雷厄姆确实“让这个世界变得更美好”的证明。我们在下一章将深入探讨这一点。

THE EINSTEIN OF MONEY

# 第 15 章 智慧之光

## 历久弥新的投资哲学

THE EINSTEIN OF MONEY

人生的最后几年，格雷厄姆饱受诸多健康问题的困扰。这段时期曾去拜访他的布兰德斯，记得格雷厄姆患了痛风。格雷厄姆的朋友，同样住在拉由拉的汉堡医师解释道：“痛风引发了肾脏问题，格雷厄姆患有肾脏疾病、良性前列腺增生和高血压性心脏病。”汉堡医师回忆起自己如何成为格雷厄姆的非正式医师：

> 我是本杰明的秘密武器。我本身是儿科医师，但我们和玛乔丽一家的关系十分密切，后来也和格雷厄姆一家形同家人。因此，不管出现了什么健康问题，格雷厄姆从来不打电话给他的医师，而会打给我，然后我会联络当地的内科医师，他是我的一个好朋友，由他负责替格雷厄姆诊疗。

这么多病症，必须进行复杂的诊疗，准确平衡各种用药。汉堡医师回忆，格雷厄姆的身体有很多毛病，至少在他和玛露往返拉由拉和普罗旺斯之间的那几年，显然是因为他的普罗旺斯医师没有能力妥善平衡用药造成的：

> 他总是生龙活虎地去法国，回来却是一身病。他在服用洋地黄，而洋地黄的用药剂量必须准确控制。洋地黄毒素是一种治疗心脏病的药物，格雷厄姆的法国医生从来不做剂量调整，所以他回到拉由拉的时候，总是因为没有服用足够剂量的洋地黄而心脏衰竭。他去法国的时候，玛露会带她特别信任的医生回家给他看病。法国医生的好处是，他们会到病人家里问诊，而现在美国医生已经很少出诊了。不过，美国医生的医术高明，而法国医生的水平差劲儿透顶。假如事实不是这样，我绝不敢这样宣之于口。至少对格雷厄姆来说，法国的医疗水平糟糕极了，所以每过 6 个月，他都会拖着病体回家。我的内科医生朋友和我至少要花 3~6 周时间，才能让他好起来。

## 健康问题

格雷厄姆的健康问题大部分出现在法国，或是从法国回来后不久，看来他在国外并未得到妥善的照顾。确实，其他人也注意到，汉堡医师有好几次救了格雷厄姆的命。有一次是在 1970 年，当时这名拉由拉的儿科医师在加州大学圣迭戈分校担任医学院院长，该校在整个圣迭戈县拥有多家医院，因此汉堡医师具有显赫的地位。

> 1970 年他从法国回来的那次，他的情况危急到内科医师马上把他送来我的医院。就这样，本杰明住进了 11 楼——唯

一有私人病房的楼层，其他楼层都是公共的——的病房。这家医院是加州大学圣迭戈分校位于希尔克雷斯特（位于圣迭戈中部）的附属医院。我走进病房说："本杰明，我来了。"他大汗淋漓、呼吸困难，觉得自己快要死了。他说："或许，是时候离开这个世界了。"我告诉他："投资的事我一窍不通，但你对于医学也是一无所知。你只需要在这里接受几天的治疗，就可以像重获新生那样健步如飞。"果然，三天后他就恢复活力并回到了拉由拉。

格雷厄姆是古代斯多葛学派的信徒，尤其崇拜奥勒留。他在1957年写下的短文《自画像》中说，从年轻时候开始，他就一直将禁欲主义当作"上帝赐予的真理"那样信奉。斯多葛学派的核心信念，是接受自己的命运，绝不怨天尤人。比方说，如果一个人晴天出去散步，突然下起雨来，这时他可能会满腹牢骚地认为"真不公平，破坏了我正要享受的大好时光……"相反，斯多葛学派的反应则是接受现状，尽可能地去适应它。在前面叙述的健康危机中，格雷厄姆坦然接受他认为自己大限已到的事实，没有表现出丝毫的痛苦或抱怨，就是格雷厄姆忠于自己信仰的最佳例证。

确实，尽管身体有许多毛病，格雷厄姆仍努力享受他的晚年生活，或许过得比他人生的任何时候都更快活。引用玛乔丽的话，她认为格雷厄姆"在世的最后几年是他最开心的一段日子。他变得更温暖，家人都团聚在他身旁……，这不只是基于责任，我们对此都很期待"。格雷厄姆的外孙女夏洛特，和我分享了一段愉快的小经历：

1970 年或 1971 年，我、帕特里克（后来成为我的第一任丈夫）和我们的朋友雅克·施伦贝格尔，在前往墨西哥的途中开车经过拉由拉。外公带我们三人到安东尼鱼洞餐厅——拉由拉市中心一间很棒的海鲜餐厅吃午餐。他对我朋友的名字有一番幽默风趣的点评。当然，外公一如既往，满怀欢喜地付了餐费。

## 股市的召唤

格雷厄姆 1970 年住院治疗的事格外引人注目，因为那次巴菲特前往医院探视他。同一年，巴菲特同意协助格雷厄姆修订第四版《聪明的投资者》，这本书后来在 1973 年出版。格雷厄姆自从编修完第四版《证券分析》之后（1962 年出版），就很少发表对市场的看法，而将他惊人的智力和写作技巧用在像"弹性工作制"等主题、西班牙小说《劫后余生》和各种希腊古典文学的英文译著，以及其他写作计划上，包括撰写回忆录。在那 8 年期间，格雷厄姆似乎尽量摆脱股票市场，追求知识与艺术方面的兴趣。

是什么因素让格雷厄姆重燃对股市的兴趣，我并不是很清楚。当我请布兹谈谈这个时期的格雷厄姆，他说："我感觉他不想大肆宣传自己，也不想增加他留给后世的遗泽。"相反，格雷厄姆没有向别人宣传他的理念，反而是别人来寻求他的建议。如布兹所述："那些年，很多人带着各种想法和资金来找他。在我父亲眼中，股票市场只是让他乐在其中的智力挑战之一。"尽管健康状况不佳，但格雷厄姆在金融投资方面所做的最后智力冲刺，成为他一生中创作力最旺盛的时刻。完成《聪明的投资者》第四版的编修工作，就是他这一时期最重要的成就之一。

不过，20 世纪 70 年代初期，格雷厄姆也投入了相当多的时间在修订第五版的《证券分析》上，可惜在他死前并没有完成（直到 1988 年才出版）。此外，格雷厄姆也会花时间构思和测试一些新的投资技巧。其中最著名的，就是他过世前几个月和詹姆斯·富（加州基金经理人，格雷厄姆和他在加州大学洛杉矶分校一起开设了几门金融投资课程）共同成立了一只新基金。但是，这只名为“雷–格雷厄姆”的基金出师不利，成立没多久格雷厄姆就去世了，业绩表现不佳。

1999 年的《福布斯》杂志上的一篇文章对“雷–格雷厄姆基金”（后来被卖掉了）进行了评估，并总结说：“这档基金毫无价值……它只能勉强维持 7%的年均收益率……20 世纪 80 年代末期，这只基金规模最大时也仅为 5 000 万美元。”此外，对于当时的基金经理人的最近一次操作，《福布斯》反问，“价值型投资者会买这种股票吗？混合两种不同投资风格的基金要怎样操作？假如格雷厄姆泉下有知，肯定会很生气。”所幸，另一名与格雷厄姆共同成立基金的西海岸投资者，比较忠于格雷厄姆的投资哲学，其操盘成果也更具格雷厄姆的风范。

20 世纪 60 年代中期，在匹兹堡出生和长大的布兰德斯搬到西海岸，在圣迭戈大学攻读研究生。1971 年，他在罗伯特–斯科特公司担任股票经纪人。该公司是纽约证券交易所的成员企业，坐落在拉由拉市中心的展望街，和格雷厄姆与玛露的拉由拉公寓只隔几条街。格雷厄姆受到那年他为第四版《聪明的投资者》所做研究的激励，决定进行自 1956 年后便很少见的股票交易操作。他快步走到办公室，一个年轻人为他下单买入国家普富斯托工业的普通股（格雷厄姆在第四版《聪明的投资者》中特别以这家公司为例，提到它当时的股价是颇具吸引力的投资机会）。现在，已是圣迭戈亿万富豪的布兰德斯向我表示，他与年迈的格雷厄姆的这次邂逅，令他终身受益，成为他职业生涯中最具里程碑意义的一刻：

> 他买入国家普雷斯托的股票时，我们交谈起来。他在拉由拉的伊兹大道的小公寓里有一间办公室，我曾去那里和他见过几次面。他很乐意和我分享他的知识，当时我并没意识到"哇！这是改变人生的时刻"，不过，事实证明确实如此。直到今天，他的投资原理仍然适用。

就像格雷厄姆任教于加州大学洛杉矶分校，却分文不取，他为布兰德斯做的非正式的价值投资讲座，也完全建构在格雷厄姆乐于和别人分享知识的动机之上。布兰德斯对这位长者的投资原理深感敬佩，并通过反复阅读《证券分析》和《聪明的投资者》，强化对格雷厄姆投资方法的理解，及思考如何将它们运用到各式各样的投资环境中。布兰德斯与价值投资之父邂逅的几年内，便成立了布兰德斯投资伙伴公司。自 1974 年以来，该公司已跃升成为全球顶尖的价值导向的投资机构，管理超过 340 亿美元的资金。布兰德斯将这一业绩直接归功于格雷厄姆，在他 2004 年出版的《当代价值投资》一书中，布兰德斯写道："我非常感激我的恩师本杰明·格雷厄姆，他的基本投资原理为我的成功投资奠定了扎实的基础。"布兰德斯至今仍是格雷厄姆在西海岸的杰出信徒及拥护者。在他公司的圣迭戈总部，布兰德斯将主会议室命名为"本杰明·格雷厄姆会议室"。

## 两次激动人心的演讲

1974 年 5 月 9 日是格雷厄姆的 80 岁生日，庆祝活动提早几个礼拜举行（4 月 11 日），由玛乔丽负责策划。出席者包括格雷厄姆的子女、孙辈（当时加起来有十几个人）、玛露、他的哥哥维克托，以及格雷厄姆所说的“前来与我相聚的诸位朋友”。格雷厄姆的孙女夏洛特告诉我，生日聚会在拉由拉市中心的一个华丽的私人包厢里举行。除了家族成员和朋友发表感人的祝贺词外，格雷厄姆也做了极为激励人心的致辞，幸运的是，致辞内容被人记录下来。

格雷厄姆保持了他一贯的风格，即使在相对简短的 80 岁生日致辞中，仍然引述了亚历山大大帝、维吉尔、荷马、西塞罗、恺撒大帝、拿破仑、丁尼生、本杰明·富兰克林及马克·吐温等多位文学家与政治家的名言。格雷厄姆勉励他的听众，尤其是一大群孙子孙女，享受文化生活。他还引用了古罗马伟大的演说家及哲学家西塞罗的话：“这些知识滋养了我们的青春，充实了我们的人生。”致辞中最值得注意的，是他坦诚的自我反思。尽管尝过挫折与磨难的痛苦滋味，但格雷厄姆舍弃了他孩提时代对未来的灰暗看法，认为自己的人生是“成就非凡，甚至是幸福的”。格雷厄姆的一生，既有辉煌的事业成就（在许多方面），也有不幸的家庭悲剧。但值得注意的是，最后他放弃 1957 年《自画像》中的自艾自怨，选择以知足喜乐来总结自己的一生。

有趣的是，这篇致辞也有别于他在冷战时期的末日悲观思想。“在我看来，这个世界似乎就要随着双轮马车的消失而毁灭。”格雷厄姆哀叹道。接着，他表达了对子孙未来的忧心忡忡。但是，格雷厄姆的预测并不准。毕竟，相对于他经历的战乱（两次世界大战）和前所未有的经济灾难（大萧条），他的子孙一直生活在相对和平和繁荣的时期。不过，令人津津乐道的是，格雷厄姆本着道德良知，引述了丁尼生1833年的诗作《尤利西斯》中的“来吧，朋友，追寻美好的生活永不嫌晚”作为致辞的结语。

同年的晚些时候，格雷厄姆发表了另一个出色的演讲，这一次是在专业场合。1974年9月23日，格雷厄姆受邀为“特许金融分析师协会”举办的研讨会担任主讲人。不负众望，他围绕“价值的文艺复兴”这个主题，做了一次激动人心、考证详尽的演讲，演讲内容后来刊登在《金融分析师期刊》上。1973年和1974年，股市经历了一个漫长的熊市。格雷厄姆抓住了这个机会，发现有些股票在这个熊市中价值被严重低估。他表示，创下历史新低的股价，为投资者提供了买入“价格低于内在价值的股票”的绝佳机会。他指出“有100只这种低价股”，并将它们列在1974年8月知名的投资期刊《价值线》上。不过，向来对负债过多及其对股票安全性的影响怀有戒心的格雷厄姆，对某些债券提出了警告：“我们目前遇到的问题是，所有债券都承诺高收益，但很多公司已负债累累。”

这篇演讲稿被《巴伦周刊》大量引述，并全文刊登在当天的财经类刊物上。格雷厄姆建议投资者趁股市低迷时买入高品质的股票，似乎产生了超乎他想象的影响。珍妮特·洛表示，受到“华尔街院长”本人的鼓舞，随着投资者的交易活动日趋频繁，股市开始回升：“本杰明激励失去信心的大众投资者买入股票，推动股票市场复苏。”虽然格雷厄姆明确主张买入股价被低估的股票（不是大盘指数本身），但值得注意的是，道·琼斯工业平均指数在随后的 5 年内上涨近 40%，10 年内的涨幅更超过 100%。

## 永恒的洞见

1974 年年初，格雷厄姆遇到的又一次严重的健康危机，同样发生在他和玛露住在法国期间。跟 1970 年那次一样，格雷厄姆认为自己时日无多。虽然他再次转危为安，不过从他 80 岁的生日致辞，以及最后一次为《金融分析师期刊》撰写的文章标题“普通股的未来”（1974 年 9 月），就可看出格雷厄姆自知大限将至的端倪。《普通股的未来》一文，给人留下笔者将不再会对股市发表评论的印象：

> 从我对股票的筛选方法应该可以清楚地看出，我不认为像能源危机、环境压力、汇率波动这类被大肆宣扬的问题，应该成为投资决策的核心要素……它们对未来的影响若交由经济学家和股票分析师评估，或许也会和过去的这类预测一样毫无准确度可言……因此，股票（近来）受到的各式各样的威胁……和过去普通股面对及克服的其他障碍并无什么不同。

大约 18 个月后，1976 年 3 月 6 日，格雷厄姆这种叹息的态度更加明显。在接受《金融分析师期刊》的特许金融分析师小哈特曼 · L · 巴特勒专访时，格雷厄姆表示：“华尔街一点儿都没变。这一刻显得过度乐观，下一刻又变得过度悲观，如此循环往复。”同时，格雷厄姆也做出了他对华尔街最激烈的一次批评（我们在前一章提过，在他大量的金融投资著作中随处可见他的严厉批评）："不论华尔街人士将来采取什么行为，我对他们都没有信心。我认为这个贪婪的行业，这个存在过度希望与恐惧的行业，只要有人类存在，它就会与我们同在。"格雷厄姆的这个"永恒观点"，以及他对华尔街的深切怀疑，随着他的生命逐渐走到尽头而越发炽烈。

## 真正的智者

在人生的后半段，当爱因斯坦不再认同自己的理论后，这位古怪的物理学家不惜放弃甚至怀疑它。例如，1926 年，爱因斯坦向一个朋友抱怨物理学的某个"新论点"，朋友指出爱因斯坦抱怨的其实是"你在 1905 年发明的理论"。对此，爱因斯坦反驳道："一个好的笑话不应该讲太多次。"显然，在 1926 年，爱因斯坦认为自己的狭义相对论是"一个好笑话"。他的思想发生如此巨大的改变，以至于他开始质疑甚至轻视自己过去的观点。在爱因斯坦多彩多姿的学术生活中，他经历过不止一次这样的过程。

诚如传记作家艾萨克森在《爱因斯坦传》一书中所澄清的，这位诺贝尔奖得主对这些观点的"180 度大转弯"，其正确性尚未得到证明。不过，这种不惜和过去支持的理论（尤其是自己提出的理论）彻底告别的决心，源于寻求更伟大的真理，而非个人名利。

被欧文·卡恩形容为拥有"绝对客观"大脑的格雷厄姆，就是这种追求纯粹真理的典范。年老体迈的格雷厄姆，对自己的理论进行了一次重大的颠覆。到了 20 世纪 70 年代中期，格雷厄姆已经不再相信《证券分析》或《聪明的投资者》中提出的完整选股方法，他向金融分析师巴特勒坦承："这么多年来，我对自己倾注全力建立的证券分析方法，已经失去大部分兴趣。我觉得它们不再那么重要，因此我在一定程度上反对整个（财务分析）产业的发展。”这位让个股筛选法受到大众爱戴的投资大师，现在转而偏好他所谓的“简单明了的投资方法”。

这个方法根据几个简单的指标，评估价格被低估的一组股票（例如价格低于内在价值 33% 及以上的股票），“不看产业类别，也不必关注个别公司”。就像他在 1976 年接受《医药经济》专访时所透露的：

> 过去几年来，我一直在追踪根据几个简单的指标选择价格被低估股票的结果。我的研究显示，应用这个方法建构出来的投资组合，长线的投资收益率是道·琼斯工业平均指数的两倍。

然而，就像爱因斯坦晚年的观点不如他早年的突破性理论那样有力一样，对专业投资者和新手投资者来说，格雷厄姆流芳百世的地位，同样是由他早年发明的证券分析及选股方法所奠定的。在 2007 年伯克希尔·哈撒韦的年会上，巴菲特告诉伯克希尔的全体股东：“我在 19 岁的时候，阅读了《聪明的投资者》；到了 76 岁，我所做的事情，就是重温 19 岁时我读过的这本书。”不过，无论格雷厄姆晚年的结论是否正确，他挑战自己观点的勇气都值得敬佩。

## 自始至终坚持逆向思考

除了对华尔街持怀疑态度之外，格雷厄姆对于许多学术大家和投资者信奉的“有效市场假说”也没有什么热情。他告诉巴特勒先生：

> 这些人（有效市场假说的支持者）声称，如果有效市场假说是正确的，那么投资者该做的就是设法研究股票价格，并通过预测股价走势来获利。对我而言，这不是一个鼓舞人心的结论，如果说我在华尔街这60年来有什么心得，那就是人们并不能成功地预测股票市场的变化。

在那次访谈中，格雷厄姆反对有效市场假说的立场仍然坚不可摧，一如他敏捷的思维：“过去几年来，有这么多大型企业每年亏损5 000万美元甚至1亿美元，实在令人咋舌……你一定是天才，才有办法亏那么多钱。”从巴特勒先生对格雷厄姆提问时的恭敬态度，（您是什么时候决定撰写《证券分析》这本经典教科书的？）以及格雷厄姆在特许金融分析师协会年度会议上获得象征最高荣誉的莫洛多夫斯基奖，便可见格雷厄姆在投资界的崇高地位。特许金融分析师协会表示，莫洛多夫斯基奖是颁给“对于改变（金融分析师）专业发展方向及提高成就标准做出杰出贡献的人”的。

## 宁静辞世

结束“价值的文艺复兴”这场备受赞誉的演讲约两年后，1976年9月21日，格雷厄姆在玛露的位于普罗旺斯艾克斯的家中，安详地与世长辞。汉堡夫妇表示，格雷厄姆的遗体被火化前，家人根据他的脸形定做了一个死亡面具（可能交由玛露收藏）。格雷厄姆的骨灰被送回美国，葬在纽约市北方的一个犹太人墓园里，长眠在他“最贴心、最勇敢、最心爱”的艾萨克·牛顿·格雷厄姆（大牛顿）身旁。（小牛顿则与格雷厄姆的两个哥哥、母亲及其他亲戚葬在一起。）

同年 10 月 10 日，欧文·卡恩在哥伦比亚大学这个对格雷厄姆来说意义非凡的地方，为格雷厄姆举办了一场追思会。这所常春藤盟校不仅是格雷厄姆的母校，也是他几乎终其一生宣传及精练其投资方法的地方。几个月后，欧文·卡恩及罗伯特·米尔恩用以下文字来描述那场追思会：

> 上百名本杰明的老朋友都来了，包括他的事业伙伴杰里米·纽曼、哥伦比亚大学校长威廉·麦吉尔、戴维·多德、本杰明 50 年的老同事詹姆斯·邦布赖特教授，以及众多投资圈与学术界人士。康涅狄格州布里奇波特市的锡安山浸信教会的 10 位信徒，也特地来向这位帮助他们建造教堂的素未谋面的人致敬。

## 如滚雪球般的复利效应

格雷厄姆的房产价值估计约为 300 万美元（我们在前一章提过，根据洛温斯坦的说法，格雷厄姆死前就已经将自己大部分的财产捐赠出去了）。珍妮特·洛表示，格雷厄姆把大部分的钱都留给了他的第三任妻子埃斯蒂。不过，萨奈特医生提到，格雷厄姆在过世前很久就已经付了一笔 100 万美元的赡养费给埃斯蒂。无论如何，玛露也很有可能分到了一部分财产，再加上拉由拉的公寓，以及格雷厄姆更早之前给她买的普罗旺斯艾克斯的房子。格雷厄姆的女儿玛乔丽、伊莱恩和维妮，可能也获得了一部分遗产。那个时候，维妮已经被诊断出罹患癌症；不幸的是，他父亲去世后不到三年，她也不敌病魔而撒手人寰。布兹获得格雷厄姆的版税继承权，他告诉我，这些年来的版税收入非常可观，他把这归功于巴菲特义无反顾地为《聪明的投资者》做宣传。

当格雷厄姆所爱的人因为他的财产而变得富足时，数百万的投资者也因为他留下的智慧遗产而受益。身为一个开创性的思想家，格雷厄姆在金融投资界的影响力，是不容忽视的。其中最明显的例子就是巴菲特现象、特许金融分析师的人数增加，以及因《证券分析》《聪明的投资者》和其他许多著作的真知灼见而受益的数百万投资者。

此外，在金融领域中，格雷厄姆的地位越来越重要。举例来说，罗尔——加州大学洛杉矶分校应用金融学教授，也是《金融分析师期刊》“格雷厄姆与多德最佳观点奖”得主——写信给我，表示格雷厄姆仍然是“金融界的开路先锋”，而且“在现代资产定价模式的（学术）文献中，也可以找到格雷厄姆/多德的投资方法”。同时，格雷厄姆对其他相关问题的观点（以最著名的宏观经济学为例），数十年后仍然可以在学术界及公共政策方面产生反响。此外，在今天投机与诈骗风气蔓延的投资环境中，格雷厄姆诚信正直的专业操守，也成为他极其重要的遗产。严谨诚信又成就非凡的格雷厄姆，堪为年轻投资者和广大企业界人士的表率。

1997 年，巴菲特对于格雷厄姆的价值投资原理，做出以下评论：

对于造成许多投资者和企业界人士心有旁骛的政治与经济预测，我们仍将保持视而不见的态度。30 年前，没有人能预测到薪资与价格管制、两次石油危机等……不过令人惊讶的是，这些轰动一时的事件却未让本杰明·格雷厄姆的投资原理受到丝毫损伤……恐惧虽然是从众者的敌人，却是基要主义者的朋友（即对于格雷厄姆基本原理深信不疑的投资者）。未来的 30 年，一定还会发生一系列重大事件，我们不会试图去预测它们或奢望从中获利。

巴菲特及许多成功的价值投资者自信地告诉我们，即便 21 世纪初遭遇重大的政治、军事和经济“冲击”，格雷厄姆的投资原理仍然屹立不倒。事实上，它们不仅屹立不倒，而且应用层面不断扩大，不但突破了规模和疆界的限制，更超越了学术范畴。例如约瑟夫·卡兰德罗 2009 年的著作《应用价值投资》，就将格雷厄姆的投资原理应用于企业并购、另类投资，以及过去未曾普遍应用的领域。

2005 年，在回答“我们今天还能找到本杰明·格雷厄姆吗”时，巴菲特表示：“你不需要第二个本杰明·格雷厄姆，也不需要第二个摩西。现在世上只有十诫，我们还在等待第十一诫，但格雷厄姆的投资哲学将会永存于世。”格雷厄姆的墓志铭，呼应他 80 岁生日致辞的结语，引用了丁尼生《尤利西斯》中的诗句“永不低头”，这 4 个字被铭刻在墓碑上，就在格雷厄姆生卒年的下方。显然，格雷厄姆的智慧遗产也绝对不会低头。就像所有著书立说的智者，格雷厄姆的智慧之光将永远闪耀。

# 致谢 THE EINSTEIN OF MONEY

首先，我要感谢我的父母彼得与莎拉，以及我的哥哥阿莫斯。其次，我要感谢普罗米修斯出版社的总编史蒂文·L·米切尔，谢谢他（及其出版社同僚）对本书的赏识及其出色的编辑工作。感谢布莱恩·麦克马洪、吉尔·麦克西克、凯瑟琳·罗伯茨–阿贝尔、梅丽莎·夏弗纳、嘉德·卓拉·巴拉德、丽莎·米切尔斯基，以及普罗米修斯出版社全体员工为本书提供的诸多帮助。同时，我还要感谢加利福尼亚大学圣迭戈分校语言中心国际学生商务课程主管明迪·弗拉纳根，他为帮助本书做调研工作的朴至善、西泽由美、克莉斯汀·谢提供了实习机会；特别感谢朴女士提供的近期投资案例，以及该课程的实习生加藤雪为本书的推广付出的努力。

感谢沃伦·巴菲特接受我的采访，并为我提供对“本”——巴菲特最重要的投资导师（及无比敬爱的朋友）——的精辟见解。同时，感谢巴菲特先生之子、知名音乐家彼得·巴菲特在我与巴菲特先生联络的过程中所起的关键作用。此外，衷心感谢格雷厄姆的子女、医学博士小本杰明·格雷厄姆及已故的玛乔丽·格雷厄姆·贾尼斯抽出宝贵时间接受我的采访，为我提供珍贵的家庭照片。感谢玛乔丽的女儿夏洛特·赖特与她的表姐派·赫塞尔廷（也是格雷厄姆的外孙女）提供的宝贵资料与照片。

感谢格雷厄姆的其他好友与同事：查尔斯·布兰德斯，欧文·卡恩，托马斯·卡恩，罗伯特·汉堡博士及其夫人索尼娅，已故的伯尼·萨奈特博士及其夫人罗达，已故的加州大学洛杉矶分校商学院弗雷德·韦斯顿教授。他们在采访中提供了关于格雷厄姆超凡智慧与性格的丰富详尽的资料。还要感谢接受我采访的其他杰出的价值投资者与学者，他们是：马克·拉索、帕特·多尔西、理查德·罗尔教授、安德鲁·卡恩、鹤雄光信、青木秀幸、罗伯特·哈格斯特朗、戴维·普莱以及拉斐尔·莫罗。所有访谈均仰仗著名的巴菲特/伯克希尔专家罗伯特·迈尔斯组织的2011年价值投资者大会才得以实现。

还要感谢我的朋友与同事：罗伯特·贝尔、内森·斯汀森、杰里米·蒂芬布兰、戴维·卡诺亚·赫尔姆斯、拉斯·温茨默、裴汉娜、麦克斯·里扎托、西蒙·艾斯纳、汤姆·弗莱厄蒂、约翰·弗莱尔、艾登·沃尔与哈伦·沃尔、乔恩·戴维斯、伊丽莎白·舒尔曼、罗恩·豪尔、林恩·惠特迈尔、谢利·希尔、玛丽·安妮·安德鲁斯、沙治奥·费南迪斯、夏法利·库马尔、凯伦·麦森哲、迈克尔·威茨曼及已故的埃里克·伦纳德。感谢鲍勃叔叔、莫妮卡姑妈、伊莱恩姑妈、马克与珍妮弗、艾尔与达芙妮以及其他家庭成员。感谢弗兰克·斯卡托尼鼓励我坚持完成本书的创作。最后，也是最重要的，感谢本杰明·格雷厄姆本人，感谢他留给我们丰富的投资智慧与人格魅力。